紹興縣志資料

1

紹興大典

史部

中華書局

圖書在版編目(CIP)數據

紹興縣志資料 / 紹興縣修志委員會纂 . – 北京 : 中華書局 , 2024.6. – (紹興大典). – ISBN 978-7-101-16704-7

Ⅰ . K295.54

中國國家版本館 CIP 數據核字第 202462K04X 號

書　　名	紹興縣志資料（全七册）
纂　　者	紹興縣修志委員會
叢 書 名	紹興大典·史部
項目策劃	許旭虹
責任編輯	梁五童
裝幀設計	許麗娟
責任印製	管　斌
出版發行	中華書局
	（北京市豐臺區太平橋西里38號 100073）
	http: // www. zhbc. com. cn
	E-mail: zhbc@zhbc. com. cn
印　　刷	天津藝嘉印刷科技有限公司
版　　次	2024年6月第1版
	2024年6月第1次印刷
規　　格	開本787 × 1092毫米　1/16
	印張209 ¼　插頁7　字數25千字
國際書號	ISBN 978-7-101-16704-7
定　　價	2760.00元

學術顧問（按姓氏筆畫排序）

安平秋　李　岩　吴　格
袁行霈　張志清　葛劍雄
樓宇烈

編纂工作指導委員會

主　　任　盛閲春（二〇二二年九月至二〇二三年一月在任）

　　　　　温　暖　施惠芳　肖啓明　熊遠明

第一副主任　丁如興

副　主　任　陳偉軍　汪俊昌　馮建榮

成　　員（按姓氏筆畫排序）

　　　　　王静静　朱全紅　沈志江　金水法　俞正英

　　　　　胡華良　茹福軍　徐　軍　陳　豪　黄旭榮

　　　　　裘建勇　樓　芳　魯霞光　魏建東

編纂委員會

主　　編　馮建榮

副 主 編　黄錫雲　尹　濤　王静静　李聖華　陳紅彦

委　　員（按姓氏筆畫排序）

王静静　尹　濤　那　艷　李聖華　俞國林

陳紅彦　陳　誼　許旭虹　馮建榮　葉　卿

黄錫雲　黄顯功　楊水土

史部主編　黄錫雲　許旭虹

序

紹興是國務院公布的首批中國歷史文化名城，是中華文明的多點起源地之一和越文化的發祥、壯大之地。從嵊州小黄山遺址迄今，已有一萬多年的文化史；從大禹治水迄今，已有四千多年的文明史；從越國築句踐小城和山陰大城迄今，已有兩千五百多年的建城史。建炎四年（一一三〇），宋高宗駐蹕越州，取義「紹奕世之宏庥，興百年之丕緒」，次年改元紹興，賜名紹興府，領會稽、山陰、蕭山、諸暨、餘姚、上虞、嵊、新昌等八縣。元改紹興路，明初復爲紹興府，清沿之。

紹興坐陸面海，嶽峙川流，風光綺麗，物産富饒，民風淳樸，士如過江之鯽，彬彬稱盛。春秋末越國有「八大夫」佐助越王卧薪嘗膽，力行「五政」，崛起東南，威績戰國，四分天下有其一，成就越文化的第一次輝煌。秦漢一統後，越文化從尚武漸變崇文。晋室東渡，北方士族大批南遷，王、謝諸大家紛紛遷居於此，一時人物之盛，雲蒸霞蔚，學術與文學之盛冠於江左，給越文化注入了新的活力。唐時的越州是詩人行旅歌詠之地，形成一條江南唐詩之路。至宋代，尤其是宋室南遷後，越中理學繁榮，文學昌盛，領一時之先。明代陽明心學崛起，這一時期的越文化，宣導致良知、知行合一，重於事功，伴隨而來的是越中詩文、書畫、戲曲的興盛。明清易代，有劉宗周等履忠蹈義，慷慨赴死，亦有黄宗羲率其門人，讀書窮經，關注世用，成其梨洲一派。至清中葉，會稽章學誠等人紹承梨洲之學而開浙東史學之新局。晚清至現代，越中知識分子心懷天下，秉持先賢「膽劍精神」，再次站在歷史變革的潮頭，蔡元培、魯迅等人「開拓越學」，使紹興成爲新文化運動和新民主主義革命的重要陣地。越文化兼容並包，與時偕變，勇於創新，隨着中國社會歷史的變遷，無論其内涵和特質發生何種變化，均以其獨特、强盛的生命力，推動了中華文明的發展。

文獻典籍承載着廣博厚重的精神財富、生生不息的歷史文脉。紹興典籍之富，甲於東南，號爲文獻之邦。從兩漢到魏晋再至近現代，紹興人留下了浩如煙海、綿延不斷的文獻典籍。陳橋驛先生在《紹興地方文獻考録·前言》中説：「紹興是我國歷史上地方文獻最豐富的地方之一。」有我國地方志的開山之作《越絶書》，有唯物主義的哲學巨著《論衡》，有書法藝術和文學價值均登峰造極的《蘭亭集序》，有詩爲「中興之冠」的陸游《劍南詩稿》，有輯録陽明心學精義的儒學著作《傳習録》等，這些文獻，不僅對紹興一地具有重要價值，對浙江乃至全國來説，也有深遠意義。

紹興藏書文化源遠流長。歷史上的藏書家多達百位，知名藏書樓不下三十座，其中以澹生堂最爲著名，藏書十萬餘卷。近現代，紹興又首開國内公共圖書館之先河。光緒二十六年（一九〇〇），紹興鄉紳徐樹蘭獨力捐銀三萬餘兩，圖書七萬餘卷，創辦國内首個公共圖書館——古越藏書樓。越中多名士，自也與藏書聚書風氣有關。

習近平總書記强調，「我們要加强考古工作和歷史研究，讓收藏在博物館裏的文物、陳列在廣闊大地上的遺産、書寫在古籍裏的文字都活起來，豐富全社會歷史文化滋養」。黨的十八大以來，黨中央站在實現中華民族偉大復興的高度，對傳承和弘揚中華優秀傳統文化作出一系列重大決策部署。中共中央辦公廳、國務院辦公廳二〇一七年一月印發了《關於實施中華優秀傳統文化傳承發展工程的意見》，二〇二二年四月又印發了《關於推進新時代古籍工作的意見》。

盛世修典，是中華民族的優秀傳統，是國家昌盛的重要象徵。近年來，紹興地方文獻典籍的利用呈現出多層次、多方位探索的局面，從文史界到全社會都在醞釀進一步保護、整理、開發、利用紹興歷史文獻的措施，形成了廣泛共識。中共紹興市委、市政府深入學習貫徹習近平總書記重要指示精神，積極響應國家重大戰略部署，以提振紹興人文氣運的文化自覺和存續一方文脉的歷史擔當，作出了編纂出版《紹興大典》的重大決定，計劃用十年時間，系統、全面、客觀梳理紹興文化傳承脉絡，收集、整理、編纂、出版紹興地方歷史文獻。二〇二二年十月，中共紹興市委辦公室、紹興市人民政府辦公室印發《關於〈紹興大典〉編纂出版工作實施方案的通知》。自此，《紹興大典》編纂出版各項工作開始有序推進。

百餘年前，魯迅先生提出「開拓越學，俾其曼衍，至於無疆」的願景，今天，我們繼先賢之志，實施紹興歷史上前無古人的文化工程，希冀通過《紹興大典》的編纂出版，從浩瀚的紹興典籍中尋找歷史印記，從豐富的紹興文化中挖掘鮮活資源，從悠遠的紹興歷史中把握發展脉絡，古爲今用，繼往開來，爲新時代「文化紹興」建設注入强大動力。我們將懷敬畏之心，以古人「三不朽」的立德修身要求，爲紹興這座中國歷史文化名城和「東亞文化之都」立傳畫像，爲全世界紹興人築就恒久的精神家園。

是爲序。

温暖

二〇二三年十月

前言

越國故地，是中華文明的重要起源地，中華優秀傳統文化的重要貢獻地，中華文獻典籍的重要誕生地。紹興，是越國古都，國務院公布的第一批歷史文化名城。編纂出版《紹興大典》，是綿延中華文獻之大計，弘揚中華文化之良策，傳承中華文明之壯舉。

一

紹興有源遠流長的文明，是中華文明的縮影。

中國有百萬年的人類史，一萬年的文化史，五千多年的文明史。中華文明，是中華民族長期實踐的積累，集體智慧的結晶，不斷發展的產物。各個民族，各個地方，都爲中華文明作出了自己獨具特色的貢獻。紹興人同樣爲中華文明的起源與發展，作出了自己傑出的貢獻。

現代考古發掘表明，早在約十六萬年前，於越先民便已經在今天的紹興大地上繁衍生息。二〇一七年初，在嵊州崇仁安江村蘭山廟附近，出土了於越先民約十六萬年前使用過的打製石器〔一〕。這是曹娥江流域首次發現的舊石器遺存，爲探究這一地區中更新世晚期至晚更新世早期的人類活動、

〔一〕陸瑩等撰《浙江蘭山廟舊石器遺址網紋紅土釋光測年》，《地理學報》英文版，二〇二〇年第九期，第一四三六至一四五〇頁。

華南地區與現代人起源的關係、小黃山遺址的源頭等提供了重要綫索。

距今約一萬至八千年的嵊州小黃山遺址〔一〕，於二〇〇六年與上山遺址一起，被命名爲上山文化。該遺址中的四個重大發現，引人矚目：一是水稻實物的穀粒印痕遺存，以及儲藏坑、鐮形器、石磨棒、石磨盤等稻米儲存空間與收割、加工工具的遺存；二是種類與器型衆多的夾砂、夾炭、夾灰紅衣陶與黑陶等遺存；三是我國迄今發現的最早的立柱建築遺存，以及石杵立柱遺存；四是我國新石器時代遺址中迄今發現的最早的石雕人首。

蕭山跨湖橋遺址出土的山茶種實，表明於越先民在八千多年前已開始對茶樹及茶的利用與探索〔二〕。距今約六千年前的餘姚田螺山遺址發現的山茶屬茶樹根遺存，有規則地分布在聚落房屋附近，特別是其中出土了一把與現今茶壺頗爲相似的陶壺，表明那時的於越先民已經在有意識地種茶用茶了〔三〕。

對美好生活的嚮往無止境，創新便無止境。於越先民在一萬年前燒製出世界上最早的彩陶的基礎上〔四〕，經過數千年的探索實踐，終於在夏商之際，燒製出了人類歷史上最早的原始瓷〔五〕；繼而又在東漢時，燒製出了人類歷史上最早的成熟瓷。現代考古發掘表明，漢時越地的窑址，僅曹娥江兩岸的上虞，就多達六十一處〔六〕。

中國是目前發現早期稻作遺址最多的國家，是世界上最早發現和利用茶樹的國家，更是瓷器的故

〔一〕浙江省文物考古研究所編《上山文化：發現與記述》，文物出版社二〇一六年版，第七一頁。

〔二〕浙江省文物考古研究所、蕭山博物館編《跨湖橋》，文物出版社二〇〇四年版，彩版四五。

〔三〕北京大學中國考古學研究中心、浙江省文物考古研究所編《田螺山遺址自然遺存綜合研究》，文物出版社二〇一一年版，第一一七頁。

〔四〕孫瀚龍、趙曄著《浙江史前陶器》，浙江人民出版社二〇二二年版，第三頁。

〔五〕鄭建華、謝西營、張馨月著《浙江古代青瓷》，浙江人民出版社二〇二二年版，上册，第四頁。

〔六〕宋建明主編《早期越窑——上虞歷史文化的豐碑》，中國書店二〇一四年版，第二四頁。

鄉。《（嘉泰）會稽志》卷十七記載「會稽之産稻之美者，凡五十六種」，稻作文明的進步又直接促成了紹興釀酒業的發展。同卷又單列「日鑄茶」一條，釋曰「日鑄嶺在會稽縣東南五十五里，嶺下有僧寺名資壽，其陽坡名油車，朝暮常有日，産茶絶奇，故謂之日鑄」。可見紹興歷史上物質文明之發達，真可謂「天下無儔」。

二

紹興有博大精深的文化，是中華文化的縮影。

文化是一條源遠流長的河，流過昨天，流到今天，還要流向明天。悠悠萬事若曇花一現，唯有文化與日月同輝。

大量的歷史文獻與遺址古迹表明，四千多年前，大禹與紹興結下了不解之緣。大禹治平天下之水，漸九川，定九州，至於諸夏乂安，《史記·夏本紀》載：「禹會諸侯江南，計功而崩，因葬焉，命曰會稽。會稽者，會計也。」裴駰注引《皇覽》曰：「禹冢在山陰縣會稽山上。會稽山本名苗山，在縣南，去縣七里。」《（嘉泰）會稽志》卷六「大禹陵」：「禹巡守江南，上苗山，會稽諸侯，死而葬焉。……劉向書云：禹葬會稽，不改其列，謂不改林木百物之列也。苗山自禹葬後，更名會稽。是山之東，有隴隱若劍脊，西嚮而下，下有窆石，或云此正葬處。」另外，大禹在以會稽山爲中心的越地，還有一系列重大事迹的記載，包括娶妻塗山、得書宛委、畢功了溪、誅殺防風、禪祭會稽、築治邑室等。

以至越王句踐，「其先禹之苗裔，而夏后帝少康之庶子也，封於會稽，以奉守禹之祀」（《史記·越王句踐世家》）。句踐的功績，集中體現在他一系列的改革舉措以及由此而致的强國大業上。

他創造了「法天象地」這一中國古代都城選址與布局的成功範例，奠定了近一個半世紀越國號稱天下强國的基礎，造就了紹興發展史上的第一個高峰，更實現了東周以來中國東部沿海地區暨長江下游地區的首次一體化，讓人們在數百年的分裂戰亂當中，依稀看到了一統天下的希望，爲後來秦始皇統一中國，建立真正大一統的中央政權，進行了區域性的準備。因此，司馬遷稱：「苗裔句踐，苦身焦思，終滅强吴，北觀兵中國，以尊周室，號稱霸王。句踐可不謂賢哉！蓋有禹之遺烈焉。」

千百年來，紹興涌現出了諸多譽滿海内、雄稱天下的思想家，他們的著述世不絶傳、遺澤至今，他們的思想卓犖英發、光彩奪目。哲學領域，聚諸子之精髓，啓後世之思想。政治領域，以家國之情懷，革社會之弊病。經濟領域，重生民之生業，謀民生之大計。教育領域，育天下之英才，啓時代之新風。史學領域，創史志之新例，傳千年之文脉。

紹興是中國古典詩歌藝術的寶庫。四言詩《候人歌》被稱爲「南音之始」。於越《彈歌》是我國文學史上僅存的二言詩。《越人歌》是越地的第一首情歌、中國的第一首譯詩。山水詩的鼻祖，是上虞人謝靈運。唐代，這裏涌現出了賀知章等三十多位著名詩人。宋元時，這裏出了别開詩歌藝術天地的陸游、王冕、楊維楨。

紹興是中國傳統書法藝術的故鄉。鳥蟲書與《會稽刻石》中的小篆，影響深遠。中國的文字成爲藝術品之習尚，文字由書寫轉向書法，是從越人的鳥蟲書開始的。而自王羲之《蘭亭序》之後，紹興更是成爲中國書法藝術的聖地。翰墨碑刻，代有名家精品。

紹興是中國古代繪畫藝術的重鎮。世界上最早彩陶的燒製，展現了越人的審美情趣。「文身斷髮」與「鳥蟲書」，實現了藝術與生活最原始的結合。戴逵與戴顒父子、僧仲仁、王冕、徐渭、陳洪綬、趙之謙、任熊、任伯年等在中國繪畫史上有開宗立派的地位。

一九一二年一月，魯迅爲紹興《越鐸日報》創刊號所作發刊詞中寫道：「於越故稱無敵於天下，海岳精液，善生俊異，後先絡繹，展其殊才；其民復存大禹卓苦勤勞之風，同句踐堅確慷慨之志，力作治生，綽然足以自理。」可見，紹興自古便是中華文化的重要發源地與傳承地，紹興人更是世代流淌着「卓苦勤勞」「堅確慷慨」的精神血脉。

三

紹興有琳琅滿目的文獻，是中華文獻的縮影。

自有文字以來，文獻典籍便成了人類文明與人類文化的基本載體。紹興地方文獻同樣爲中華文明與中華文化的傳承發展，作出了傑出的貢獻。

中華文明之所以成爲世界上唯一没有中斷、綿延至今、益發輝煌的文明，在於因文字的綿延不絶而致的文獻的源遠流長、浩如煙海。中華文化之所以成爲中華民族有别於世界上其他任何民族的顯著特徵並流傳到今天，靠的是中華兒女一代又一代的言傳身教、口口相傳，更靠的是文獻典籍一代又一代的忠實書寫、守望相傳。

無數的甲骨、簡牘、古籍、拓片等中華文獻，無不昭示着中華文明的光輝燦爛、欣欣向榮，無不昭示着中華文化的廣博淵綜、蒸蒸日上。它們既是中華文明與中華文化的基本載體，又是中華文明與中華文化的重要組成部分，是十分重要的物質文化遺産。

紹興地方文獻作爲中華文獻重要的組成部分，積澱極其豐厚，特色十分明顯。

（一）文獻體系完備

紹興的文獻典籍根基深厚，載體體系完備，大體經歷了四個階段的歷史演變。

一是以刻符、紋樣、器型爲主的史前時代。代表性的，有作爲上山文化的小黄山遺址中出土的彩陶上的刻符、印紋、圖案等。

二是以金石文字爲主的銘刻時代。代表性的，有越國時期玉器與青銅劍上的鳥蟲書等銘文、秦《會稽刻石》、漢「大吉」摩崖、漢魏六朝時的會稽磚甓銘文與會稽青銅鏡銘文等。

三是以雕版印刷爲主的版刻時代。代表性的，有中唐時期越州刊刻的元積、白居易的詩集。唐長慶四年（八二四），浙東觀察使兼越州刺史元積，在爲時任杭州刺史的好友白居易《白氏長慶集》所作的序言中寫道：「揚、越間多作書模勒樂天及予雜詩，賣於市肆之中也。」這是有關中國刊印書籍的最早記載之一，説明越地開創了「模勒」這一雕版印刷的風氣之先。宋時，兩浙路茶鹽司等機關和紹興府、紹興府學等，競相刻書，版刻業快速繁榮，紹興成爲兩浙乃至全國的重要刻書地，所刻之書多稱「越本」「越州本」。明代，紹興刊刻呈現出了官書刻印多、鄉賢先哲著作和地方文獻多、私家刻印特色叢書多的特點。清代至民國，紹興整理、刊刻古籍叢書成風，趙之謙、平步青、徐友蘭、章壽康、羅振玉等，均有大量輯刊，蔡元培早年應聘於徐家校書達四年之久。

四是以機器印刷爲主的近代出版時期。這一時期呈現出傳統技術與西方新技術並存、傳統出版物與維新圖强讀物並存的特點。代表性的出版機構，在紹興的有徐友蘭於一八六二年創辦的墨潤堂等。另外，吴隱於一九〇四年參與創辦了西泠印社；紹興人沈知方於一九一二年參與創辦了中華書局，還於一九一七年創辦了世界書局。代表性的期刊，有羅振玉於一八九七年在上海創辦的《農學報》，杜亞泉於一九〇一年在上海創辦的《普通學報》，羅振玉於一九〇一年在上海發起、王國維主筆的《教育世界》，杜亞泉等於一九〇二年在上海編輯的《中外算報》，秋瑾於一九〇七年在上海創辦的《中國女報》等。代表性的報紙，有蔡元培於一九〇三年在上海創辦的《俄事警聞》等。

紹興文獻典籍的這四個演進階段，既相互承接，又各具特色，充分彰顯了走在歷史前列、引領時代潮流的特徵，總體上呈現出了載體越來越多元、内涵越來越豐富、傳播越來越廣泛、對社會生活的影響越來越深遠的歷史趨勢。

（二）藏書聲聞華夏

紹興歷史上刻書多，便爲藏書提供了前提條件，因而藏書也多。大禹曾「登宛委山，發金簡之書，案金簡玉字，得通水之理」（《吴越春秋》卷六），還「巡狩大越，見耆老，納詩書」（《越絶書》卷八），這是紹興有關采集收藏圖書的最早記載。句踐曾修築「石室」藏書，「晝書不倦，晦誦竟旦」（《越絶書》卷十二）。

造紙術與印刷術的發明和推廣，使得書籍可以成批刷印，爲藏書提供了極大便利。王充得益於藏書資料，寫出了不朽的《論衡》。南朝梁時，山陰人孔休源「聚書盈七千卷，手自校治」（《梁書·孔休源傳》），成爲紹興歷史上第一位有明文記載的藏書家。唐代時，越州出現了集刻書、藏書、讀書於一體的書院。五代十國時，南唐會稽人徐鍇精於校勘，雅好藏書，「江南藏書之盛，爲天下冠，鍇力居多」（《南唐書·徐鍇傳》）。

宋代雕版印刷術日趨成熟，爲書籍的化身千百與大規模印製創造了有利條件，也爲藏書提供了更多來源。特别是宋室南渡、越州升爲紹興府後，更是出現了以陸氏、石氏、李氏、諸葛氏等爲代表的藏書世家。陸游曾作《書巢記》，稱「吾室之内，或棲於櫝，或陳於前，或枕藉於床，俯仰四顧，無非書者」。《（嘉泰）會稽志》中專設《藏書》一目，説明了當時藏書之風的盛行。元時，楊維楨「積書數萬卷」（《鐵笛道人自傳》）。

明代藏書業大發展，出現了鈕石溪的世學樓等著名藏書樓。其中影響最大的藏書家族，當數山陰祁氏；影響最大的藏書樓，當數祁承㸁創辦的澹生堂，至其子彪佳時，藏書達三萬多卷。

清代是紹興藏書業的鼎盛時期，有史可稽者凡二十六家，諸如章學誠、李慈銘、陶濬宣等。上虞王望霖建天香樓，藏書萬餘卷，尤以藏書家之墨迹與鈎摹鐫石聞名。徐樹蘭創辦的古越藏書樓，以存古開新爲宗旨，以資人觀覽爲初心，成爲中國近代第一家公共圖書館。

民國時，代表性的紹興藏書家與藏書樓有：羅振玉的大雲書庫、徐維則的初學草堂、蔡元培創辦的養新書藏、王子餘開設的萬卷書樓、魯迅先生讀過書的三味書屋等。

根據二〇一六年完成的古籍普查結果，紹興全市十家公藏單位，共藏有一九一二年以前産生的中國傳統裝幀書籍與民國時期的傳統裝幀書籍三萬九千七百七十七種、二十二萬六千一百二十五册，分别占了浙江省三十三萬七千四百零五種的百分之十一點七九、二百五十萬六千六百三十三册的百分之九點零二。這些館藏的文獻典籍，有不少屬於名人名著，其中包括在别處難得見到的珍稀文獻。這是紹興這個地靈人傑的文獻名邦確實不同凡響的重要見證。

一部紹興的藏書史，其實也是一部紹興人的讀書、用書、著書史。歷史上的紹興，刻書、藏書、讀書、用書、著書，良性循環，互相促進，成爲中國文化史上一道亮麗的風景。

（三）著述豐富多彩

紹興自古以來，論道立説、卓然成家者代見輩出，創意立言、名動天下者繼踵接武，歷朝皆有傳世之作，各代俱見槃槃之著。這些文獻，不僅對紹興一地有重要價值，而且也是浙江文化乃至中國古代文化的重要組成部分。

一是著述之風，遍及各界。越人的創作著述，文學之士自不待言，爲政、從軍、業賈者亦多喜筆耕，屢有不刊之著。甚至於鄉野市井之口頭創作、謡歌俚曲，亦代代敷演，蔚爲大觀，其中更是多有内藴厚重、哲理深刻、色彩斑斕之精品，遠非下里巴人，足稱陽春白雪。

二是著述整理，尤爲重視。越人的著述，包括對越中文獻乃至我國古代文獻的整理。宋孔延之的《會稽掇英總集》，清杜春生的《越中金石記》，近代魯迅的《會稽郡故書雜集》等，都是收輯整理地方文獻的重要成果。陳橋驛所著《紹興地方文獻考録》，是另一種形式的著述整理，其中考録一九四九年前紹興地方文獻一千二百餘種。清代康熙年間，紹興府山陰縣吴楚材、吴調侯叔侄選編的《古文觀止》，自問世以來，一直是古文啓蒙的必備書，也深受古文愛好者的推崇。

三是著述領域，相涉廣泛。越人的著述，涉及諸多領域。其中古代以經、史與諸子百家研核之作爲多，且基本上涵蓋了經、史、子、集的各個分類，近現代以文藝創作爲多，當代則以科學研究論著爲多。這也體現了越中賢傑經世致用、與時俱進的家國情懷。

四

盛世修典，承古啓新，以「紹興」之名，行紹興之實。

紹興這個名字，源自宋高宗的升越州爲府，並冠以年號，時在紹興元年（一一三一）的十月廿六日。這是對這座城市傳統的畫龍點睛。紹興這兩個字合在一起，蘊含的正是承繼前業而壯大之、開創未來而昌興之的意思。數往而知來，今天的紹興人正賦予這座城市、這個名字以新的意蘊，那就是繼承中華優秀傳統文化，建設中華民族現代文明，爲實現中華民族偉大復興，作出自己新的更大的貢獻。

編纂出版《紹興大典》，正是紹興地方黨委、政府文化自信、文化自覺的體現，是集思廣益、精心實施的德政，是承前啓後、繼往開來的偉業。

（一）科學的決策

《紹興大典》的編纂出版，堪稱黨委、政府科學決策的典範。二〇二〇年十二月十一日，中共紹興市委八屆九次全體（擴大）會議審議通過了關於紹興市「十四五」規劃和二〇三五年遠景目標的建議，其中首次提出要啓動《紹興大典》的編纂出版工作。

二〇二一年二月五日，紹興市第八届人民代表大會第六次會議批准了市政府根據市委建議編製的紹興市「十四五」規劃和二〇三五年遠景目標綱要，其中又專門寫到要啓動《紹興大典》的編纂出版工作。二月八日，紹興市人民政府正式印發了這個重要文件。

二〇二二年二月二十八日的中共紹興市第九次代表大會市委工作報告與三月三十日的紹興市九届人大一次會議政府工作報告，均對編纂出版《紹興大典》提出了要求。

二〇二二年九月十五日，紹興市人民政府第十一次常務會議專題聽取了《〈紹興大典〉編纂出版工作實施方案》起草情況的匯報，決定根據討論意見對實施意見進行修改完善後，提交市委常委會議審議。九月十六日，中共紹興市委九届二十次常委會議專題聽取《〈紹興大典〉編纂出版工作實施方案》起草情況的匯報，並進行了討論，決定批准這個方案。十月十日，中共紹興市委辦公室、紹興市人民政府辦公室正式印發了《〈紹興大典〉編纂出版工作實施方案》。

（二）嚴謹的體例

在中共紹興市委、紹興市人民政府研究批准的實施方案中，《紹興大典》編纂出版的各項相關事宜，均得以明確。

一是主要目標。系統、全面、客觀梳理紹興文化傳承脉絡，收集、整理、編纂、研究、出版紹興地方文獻，使《紹興大典》成爲全國鄉邦文獻整理編纂出版的典範和紹興文化史上的豐碑，爲努力打造「文獻保護名邦」「文史研究重鎮」「文化轉化高地」三張紹興文化的金名片作出貢獻。

二是收録範圍。《紹興大典》收録的時間範圍爲：起自先秦時期，迄至一九四九年九月三十日，部分文獻酌情下延。地域範圍爲：今紹興市所轄之區、縣（市），兼及歷史上紹興府所轄之蕭山、餘姚。內容範圍爲：紹興人的著述，域外人士有關紹興的著述，歷史上紹興刻印的古籍善本和紹興收藏的珍稀古籍善本。

三是編纂方法。對所録文獻典籍，按經、史、子、集和叢五部分類方法編纂出版。

根據實施方案明確的時間安排與階段劃分，在具體編纂工作中，采用先易後難、先急後緩，邊編纂出版、邊深入摸底的方法。即先編纂出版情況明瞭、現實急需的典籍，與此同時，對面上的典籍情況進行深入的摸底調查。這樣的方法，既可以用最快的速度出書，以滿足保護之需、利用之需，又可以爲一些難題的破解争取時間；既可以充分發揮我國實力最强的專業古籍出版社中華書局的編輯出版優勢，又可以充分借助與紹興相關的典籍一半以上收藏於我國古代典籍收藏最爲宏富的國家圖書館的優勢。這是最大限度地避免時間與經費上的重複浪費的方法，也是地方文獻編纂出版工作方法上的創新。

另外，還將適時延伸出版《紹興大典·要籍點校叢刊》《紹興大典·文獻研究叢書》《紹興大典·善本影真叢覽》等。

（三）非凡的意義

正如紹興的文獻典籍在中華文獻典籍史上具有重要的影響那樣，編纂出版《紹興大典》的意義，同樣也是非同尋常的。

一是編纂出版《紹興大典》，對於文獻典籍的更好保護——活下來，具有非同尋常的意義。歷史上的文獻典籍，是中華文明歷經滄桑留下的最寶貴的東西。然而，這些瑰寶或因天災人禍，或因自然老化，或因使用過度，或因其他緣故，有不少已經處於岌岌可危甚至奄奄一息的境況。

編纂出版《紹興大典》，可以爲系統修復、深度整理這些珍貴的古籍争取時間；可以最大限度呈現底本的原貌，緩解藏用的矛盾，更好地方便閱讀與研究。這是文獻典籍眼下的當務之急，最好的續命之舉。

二是編纂出版《紹興大典》，對於文獻典籍的更好利用——活起來，具有非同尋常的意義。歷史上的文獻典籍，流傳到今天，實屬不易，殊爲難得。它們雖然大多保存完好，其中不少還是善本，但分散藏於公私，積久塵封，世人難見；也有的已成孤本，或至今未曾刊印，僅有稿本、抄本，秘不示人，無法查閱。

編纂出版《紹興大典》，將穿越千年的文獻、深庋密鎖的秘藏、散落全球的珍寶匯聚起來，化身萬千，走向社會，走近讀者，走進生活，既可防它們失傳之虞，又可使它們嘉惠學林，也可使它們古爲今用，文旅融合，還可使它們延年益壽，推陳出新。這是於文獻典籍利用一本萬利、一舉多得的好事。

三是編纂出版《紹興大典》，對於文獻典籍的更好傳承——活下去，具有非同尋常的意義。歷史上的文獻典籍，能保存至今，是先賢們不惜代價，有的是不惜用生命爲代價换來的。對這些傳承至今的古籍本身，我們應當倍加珍惜。

編纂出版《紹興大典》，正是爲了述録先人的開拓，啓迪來者的奮鬥，使這些珍貴古籍世代相傳，使蕴藏在這些珍貴古籍身上的中華優秀傳統文化世代相傳。這是中華文化創造性轉化、創新性發展的通途所在。

編纂出版《紹興大典》，是紹興文化發展史上的曠古偉業。編成後的《紹興大典》，將成爲全國範圍内的同類城市中，第一部收録最爲系統、内容最爲豐贍、品質最爲上乘的地方文獻集成。

紹興這個地方，古往今來，都在不懈超越。超乎尋常，追求卓越。超越自我，超越歷史。《紹興大典》的編纂出版，無疑會是紹興文化發展史上的又一次超越。

道阻且長，行則將至；行而不輟，成功可期。「後之視今，亦猶今之視昔」；「後之覽者，亦將有感於斯文」（《蘭亭集序》）。讓我們一起努力吧！

馮建榮

二〇二三年六月十日，星期六，成稿於寓所

二〇二三年中秋、國慶假期，校改於寓所

編纂説明

紹興古稱會稽，歷史悠久。

大禹治水，畢功了溪，計功今紹興城南之茅山（苗山），崩後葬此，此山始稱會稽，此地因名會稽，距今四千多年。

大禹第六代孫夏后少康封庶子無餘於會稽，以奉禹祀，號曰「於越」，此爲吾越得國之始。《竹書紀年》載，成王二十四年，於越來賓。是亦此地史載之始。

距今兩千五百多年，越王句踐遷都築城於會稽山之北（今紹興老城區），是爲紹興建城之始，於今城不移址，海内罕有。

秦始皇滅六國，御海内，立郡縣，成定制。是地屬會稽郡，郡治爲吴縣，所轄大率吴越故地。東漢順帝永建四年（一二九），析浙江之北諸縣置吴郡，是爲吴越分治之始。會稽名仍其舊，郡治遷山陰。由隋至唐，會稽改稱越州，時有反復，至中唐後，「越州」遂爲定稱而至於宋。所轄時有增减，至五代後梁開平二年（九〇八），吴越析剡東十三鄉置新昌縣，自此，越州長期穩定轄領會稽、山陰、蕭山、諸暨、餘姚、上虞、嵊縣、新昌八邑。

建炎四年（一一三〇），宋高宗趙構駐蹕越州，取「紹奕世之宏庥，興百年之丕緒」之意，下詔從建炎五年正月改元紹興。紹興元年（一一三一）十月己丑升越州爲紹興府，斯地乃名紹興，沿用至今。

歷史的悠久，造就了紹興文化的發達。數千年來文化的發展、沉澱，又給紹興留下了燦爛的文化載體——鄉邦文獻。保存至今的紹興歷史文獻，有方志著作、家族史料、雜史輿圖、文人筆記、先賢文集、醫卜星相、碑刻墓誌、摩崖遺存、地名方言、檔案文書等不下三千種，可以説，凡有所録，應有盡有。這些文獻從不同角度記載了紹興的山川地理、風土人情、經濟發展、人物傳記、著述藝文等各個方面，成爲人們瞭解歷史、傳承文明、教育後人、建設社會的重要參考資料，其中許多著作不僅對紹興本地有重要價值，也是江浙文化乃至中華古代文化的重要組成部分。

紹興歷代文人對地方文獻的探尋、收集、整理、刊印等都非常重視，並作出過不朽的貢獻，陳橋驛先生就是代表性人物。正是在他的大力呼籲下，時任紹興縣政府主要領導作出了編纂出版《紹興叢書》的決策，爲今日《紹興大典》的編纂出版積累了經驗，奠定了基礎。

時至今日，爲貫徹落實習近平總書記系列重要講話精神，奮力打造新時代文化文明高地，重輝「文獻名邦」，中共紹興市委、市政府毅然作出編纂出版《紹興大典》的決策部署。延請全國著名學者樓宇烈、袁行霈、安平秋、葛劍雄、吴格、李岩、熊遠明、張志清諸先生參酌把關，與收藏紹興典籍最豐富的國家圖書館等各大圖書館以及專業古籍出版社中華書局展開深度合作，成立專門班子，精心規劃組織，扎實付諸實施。《紹興大典》是地方文獻的集大成之作，出版形式以紙質書籍爲主，同步開發建設數據庫。其基本内容，包括以下三方面：

一、《紹興大典》影印精裝本文獻大全。這方面内容囊括一九四九年前的紹興歷史文獻，收録的原則是「全面優」，也就是文獻求全收録；同一文獻比對版本優劣，收優斥劣。同時特別注重珍稀性、孤罕性、史料性。

《紹興大典》影印精裝本收録範圍：

時間範圍：起自先秦時期，迄至一九四九年九月三十日，部分文獻可酌情下延。

地域範圍：今紹興市所轄之區、縣（市），兼及歷史上紹興府所轄之蕭山、餘姚。

内容範圍：紹興人（本籍與寄籍紹興的人士、寄籍外地的紹籍人士）撰寫的著作，非紹興籍人士撰寫的與紹興相關的著作，歷史上紹興刻印的古籍珍本和紹興收藏的古籍珍本。

《紹興大典》影印精裝本編纂體例，以經、史、子、集、叢五部分類的方法，對收録範圍内的文獻，進行開放式收録，分類編輯，影印出版。五部之下，不分子目。

經部：主要收録經學（含小學）原創著作；經校勘校訂，校注校釋，疏、證、箋、解、章句等的經學名著；爲紹籍經學家所著經學著作而撰的著作，等等。

史部：主要收録紹興地方歷史書籍，重點是府縣志、家史、雜史等三個方面的歷史著作。

子部：主要收録專業類書，比如農學類、書畫類、醫卜星相類、儒釋道宗教類、陰陽五行類、傳奇類、小説類，等等。

集部：主要收録詩賦文詞曲總集、别集、專集，詩律詞譜，詩話詞話，南北曲韻，文論文評，等等。

叢部：主要收録不入以上四部的歷史文獻遺珍、歷史文物和歷史遺址圖録彙總、戲劇曲藝脚本、報章雜志、音像資料等。不收傳統叢部之文叢、彙編之類。

《紹興大典》影印精裝本在收録、整理、編纂出版上述文獻的基礎上，同時進行書目提要的撰寫，並細編索引，以起到提要鉤沉、方便實用的作用。

二、《紹興大典》點校研究及珍本彙編。主要是《紹興大典》影印精裝本的延伸項目，形成三個成果，即《紹興大典·要籍點校叢刊》《紹興大典·文獻研究叢書》《紹興大典·善本影真叢覽》三叢。選取影印出版文獻中的要籍，組織專家分專題開展點校等工作，排印出版《紹興大典·要籍點校叢刊》；及時向社會公布推出出版文獻書目，開展《紹興大典》收録文獻研究，分階段出版研究成果《紹興大典·文獻研究叢書》；選取品相完好、特色明顯、内容有益的優秀文獻，原版原樣綫裝影印出版《紹興大典·善本影真叢覽》。

三、《紹興大典》文獻數據庫。以《紹興大典》影印精裝本和《紹興大典·要籍點校叢刊》《紹興大典·文獻研究叢書》《紹興大典·善本影真叢覽》三叢爲基幹構建。同時收録大典編纂過程中所涉其他相關資料，未用之版本，書佚目存之書目等，動態推進。

《紹興大典》編纂完成後，應該是一部體系完善、分類合理、全優兼顧、提要鮮明、檢索方便的大型文獻集成，必將成爲地方文獻編纂的新範例，同時助力紹興打造完成「歷史文獻保護名邦」「地方文史研究重鎮」「區域文化轉化高地」三張文化金名片。

《紹興大典》在中共紹興市委、市政府領導下組成編纂工作指導委員會，組織實施並保障大典工程的順利推進，同時組成由紹興市爲主導、國家圖書館和中華書局爲主要骨幹力量、各地專家學者和圖書館人員爲輔助力量的編纂委員會，負責具體的編纂工作。

《紹興大典》編纂委員會

二〇二三年五月

史部編纂説明

紹興自古重視歷史記載，在現存數千種紹興歷史文獻中，史部著作占有極爲重要的位置。因其内容豐富、體裁多樣、官民兼撰的特點，成爲《紹興大典》五大部類之一，而别類專纂，彙簡成編。

按《紹興大典·編纂説明》規定：「以經、史、子、集、叢五部分類的方法，對收録範圍内的文獻，進行開放式收録，分類編輯，影印出版。五部之下，不分子目。」「史部：主要收録紹興地方歷史書籍，重點是府縣志、家史、雜史等三個方面的歷史著作。」

紹興素爲方志之鄉，纂修方志的歷史較爲悠久。據陳橋驛《紹興地方文獻考録》（浙江人民出版社，一九八三年版）統計，僅紹興地區方志類文獻就「多達一百四十餘種，目前尚存近一半」。在最近三十多年中，紹興又發現了不少歷史文獻，堪稱卷帙浩繁。

據《紹興大典》編纂委員會多方調查掌握的信息，府縣之中，既有最早的府志——南宋二志《（嘉泰）會稽志》和《（寶慶）會稽續志》，也有最早的縣志——宋嘉定《剡録》；既有耳熟能詳的《（萬曆）紹興府志》，也有海内孤本《（嘉靖）山陰縣志》；更有寥若晨星的《永樂大典》本《紹興府志》，等等。存世的紹興府縣志，明代纂修並存世的萬曆爲最多，清代纂修並存世的康熙爲最多。

家史資料是地方志的重要補充，紹興地區家史資料豐富，《紹興家譜總目提要》共收録紹興相關家譜資料三千六百七十九條，涉及一百七十七個姓氏。據二〇〇六年《紹興叢書》編委會對上海圖書館藏紹興文獻的調查，上海圖書館館藏的紹興家史譜牒資料有三百多種，據紹興圖書館最近提供的信息，其館藏譜牒資料有二百五十多種，一千三百七十八册。紹興人文薈萃，歷來重視繼承弘揚耕讀傳統，家族中尤以登科進仕者爲榮，每見累世科甲、甲第連雲之家族，如諸暨花亭五桂堂黄氏、山陰狀元坊張氏，等等。家族中每有中式，必進祠堂，祭祖宗，禮神祇，乃至重纂家乘。因此纂修家譜之風頗盛，聯宗聯譜，聲氣相通，呼應相求，以期相將相扶，百世其昌，因此留下了浩如煙海、簡册連編的家史譜牒資料。家史資料入典，將遵循「姓氏求全，譜目求全，譜牒求優」的原則遴選。

雜史部分是紹興歷史文獻中内容最豐富、形式最多樣、撰者最衆多、價值極珍貴的部分。記載的内容無比豐富，撰寫的體裁多種多樣，留存的形式面目各異。其中私修地方史著作，以東漢袁康、吴平所輯的《越絶書》及稍後趙曄的《吴越春秋》最具代表性，是紹興現存最早較爲系統完整的史著。

雜史部分的歷史文獻，有非官修的專業志、地方小志，如《三江所志》《倉帝廟志》《螭陽志》等；有以韻文形式撰寫的如《山居賦》《會稽三賦》等；有碑刻史料如《會稽刻石》《龍瑞宫刻石》等；有詩文游記如《沃洲雜詠》等；有珍貴的檔案史料如《明浙江紹興府諸暨縣魚鱗册》等；有名人日記如《祁忠敏公日記》《越缦堂日記》等；有綜合性的歷史著作如海内外孤本《越中雜識》等；也有鉤沉稽古的如《虞志稽遺》等。既有《救荒全書》《欽定浙江賦役全書》這樣專業的經濟史料，也有《越中八景圖》這樣的圖繪史料等。舉凡經濟、人物、教育、方言風物、名人日記等，應有盡有，不勝枚舉。尤以地理爲著，諸如山川風物、名勝古迹、水利關津、衛所武備、天文医卜等，莫不悉備。

這些歷史文獻，有的是官刻，有的是坊刻，有的是家刻。有特別珍貴的稿本、鈔本、寫本，也有珍稀孤罕首次面世的史料。由於《紹興大典》的編纂出版，這些文獻得以呈現在世人面前，俾世人充分深入地瞭解紹興豐富多彩的歷史文化。受編纂者學識見聞以及客觀條件之限制，難免有疏漏錯訛之處，祈望方家教正。

《紹興大典》編纂委員會

二〇二三年五月

紹興縣志資料 不分卷

紹興縣修志委員會纂

民國二十六年（一九三七）至二十八年（一九三九）鉛印本

影印説明

《紹興縣志資料》，不分卷，紹興縣修志委員會纂，民國二十六年（一九三七）至二十八年（一九三九）鉛印本。半葉十四行行三十六字，白口，單魚尾，四周雙邊。原書版框尺寸高21.2釐米，寬14.4釐米。

紹興縣修志委員會成立於民國二十四年（一九三五），第一屆常務委員會由時任紹興縣縣長陳煥及王子餘、沈鈞業、周毅修、陳慶均等七人擔任，另有委員若干及采訪專員、采訪員等職負責采訪搜集，實地調查，整理資料，爲縣志編纂做前期準備。經五年努力，至一九三九年，已陸續完成《紹興縣志資料》第一輯的刊印發行。後由於日本侵略軍屢犯紹興，計劃中的第二輯未能付印。此外，修志委員會還重新排印了《（康熙）會稽縣志》《（嘉慶）山陰縣志》《（道光）會稽縣志稿》等前代志書，爲紹興地方文獻的傳承做出了巨大貢獻。

《紹興縣志資料》第一輯原書共十六册，第一、二册爲摘補《（乾隆）紹興府志》山陰、會稽、隸屬府城之部，以及李慈銘評改《（嘉慶）山陰縣志》及《（乾隆）紹興府志》屬於山陰、會稽之部；第三、四册爲《越中金石記》摘録山陰、會稽之部；第五、六册爲「地志叢刻」，分别輯録《三江所志》《安昌志》《柯山小志》《天樂志》《曹娥江志》《曹娥鄉志稿》《天樂鄉富家墩村志》《瀝海所志稿》《梓里記》《皋部志》十種及其刊誤表，另有《嘉慶山陰縣志校誤補遺》；第七至十六册爲氏族、選舉、疆域及沿革、山川、道路、雨量及温度、田賦、司法、鄉鎮、溏閘彙記、人物列傳、名宦、寓賢各類。其中「人物列傳」部分以「周樹人」爲止。

此次影印，以上海圖書館藏本爲底本。另據《中國地方志聯合目録》，國家圖書館、南京圖書館、浙江圖書館等亦有收藏。

第一輯第一本

乾隆府志摘補山陰之部

乾隆府志摘補會稽之部

紹興縣志資料

李生翁題

中華民國二十六年二月

紹興縣修志委員會印

紹興縣志資料第一輯

山陰之部　目錄

案是輯繼續嘉慶山陰徐志康熙會稽王志道光會稽志稿三書出版專摭乾隆李守府志中之隸屬山會兩邑故實前三志所漏略者各依原次目分別部居庸以裨補徵引故書之資其屬於舊府性質不能偏隸者别爲一帙附以李氏越縵堂校勘之專屬山會者爲前志之攷訂他如田賦一門統𨷖全郡茲不贅列

土地志

山（見府志卷三）

臥龍山〔嘉泰會稽志〕山西北幽徑薇藺傍皆叢篁灌木其地闕齾不整相傳大夫種墓曩因潮水穴山後失其尸也〔舊志〕產佳茗芽纖短色紫味芬稱瑞龍茶山有清白泉瀹茶爲宜

塔山〔寶林事實〕越城山能與秦望爲主客者臥龍寶林蕺山也其城南左右數十里疾馳屹立皆屬於秦望又率其左右之山因鑑湖入謁於郡城臥龍爲郡治蕺山少東不能正受秦望之謁越之形勢臥龍下未有如寶林者〔會稽志〕寶林寺今名報恩光孝禪寺紹興初以濮安懿王園廟寓焉〔新增事實〕山下有明朱文懿賡逍遙樓舊址

琵琶山〔萬歷志〕一曰邑山俗名杷山

侯山〔孔靈符會稽記〕孔愉爲王導所銜出爲會稽內史在郡三年乃營山陰湖南侯山下數畝地爲宅草屋數間便棄官居之〔嘉泰志〕舊經云山有孔太守廟

彈丸山〔採訪事實〕山有石如彈丸高六七尺俗呼彈子山

麻林山〔萬歷志〕句踐欲伐吴種麻以爲弓絃使齊人守之越謂齊人多故又曰麻林多山以山下田封功臣

甑山〔嘉泰志〕兩山相類正如甬酒榼

梅里尖〔嘉泰志〕其陰爲梅仙塢自塢度一小嶺有異境煙水直至郡城

蘭渚山〔萬歷志〕有草焉長葉白花花有國馨其名曰蘭句踐所樹蘭渚之水出焉〔通典〕蘭亭山陰漢舊縣亭王羲之曲水序於此

玉架山〔嘉泰志〕三峯如筆格秀麗可畫故今名筆架山

青蓮山〔山陰縣舊志〕許安世常往遊焉有山路入青雲之句

大尖山　案舊浙江通志有土尖山與此山道里相同疑即此山也

懽潭嶺〔萬歷志〕在城西南一百三十里以潭名補

銅山〔山陰縣舊志〕去縣西二十五里補

不負嶺〔萬歷志〕舊傳蕭翼得蘭亭帖至此喜曰不負此行矣因名

鳳凰山〔俞志〕至小而具山形嘗有鳳凰集焉〔嘉泰志〕在梅市鄉

羊石山〔吴越備史〕光啓二年錢鏐使遊奕崔則守羊石案羊石山石佛寺創自隋開皇間

見西河大悲殿碑記朱竹垞有羊山遊記

寶林山　〔萬歷志〕亦名金井山

牛口石　〔萬歷志〕在寶林山西址石二片出土中如牛吻

西余山　〔於越新編〕一作西扆謂禹負扆朝諸侯處

碧山仙洞　〔萬歷志〕洞口如井下視莫測北通巨海嘗有人持火深入聞櫓聲隱隱而鳴

牛頭山　〔萬歷志〕山產石可作假山其小碎者取爲盆山尤宜草木皆蔥蒨耐久與崑山所出相埒東坡所謂盆山不見日草木自蒼然是也

下馬山　〔一統志〕相傳秦始皇東巡息駕於此故名山有石如蟾山崖夾水石骨橫亙水底口石檻

禹山　〔萬歷志〕舊傳大禹駐蹕於此

蓬萊山　按山邑祠祀志云萬窠庵在縣北四十里齊賢里蓬萊山北則其志祠宇又稱蓬萊矣何時俗以中峯形似紫駝而競稱爲駝峯不已浸失古意乎乃越志更轉訛駝峯作大峯則其失愈遠矣

塗山　舊經云山麓有斬將臺有石船長丈云禹所乘梁初又掘得青玉印〔郡國志〕宋元嘉

中有人於船側掘得鐵履一隻〔越絕書〕塗山者禹所娶妻之山也去縣五十里

水見府志卷六 川

王公池〔嘉泰志〕在西園皇祐五年知越州王逵始置齊祖之記云王公池非新也由王公名之也

龍噴池〔嘉泰志〕在縣西一里酒務前〔萬歷志〕在卧龍山前 補

碧霞池〔採訪事實〕在承恩坊王守仁宅內

清白泉〔嘉泰志〕在府西清白堂側范文正公記云西巖下獲廢井泉甘色白淵然丈餘引不可竭〔俞志〕在府治內

錢清江〔嘉泰志〕蕭山王兵部絲嘗發地得小青石版甚薄上刻詩三首八分小字甚工妙詩云搖漾越江春相將采白蘋歸時不覺夜出浦月隨人又曰家寄征河岸征人久遠遊不如潮有信每日到沙頭又曰乘曉南湖去參差波浪痕前洲在何處孤恨與誰論不知何人詩也

江北河〔萬歷志〕每爲潮水灌入沙塗壅積遇澇輒溢遇旱卽涸

狹猺湖〔採訪事實〕湖面寬闊風多覆舟明末張思溪建石塘離岸丈許船行其中可避風

濤之險

月潭 〔萬歷志〕廣袤數畝觀月爲宜然不知其得名之始

瑟瑟池 〔嘉泰志〕以池水湛碧故名錢公輔小隱山記云山堂因山之名凡一景一趣無不爲之稱有瑟瑟池

蘭亭古池 〔嘉泰志〕唐大歷中鮑防嚴維呂渭而次三十七人聯句於此云曲水追歡處遺芳尙宛然名從右軍出山在古人前賞是文辭會歡同癸丑年

廢署見府志卷七

明市舶公館 〔兪志〕今廢以其地建張文恭元忭祠

紹興衞 〔兪志〕由府譙樓直南而下過蓮花橋轉而之東過酒務橋又東百餘步有門二重有廳五間有廊有庫左爲前右二千戶所鎭撫所右爲後中左三千戶所知事廨吏舍明萬歷十二年知府蕭良幹重修增後堂三間修撰張元忭有記今廢補

義塚見府志卷七

養濟院 〔山陰縣志〕在縣西北三里錦鱗橋西即宋浙東貢院故址東西廣四十八丈六尺南北深四十八丈六尺共二十七畝三分三釐屋一百四十間門三座今門屋不全

育嬰堂〔會稽縣志〕邑民劉世洙等捐資建柴世盛捨田三百畝凡有淹溺棄嬰僱乳媪分養之寒則給衣病則療藥

八仙橋茶亭　大木橋茶亭　武勳橋茶亭

望江樓茶亭　清道橋茶亭　捨子廟茶亭以上俱補

橋梁見府志卷八

甲子橋〔嘉泰志〕在府城東南舊開元宮甲子眞君堂遺址

南堰橋〔嘉泰志〕在城南　南店橋〔嘉泰志〕在城東南

觀橋〔嘉泰志〕在城東開元宮側　蕙蘭橋〔嘉泰志〕在城東

獅子橋〔嘉泰志〕在城東北　西雙橋〔嘉泰志〕在城東北

官海橋〔嘉泰志〕在城東北　平橋〔嘉泰志〕在山陰縣側

教場橋〔嘉泰志〕在城東南　車水橋〔嘉泰志〕在城南以上俱補

古蹟見府志卷七十一

劉孝子故里〔新增事實〕乾隆三十一年知府王鳴立碑以記曰明孝子劉遂庵先生故里

王右軍別業　舊經云羲之別業有養鵝池洗硯池題扇橋存焉

鎮東閣〔章大來鎮東閣記〕鎮東閣之名原於五代時錢鏐鎮東之軍門又始於舊子城之鎮東門蓋府署據臥龍山之東麓是爲鎮東軍節度即於城之東以爲東門榜曰鎮東軍書之者吳郎中說立之者王參政絢也至子城鎮東之門則始於隋開皇時楊素先是宋明帝時蔡興宗爲鎮東將軍又先是晉穆帝時王彪之爲會稽內史鎮東將軍蓋鎮東之名由來久矣攷郡自夏至今爲會稽爲越爲會稽郡爲荆國吳國爲會稽國爲越州爲吳總管府爲浙東道爲浙東總管府爲節度觀察使署爲義勝軍威勝軍爲鎮東軍爲吳越國後爲紹興府元爲路明復爲府其中凡幾經分合改復而閣之垂名歷千餘年不可易謂非魯殿靈光也哉以上見府志卷七十一

覽勝亭〔黄猷吉柯山記〕亭前則萬峯羅拱其下則重淵澄浸此於吾越當稱絕勝而方册不載也

戢隱齋〔戴表元戢隱記〕儒者王廷吉家於戢山之陽而名讀書之齋曰戢隱補 以上見府志卷七十二

人民志

選舉

薦辟 見府志卷三十

三國吳

虞翻 舉茂才

景泰年

馬陞 山陰志作昪

進士 見府志卷三十一

至正十四年甲午牛繼志榜

趙傑 舊志作俶山陰志作琡

明成化十一年乙未謝遷榜

陳穀 御史山陰志作轂

嘉靖十七年戊戌茅瓚榜

陳鵠 碑記紹興官籍武進人僉事

萬曆十一年癸未朱國祚榜

孫如法錦衣官籍光祿少卿餘姚人

萬曆四十一年癸丑周延儒榜

孫如洵山東副使餘姚人

孫杰碑録錢塘人

萬曆四十四年丙辰錢士升榜

吳從魯碑録滋陽人舊志山陰人四川右參議

萬曆四十七年己未莊際昌榜

丁乾學碑録宛平人舊志山陰人侍讀學士

崇禎十三年庚辰魏藻德榜

王紹美會稽人肇慶推官

崇禎十六年癸未楊廷鑑榜

李安世碑録有二一山陰人一餘姚人尚寶司卿

清康熙三年甲戌嚴我斯榜

姜　燦會稽人山陰志作王燦

雍正二年甲辰陳悳華榜

周長發會稽人

舉人見府志卷三十二三

明洪武二十三年庚午科

汪金剛奴補

弘治五年壬子科

司馬公輊山陰志作公銍

萬歷四年丙子科

司馬暐山西中式補

崇禎六年癸酉科

沈奎晃山陰志作烇晃

崇禎九年丙子科

劉之龍舊志姓孫餘姚人

孫士登江西中式推官補

康熙五年丙午科

沈允笵山陰志作允范

乾隆四十八年癸卯科

丁紹謹山陰作紹錦志

乾隆五十三年戊申科

史積中鴻義子補　史積瑾補

貢生

明正統年

童瑛補

天順年

沈曄山陰志作沈煜

成化年

王詵山陰作王銑志

嘉靖年

江　賓山陰志作汪賓　胡　鼎補

崇禎年

張焜芳山陰志作周焜芳　陳九微山陰志作九徵

康熙年

壽嘉裔補　沈子毅補

雍正年

朱　煌補

鄉賢

〔漢〕

賀齊〔虞預晉書〕賀氏本姓慶純有重名避安帝父淸河王諱改賀氏父輔永寗長府志卷四十四

盛憲〔嘉泰志〕憲爲吳郡太守蓋据三國志後爲孫策所害則誤也同上

〔南北朝〕

鄉賢 一

韓子高〔陳書〕元嘉二年征留異子高單馬入陣除貞毅將軍東陽太守五年征晉安子高會於建安人馬最爲强盛以功進爵爲伯徵爲右衞將軍光大元年前上虞令陸昉告其謀反子高父延慶官山陰令

〔宋〕

杜衍〔嘉泰志〕衍拜中丞詔擇吏人能否有揚語於外曰衍奏請盡黜諸吏吏僅千餘人詣衍第喧譁明日入對願窮治即推首惡抵於罪范仲淹嘗出衍門下爲參知政事數爭事上前衍無慍色而仲淹益敬服之邊將議欲大舉以擊夏人韓琦亦以爲可衍爭以爲不可後兵果不得出爲相凡百日而罷去府志卷四十五

錢勰〔舊志〕勰以廕補官神宗嘗召對將進用之王安石使弟安禮來見許爲御史勰謝曰家貧母老不能萬里行安石知不附己命以他職知開封府老吏畏其敏欲困以事導人訴諜至七百勰隨即剖决乃驚詫去宗室貴戚爲之斂手召拜戶部侍郎進尚書加龍圖直學士因忤章惇章極意詆排之　祀鄉賢府志卷四十五

陸游〔舊志〕張元忭云按渭南集有示兒詩云老去元知萬事空但悲不見九州同王師北定中原日家祭無忘告乃翁其恢復之志垂老不忘如此亦可悲矣府志卷四十六

莫叔光　萬歷志叔光子子偉舉進士同上

唐珏　〔宋遺民傳〕予讀陶九成輟耕錄所載又有林景熙事大同而小異後至會稽詢其宗人始知珏之收光寧理度而林之收高孝兩朝耳〔元張丁識冬青引跋云〕張孟兼撰唐珏傳大約與羅傳同末云有謝翺者文丞相客也與珏友善嘗感珏事作冬青引鄭元祐書林義士事蹟云林德暘字景曦號霽山當發陵時林故爲杭丐者背竹籮持竹夾鑄銀作兩許小牌百十繫腰間以賂番僧曰餘不敢望收其骨得高家孝家足矣番僧左右之果得高孝兩朝骨爲兩函貯之歸葬東嘉植冬青爲識又明初孔希普云林先生爲王修竹門客先生與珏所爲王蓋知之今以癸辛雜識所記羅陵使事參之則發陵原有兩次寧宗度宗理宗楊后爲一次徽欽高孝爲一次中間相隔數月三人之爲此舉也高孝二陵則發遲而預爲之地故藏中但有金玉並無骨髮餘陵則出不意且遺體多全是以備遭慘酷其所掇拾皆暴露之餘其聚而築塔也又後七日諸人所拾固已幸免癸辛雜識所記但託高孝之骨髮胥化並不言有唐林義士事蓋三公方百計隱諱惟恐人知也至楊連眞珈敗後方稍傳其事是以互異耳〔徐渭辨義錄云〕收葬諸陵者或云唐或云林後先牴牾我師季彭山先生覽謝翺晞髮集至冬青樹引唐玉潛詩憮然曰知君種年星在尾茲果唐君舉事之實證歟

併採諸紀編爲一書每於篇中疑不經者專裁數語而後終始灑然矣種出唐手自掩葬可知星在尾次歲戊寅不爽此其朋友相贈高其義而贊言之又何疑哉至草牕記高宗巳骨蜕孝宗特頂骨一小片正合詩中雙匣之語乃訂二陵先收而後掘居然信矣以渭所觀唐君奇節每爲扼腕至若景熙者其所交皆謝翺鄭樸翁王修竹所以不爲者必有事機不暇不能强爲之説是則天池亦以爲是唐非林其言高孝先收後掘是巳然亦僅得其半耳就諸家所記斷其近似則掇拾抛棄者唐也度其必再發高孝而預藏之者林也唐所瘞在蘭亭山中林所瘞在東嘉要之諸公必共商而後行其分瘞者亦深慮後患焉耳今取宋遺民傳附於右祀鄉賢府志卷六十義行

〔明〕

錢宰〔萬歷志〕宰弱冠有文名一時俊彦如唐之淳韓宜可皆出其門明太祖首以明經徵令撰功臣誥命同修禮樂書尋以病歸六年授助教上疏乞休二十七年再召校書每進見必賜坐侍食宰嘗病近代新聲繁猥刻意古調擬漢魏而下諸作有臨安集府志卷五十三

儒林

趙俶〔萬歷志〕俶宋宗室也八歲能詩文指物輒賦稍長博涉經史爲文逼秦漢賦尤擅美

部使者河中何約按部至越俶時爲諸生延見之從容問諸史俶能詳其上下三千年君臣行事下至外國山川形勝如其身所履者約嘆曰窮年讀史不如聽趙生談也是時典成均者皆極殊選而俶與蘇伯衡爲冠弁云同上

唐肅〔萬歷志〕肅博學善詞翰與高季迪楊孟載並稱於時之淳嘗集古今治亂爲書將獻之不果而卒明書畫史肅書畫皆能嘗自作梅石圖題之蘇平仲集肅文簡奥詩步驟盛唐尤工篆楷洪武時同知制誥兼國史編修同上

陳性善〔萬歷志〕白溝河戰敗李景隆納款性善知事不可爲躍馬入河死其家後赦還府志卷五十五 忠節

陳壯〔府志〕祖坐事謫戍交趾後調京衛遂家焉〔萬歷志〕壯官留都與莊昶劉大夏倪岳羅倫輩定交日以行義相淬厲抗疏乞歸李東陽重其去有莫與越人謀出處直夫先謝外臺歸之句退而爲鄉之典型者二十年杜門讀書絶請託事有不平者爲直於有司輿至攜賓朋陟泛觴詠陶如也府志卷四十七

司馬垔〔府志〕致仕歸杜門謝事闢園亭以自娱嘗榜其門曰獨呼明月長陪醉不負青天早放閒府志卷四十八

王鑑之〔萬歷志〕張元忭云按武宗實錄謂鑑之厚於瑾故致仕歸猶得渥典又以其繼子一和犯罪爲鑑之病此皆不然若厚於瑾必不歸其子不肖雖堯舜不免又何病鑑之耶蓋秉筆者似有所忮要非公論云〔兩浙名賢錄〕鑑之見有屈節權門者則歎息曰士患不得所耳若此身一失何可復也府志卷四十七

郁采〔萬歷志〕莊士儁詩云身後春秋有是非路人爭以口爲碑重於岱岳捐軀日怒若雷霆罵賊時那忍范滂猶有母尙憐伯道竟無兒皇天我墮睢陽淚半月荒城未裹屍〔高陵呂柟撰墓誌〕又爲裕州哀七章其一別駕守裕城堅牢鐵相似太守開門逃飜令別駕死其二愛母心無窮愛主心無疆妾身奉老母我身許明王其三裕城卽汝家裕民卽汝子如可贖君身人人爲君死其四城存我當存城亡我當亡敢怨阿大守殺我在城隍其五生知爲前駕死知贈光祿豈爲貪官爵惟恐汚簡牘其六渠略甃黃昏卉莽枯秋天君生三十六勝人一百年其七結交結君子生死皆可訓要知郁亮之但看莊士儁府志卷五十五

蕭鳴鳳〔萬歷志〕先是權貴人多冒士卒首功前御史盡爲紀驗鳴鳳悉奏革之權貴雖切齒然無隙可乘鳴鳳校士必以行檢爲高下不徒以文士亦凜凜不敢犯當軸者有所屬不得行嗾言者劾其過嚴遂得調華亭徐階其所拔士也視學過越造其廬鳴鳳已寢疾第曰

子升勉之沒後二十年武進薛應旂表其墓（兩浙名賢錄）鳴鳳嘗疾馳至黃花鎮啓視倉糧苴礫居半且侵尅累鉅萬守將盡論如法巨璫在司禮者令二倅折簡爲請鳴鳳併逮二倅治之邊境肅然府志卷四十八

汪應軫（萬歷志）應軫守泗州郵卒馳報武宗駕且至他邑徬徨勾攝爲具民至塞戶逃匿軫獨凝然弗動或詢其故軫曰吾與士民素相信卽駕果至費旦夕可貸而集今駕來未有期而倉卒措辦科派四出吏胥易爲奸儻費集而駕不果至則奈何他邑用執炬夫役以千計伺候彌月有凍餓而死者軫命縛炬楡柳間以一夫統十炬比駕夜歷境炬伍整飭反過他所去泗之日父老送者無不泣下家居孝友廉介與人交坦然無城府瓶無宿儲親黨有貧難必倡義周之凡鄉邦利病必盡言以告有司未嘗干以私同上

周述學（徐階雲淵子傳）述學在薊鎮有布伏之奇功柯梅有火攻之偉績天長決勝飛蘭擒叛冒砒毒遭横兵罹颶風迫倭刃俱幸無恙蓋貫天人徹幽明而學有實際者乎（黃宗羲雲淵子傳）凡經濟之學必探源極委博而能精上下千餘年惟述學一人而已胡宗憲之征倭也諮以秘計述學亦不憚出入怒濤毒矢之間卒成海上功武林兵變述學諭之謀遂寢在南北兵間多所擘畫其功歸之主者人莫得而知也嘗訪其諸孫仲於木蓮巷架上

惟神道大編數十册皆方廣二尺餘仲言遺書散失此不能十之一二也又見其地理圖縱八尺橫二尺畫方以界遠近每方百里又得見中經測圖歷宗通議而後知邢雲路律歷考所載皆述學之說掩爲己有也余讀嘉靖諸人集鮮有及述學者惟湯顯祖有與雲淵長者書唐順之與之同學其與人論歷皆得之述學而并未嘗言其所得豈以身任絶學不欲人參之耶雖然學如述學固千載若旦暮奚藉一日之知哉案二公推尊述學可謂至矣舊志僅標姓名今增補府志卷五十三 儒林

徐甫宰〔萬歷志〕居武平六年諸寇皆傾心受約束有負險以叛者甫宰單騎詣其巢曉以禍福賊羅拜泣下即解甲降在程鄉又用計平石窟仔徐加悌潮州當山海間土賊島人相煽亂甫宰勦撫迭施潮境獲寧〔兩浙名賢錄〕島寇屯鄒堂甫宰用降賊搗其巢斬萬餘級自是潮無海患府志卷四十八

吳兌〔俞志〕兌爲諸生時越地中倭鄉人率走匿兌獨部宗黨結栅禦之爲武選郎見恩蔭冒濫中官特甚乃持例草疏時司禮監遣人詣曹求易疏兌怒斥之欲以遮奏聞司禮者懼謝又以武爵訛濫置籍七百使不得干進大盜曾一本久嘯海上閩帥以捷聞謂一本已死朝論方行賞兌請覈實後一本果未得凡邊功覈而賞自此始嶺右有吉田之師豫料賊入

楚其徑有三先期申諭土司蚤防禦之宣府屯糧溢額至十餘萬軍多積逋乃疏請赦逋流人歸業者給以牛種由是耕夫雲集粟價賤於中土且諳火器之利以大小砲練爲陣法同部從上大閱特進陣圖府志卷四十九

朱賡〔兩浙名賢錄〕賡在禮部有旨選中官二千名賡疏其害得減半工部請殿門工賡言今軍興旱潦所在若洗而所入礦稅原爲大工不可失信天下遂傳旨緩工并下諭封礦所在稅課改有司徵以其半濟工三日間爲轉圜如此稅監梁永誣兩令刼稅銀有旨逮之賡揭言永單詞未可信於是免逮暨獨理閣務首出曹學程於獄又止黔蜀用兵賡自柄國後三遇邊功加恩皆力辭之同上

張元忭〔兪志〕元忭成進士出張居正門歲時一謁旅進退而已至議役法及先賢從祀皆侃侃言之與孫鑛同修府志與徐渭同修會稽縣志府志卷五十二 理學

張名世〔三江志〕名世以刑部十餘年經略熊廷弼特疏薦授總兵又有張名世馬邑人任薊州道同謚烈愍府志卷五十六 忠節

王思任〔思復堂集〕素剛負氣徑三黜不少自貶幽思孤奇深得風人之致俊逸之氣往往發爲諧辭隱辨解紛微中莊士每畏苦之馬士英將走紹興爲檄以討略曰閣下文采風流

才情義俠職素欽慕當國破衆疑之際爰立今上以定時局以爲古之郭汾陽今之于少保也然而一立之後閣下氣驕腹滿政本自由兵權獨握從不講戰守之事而只知貪黷之謀酒色逢君門牆固黨以致人心解體士氣不揚叛兵至則束手無策强敵來而先期以走致令乘輿播遷社稷邱墟閣下誤國至此卽喙長三尺亦何以自解也以職上計莫若明水一盂自刎以謝天下則忠憤節義之士尚亦相諒無他若但求全首領亦當立解樞權授之才能清正大臣以召英雄豪傑呼號惕厲猶當倖望中興如或逍遥湖上潦倒烟霞仍效賈似道之故轍千古笑齒已經冷絶再不然如伯嚭渡江吾越乃報讐雪恥之國非藏垢納汙之區也職當先赴胥濤乞素車白馬以拒閣下上干洪怒死不贖辜閣下以國法處之則當束身以候緹騎私法處之則當引領以待鉏麑〔越殉義錄〕思任母夢太白入懷小字金星父東海翁以遂己志故字曰遂東 同上

劉宗周 〔兪志〕宗周侍祖焞疾四浹旬不交睫邑令趙士諤造寢見幃帳百結斂衾敗絮心佩服焉奉命封益藩上宗藩六議爲右通政又疏劾忠賢大逆不法斥謫籍爲編民追奪誥命爲府尹時謁文廟大會師儒示以聖賢爲學之要沓地方疾苦發奸吏乾沒捕豪横不法及舞文犯禁者將解任以羨餘置學田二百畝以給諸生出都門所攜兩簏中貴人見而駭

曰眞淸官也郡之天樂鄉廡溪壩水通江潮爲患捐資築茅山閘與三江閘爲表裏府志卷五十二　理學

張焜芳〔李志〕初授南平令拜給事中奏劾奄人罪惡羣小嫉之鐫級歸與劉宗周講學於證人會〔越殉義錄〕焜芳妻金赴井死妾瑞氏從之老嫗抱幼子名彝匿積牆下五日夜不死府志卷五十六　忠節

朱光熙〔兪志〕令揭陽地產毒草愚民每自殺以相傾陷光熙出金錢購毒草盡入於官乃市桑麻之種於江浙間教以機杼民乃樂業復禦海患立義塚賑災不俟申請全活者萬餘

府志卷四十九

陳潛夫　錢塘人祖籍諸暨〔崇禎丙子同年錄〕孟治云孟桓初二女並妻潛夫同日合巹非妾也又云潛夫先推二妻入水爲具棺殮然後賦詩別親友躍水死今孟氏屋壁猶存潛夫手書絕命詩詩曰萬里關河戎馬奔三朝宮闕夕陽昏淸風血染萇宏碧明月聲哀杜宇魂白水無邊留姓氏黃泉耐可度寒暄一忠雙烈傳千古獨有乾坤正氣存當時並欲拉二子同死以繼母不許免府志卷五十六　忠節

劉景堯〔越殉義錄〕景堯附傳有孔四郎者紹興人善歌幼隨父入京師父授四川主簿未

任死四郎無所歸爲賊將官撫民所獲命歌以侑酒四郎乘其醉砍之誤中股提刀大駡曰砍賊不死天也乃自刎頭已落而僵立賊推仆之府志卷五十七忠節

鄭遵謙〔俞志〕好酒色暱妓金氏金以妬殺其婢時陳子龍爲紹興推官惡遵謙無賴與金氏並論死遵謙與東陽許都爲死友獄事急都馳至越白子龍言天下有事幸毋殺英雄子龍納之得不死順治二年五月大兵至浙潞王出降遵謙密結數十人于閏六月十一日起兵檄甯紹道于潁集渡舟截江而守迎魯王于台州稱監國頃之熊汝霖孫嘉績以餘姚兵至王之仁以定海兵至張國維以東陽兵至方國安以金華兵至錢肅樂沈宸荃馮元飂以鄞縣兵至乃議分地守汝霖嘉績守白洋之仁守西興國維守長河國安守朱橋范村肅樂等守龍王堂于潁守三江遵謙守小亹封義興伯未幾進爲侯〔越殉義錄〕遵謙兵號義興軍搴旗過清風里殺山陰令及署守勢大振然不諳兵事數困於田仰方國安而勢寖衰任光復云戊子正月十七日鄭彩兵與熊汝霖兵偶競訴彩令送汝霖汝霖笞而逐之夜分衆兵破門執汝霖投之江遵謙不平彩招與議事亦沉之江金氏號慟死熊子琦甫六齡彩壻也彩陽撫而陰賊之己亥秋彩忽見熊鄭擁兵入驚仆階下七孔流血死〔浙江通志〕金氏每祭夫必縛草人寸斬以侑食彩聞之投金氏於海中屢顯靈異所紀互異〔採訪册〕之尹

卽遵謙之父也甲申六月二日聞變自沉於渡東橋死同上

〔清〕

吳興祚〔俞志〕世居州山祖大圭教授遼東之清河遂隸旗下府志卷五十

自國初以來越中稱詩者山陰則布衣魏方烱大方周璇瑩朗少姚騰虬諸生則周遐祚又康姜梗鐵夫吳棠楨伯憩周炳曾子固俞樵煥文何嘉延奕美金璧晴村盛唐元白王霖清輝金又坡劉世貴他若金鎮又鑣官知府金虞廷颺言康熙乙丑進士官知縣董相周望官知縣周大樞元木官教諭其武人能詩者有邵斌生勝國末讀書山中三十年從平耿逆授遊擊不就性愛篇什雖戎馬之間吟咏弗輟有詩千餘篇晚年自定甚嚴有憩樓遺稿四卷

杜肇勳字功王官都司有閑古齋詩補府志卷五十四文苑

術藝 見府志卷七十方技

〔晉〕

孔侃〔嘉泰志〕敬思善行書從弟愉字敬康善草書述書賦云思行則輕利峭峻驚虬逸駿康草則古質鬱行落翮摧枯

謝藻〔山陰志〕晉中書舍人〔述書賦注〕正書啓雨叚合爲一紙五行其半先在官半在外

及得之勘合爲一

〔明〕

王麟字文明王千戶振鵬麟之母姨夫以畫名於朝麟嘗從之遊故遂工繪畫劉基覆瓿集補

童朝儀字令侯天啓壬戌武進士歷官後軍都督工書畫善詩文采風流一時名公鉅卿競相推服補

張景岳〔林日蔚全書紀略〕全書者博採前人之精義考驗心得之元微首傳忠錄統論陰陽六氣先賢可否凡三卷次脈神章擇諸家珍要精髓以測病情凡二卷著傷寒爲典雜證爲謨婦人爲規小兒爲則痘疹爲詮外科爲鈐凡四十卷採藥味三百種人參附子熟地大黃爲藥中四維更推參地爲良相黃附爲良將凡二卷創藥方分八陣曰補曰和曰寒曰熱曰固曰因曰攻曰散名新方八陣凡四十卷集古方分八陣名古方八陣凡八卷別輯婦人小兒痘疹外科方總皆出入古今八陣以神其用凡四卷

列女見府志卷六十四

〔元〕

楊氏名宜許陸氏子娶一夕陸卒達官聘之宜誓不嫁母逼之閉重戶自盡從父兄維禎表墓

曰女貞楊維禎古樂府

陸裕妻楊氏吳人母方擇配山陰陸裕適游吳遂嫁之生男三裕病瘵氏事之無少懈其母語之曰何用是彼不起矣不若爲他適計氏不答後又數迫之一日氏方食其母怒其不從痛詈之食下咽氣逆上竟憤懣死五日其夫亦死徐一夔楊貞姬傳

楊氏名雪字玉霙維楨從父女弟也年十三善琴十五工詞翰二十許陳氏子未娶陳歿遂守志不嫁達官聘之不允自誓之死作處女塚兵亂處女閉戶餓而死年四十有二楊維楨古樂府序

〔明〕

余亨妻朱氏亨死朱年二十三無子亨既葬辭墓慟哭投河死續文獻通考

包愼妻徐氏愼死無子同邑右族豔其色以利誘其姑及其夫之弟欲强娶之不從其姑故投以艱事冀變其志徐知不免自縊死兩浙名賢錄

蔣倫妻戴氏名毓齡早寡有節行既老鄉人欲上其事輒止之曰常事耳何煩官府兩浙名賢錄以上俱補

政事志

水利見府志卷十四

錢清新堰〔嘉泰志〕在縣西北五十一里嘉泰元年置先是小江南北岸各一堰官舟行旅沿泝往來者如織每潮汛西下壅遏不前則紛然鬭擾甚至毆傷堰卒革日繼夜不得休或以病告提舉茶鹽葉公籈因寓公之請始爲之仍於堰旁各置屋以舍人牛蓋捐鏹二百萬而兩堰落成人皆便之

鄭家閘〔採訪事實〕在郡城西南六十里自義橋分麻溪之流匯芝塘而東北合流於運河之官塘計四五十里而流百曲如帶之縈折水平時則閘芝塘而啓鄭家閘使麻溪之水不溢遇旱則築版鄭家閘而洩芝塘之水以溉江塘中村數十里之田使不涸補

柯山閘　三山閘　並在鑑湖之西補

五眼閘　在三江所城西門外嘉靖十七年建補

富中大塘〔嘉泰志〕越絶云句踐治以爲義田肥饒故謂之富中也〔十道志〕句踐以田肥美故富中都文選吴都賦富中之甿貨殖之選舊經云富中里補

山西閘〔知府李鐸詳文〕爲閘工告成等事竊照郡三面皆山一遇淫雨山水下注疏洩維

艱幸賴明代湯侯建有三江一閘按時啓閉蓄洩得宜于是水患稍除然以山會蕭三邑千巖萬壑之水四方匯集止賴三江一閘出水値淫雨連綿之際水勢泛溢白洋一帶數十萬民田遠于閘者不無隱憂查山陰縣四十七都地方舊制有山西閘原爲分洩上流水勢而設雖向有三洞基模然年久頽廢卑府因康熙二十九年水災之後蒿目民艱不忍膜視親詣踏勘相度地勢重建五洞以廣水道庀材鳩工俱係力捐淸俸凡需用料物工匠俱發現銀採買僱募不動民間一草一木業于去年七月告成矣至一應制度俱倣酌三江閘之例非眞遇淫雨不輕啓放後三江閘而開先三江閘而閉不使有泛溢之患亦不致有旱乾之虞但工既報竣倘專司無役修補無資又非久遠之策必用夫役六名晝夜看守以司啓閉第額無夫役難以新增查山西閘坐落山邑而貼隣蕭山關乎蕭邑之田禾水道者居多蕭山田居十分之七山陰田居十分之三今于山陰撥民壯二名蕭山撥民壯四名仍于閘邊建屋三間使夫役得以棲身而令白洋司巡檢專董其事庶可一勞永逸至于閘板不時啓閉至有罅漏又必須泥塡築不便取于民田今捐元字號沙田一畝給與閘夫聽其運用若木板鐵環必得每年添補方無朽爛今捐置長恃改三號田二十七畝七分零取其利粒除完糧外每年資以修葺勒之于石可垂永久庶使後之盡心水利者知三江必不可無山西山西

實有裨于三江伏祈俯賜批示遵照存案〔明知府戴琥原定水利則〕種高田水宜至中則種中高田水宜至中則下五寸種低田水宜至下則稍上五寸亦無傷低田秧已旺及常時及菜麥未收時宜在中則下五寸决不可令過中則也收稻時宜在下則上五寸再下恐妨舟楫矣水在中則上各閘俱用開至中則下五寸只開玉山陡亹匾拖龕山閘至下則上五寸各閘俱用閉正二三四五八九十月用土築餘月及久旱用土築其水旱非常時月又當臨時按視以爲開閉不在此例也右牌在山陰火神廟卽佑聖觀也案戴公時應宿閘未建而水則至今用之爰附于此

茅山閘〔劉宗周茅山閘議〕茅山之有閘也爲麻溪有壩則天樂之水不得不另開一道以走外江而又虞外江之冲入故建閘以啓閉之法良善矣無如歲久而不可恃也閘有夫二名向以土棍充之凡外江貨船入內河閘夫得錢卽啓閘以過水勢湍急不可卒閉外水注入竟爲大害今得二策焉其一曰更閘制舊制閘如橋爲兩洞洞高二丈今請築其上半如壩制使閘口僅高丈許時方大水閘口沒入水下雖有貨船無由過閘遇水涸之日閘口上出水面又可驗貨船出入而無害舊制閘門一重今于門內又加板一重內外兩扃之如是則啓閉之間可不設禁而永無虞外江之患矣其一曰更閘夫請以地方殷實者司之或十

年一更或五年一更聽地方自相推認凡富戶土田廬舍不出于鄉其關係在身家性命有不盡心力爲之者乎今將閘夫歲領工食且另置公田爲修理之費一并付之富戶舉此二者茅山之閘庶可恃爲一方司命即不開麻溪壩而天鄉之民當有起色蓋麻溪有壩内水雖不能遽出而茅山有閘外水決不能驟入矣〔建茅山閘記〕自麻溪築壩而瀊湖數萬畝之田遂爲甌脱天鄉諸山之水既不能越壩以分其漲而小江之水復挾江潮循茅山以入瀊湖汪然巨浸矣賢者憂之于茅山之口建一水門山洪并發則啓以洩之潮汐驟冲則扃而拒之遇歲旱乾溪流枯竭則又節宣潮汐以爲數萬畝枯槔地自神廟以來民享其利又自茅山至鄭家山嘴築大塘使江流不得横溢必逶迤曲折由閘以入而後茅山一閘始屹然孤峙有砥柱之勢天鄉命脈懸于一綫此誠地方一大關鍵哉歲久傾圮塘水潰決以致江潦溪流漫爲沛澤天鄉之無收數十年于兹矣余向曾著天鄉水利議及茅山閘議惓惓于移壩改壩實足爲三縣興永利有志未逮歲癸未太史余公煌及各長吏走麻溪疏導水源而苦于霪窄因改修舊壩而廣其霪復顧茅山而謂予曰天樂水利向者先生建三策今不能行其上而姑用其中乎請先開茅山潦則洩旱則灌使三邑之民曉然知茅山之爲利而不願麻溪之有壩然後漸開麻溪以興永利不亦可乎予應曰唯唯于是令曰舊制水門

二今改闢其一皆以尋爲度高視舊增四之一而以石甃其上半內外皆設霪門中施板榦務在雄壯堅牢可垂永久是閘也舊通舟楫諸商人惟取便利不顧節宣以致溢湖江海連爲一壑今增而高即遇狂潦不致闌入矣半甃以石使不容船估舶望而却行矣增闢水門則消長迅速進退不停滯矣廣殺于舊則勢益謹嚴狂瀾易抵矣夫然後天鄉之水利興而民無昏墊之苦予于是謀之長吏以及耆老僉曰可即先捐銀若干兩余公煌及諸長吏各有所捐厚集人徒隤林攙石舂臿之工日以千計人謀畢協共襄厥功崇隄壁立勢軼嚴關殆與湯公之應宿爭雄峻矣以其餘貲築鄭家大塘高三丈廣倍之不惟溢田藉以永賴而與瀛溪交相捍禦有唇齒之勢雖不能行其上策而三邑亦未必不沾利也功既成士人欲予書其事于石顧予不文且遘國難尙何顏自侈其功哉因書月日以告後人

碑刻見府志卷七十五金石志附

吳永安磚 永安五年

〔舊志〕宋淳熙中三山陸氏鑿渠得古磚有文曰永安五年七月四日造九字蓋吳時所造磚也嘉泰會稽志云三山陸氏即放翁家稱其在當時藏書及古器物甚多

晉太康磚 太康十年

〔舊志〕宋淳熙中三山陸氏鑿渠得古甎其文曰太康十年七月造七字蓋西晉時物

晉黃庭經 永和十二年

〔集古錄目〕凡三本無書人名字前二本大約相類題云永和十二年山陰縣寫石在越州後一本其後不完不知石所在

晉黃閣銅漏

〔舊經〕黃閣有銅漏古制甚精王羲之書陸機漏賦鐫刻於上歷代以爲寶今不復存

晉大令保母磚志 興寧三年

保母磚志宋甯宗嘉泰二年六月二日會稽樵人得於黃閍土中錢清王畿又從樵人得之志凡十行行十二字可辨者共一百又六字其文云郎邪王獻之保母姓李名意如廣漢人也在母家志行高秀歸王氏柔順恭懃善屬文能草書解釋老旨趣年七十興寧三年歲在乙丑二月六日無疾而終闕十一字閟岡下殉以曲水小硯交螭方壺樹雙松於墓上立貞石而志之悲夫後八百餘載知獻之保母宮於茲土者尚闕二字焉按原磚久已不存所傳者惟脫本耳明末嘉興項子京家曾得一本有宋元人詩跋題名樓鑰周必大姜堯章等三十餘人國朝康熙中爲高宮詹士奇所有而朱竹垞曝書亭集有題崐山徐尚書原一所得之本後亦有宋元人題跋

豈江村所得又一本歟抑卽徐尙書所得之本也近吳門蔣氏亦有一本蓋卽高氏藏本耳（李大性跋）右晉興甯三年王獻之保母墓碑嘉泰二年夏六月山陰農人闢土得磚於黃閍岡卽是碑也時有曲水小研俱出焉色黝而潤後有晉獻之三字旁有永和二字以志文觀之蓋殉葬時物也碑字十行斷缺之餘其文可讀筆力遒婉眞有父風今歸錢淸王畿家畿字千里好文博古乃三槐文正之後得所歸矣碑云後八百餘載知獻之保母宮於茲土墓甎之出實八百三十八年獻之前知如此異哉閏十二月旣望會稽太守豫章李大性（宋之瑞跋）王子敬父子工書妙絕今古固不待言然世間金石刻容有變壞而此甎特陶土爲之乃如許壽誠爲差事至逆料數百載以期人知則又超出形器之外蓋非止囿於筆墨畦逕者尤未易以常情論也開禧丁卯季春十日赤城宋之瑞（黃庭跋）此書後蘭亭十二年作是時獻之猶未冠也人多謂其勁健過於蘭亭是殆不然夫觀書之法當如觀人必老成而後見其全庭少時得獻之洛神賦小書世傳小王晚年所作妙極於此矣後三十餘年親見保母甎刻於臨安旅舍筆法精强宛若二人所作者怳然謂前所愛洛神賦爲非也久而思之蓋保母刻勁健卓立而精神外發洛神雍容和與而勁健中藏於是少壯老成之別在是而亦自喜觀書之法盡於是若其文之簡易事之符驗此正晉人當年習尙或議此書之非眞則過也開禧丁卯四月會

紹興縣志資料　第一輯　山陰之部

四一

稽南明山人黄庭〔高文虎跋〕自器之上陶而墓之用甎其來尚矣有虞氏瓦棺夏后氏堲周治土之埏埴精緻堅如金石漢陽朔甎字云尉府壹壁陽朔四年　朔始造其字畫奇古西漢文字世不多有此字完好居攝墳壇刻石二其一云上谷府卿墳壇其二云祝其卿墳壇夫甎有字成帝時已見之墳有刻新室時已見之晉大令保母之藏刻甎爲志亦當時承襲际用金石爲簡省爾志云善屬文能草書亦見聞問得於其父子筆劄墨池之餘習小研隨之不忘其生平之所好抑以見志行之高秀歟後世士大夫好古博雅喜萃石刻器玩蓋多邱壟中所得者碑與器固可寶其壙域爲所鋤斸壞隳而不顧尚書樓公詩之斷章厚德之言也士大夫其鑑諸乙丑七月五日崇奎堂高文虎〔姜堯章跋〕嘉泰壬戌六月六日錢清三槐王畿字千里得晉大令保母志幷小研於稽山樵人周二物予皆親見之志以甎刻甎四垂其三爲錢文皆隱起已斷爲四歸王氏又斷爲五凡十行末行缺二字不可知第六行缺十二字猶可考曰中冬既望葬會稽山陰之黄閍硯背刻晉獻之字上近右復有永和字乃劃成甚淺瘦永字亡其礫和字亡其口硯石絕類靈壁又似鳳咮甚細而宜墨微窪其中或以爲王氏舊物用故窪非也按米氏書史晉唐硯制皆如此點筆易圓也自興甯距今八百三十八載異哉物之隱顯抑有定數而古之賢達皆能前知之歟又按畫記大令以晉孝武太元十一年年四十三乃終上

推至乙丑歲年廿二其神悟已如此言語翰墨之妙固不論也此字與蘭亭敘不少異眞大令之名蹟不經重摹筆意具在猶勝定武刻也絜虞龢云羲之爲會稽獻之爲吳郡故三吳之地偏多遺蹟蓋右軍自去官後便家山陰今蕺山戒珠寺乃其故宅而雲門寺乃大令故宅去黃閍皆不遠宜有是物也　保母志有七美非他帖所及一者右軍與懷祖王述同家越右軍郎邪族懷祖太原族故大令首言郎邪所以自別古人之重氏族如此二者世傳大令書除洛神賦是小楷餘多行草此乃正行備盡楷則筆法勁正與蘭亭敘樂毅論合已外雖東方贊黃庭經亦不合也三者蘭亭敘世無古本共寶定武本定武本刻於數百年之後寧不失眞此乃大令在時刻筆意都在求二王法莫信於此四者不惟書似蘭亭文勢簡秀亦類其父又與叔夜伯倫淵明遠公所作同一標致五者定武蘭亭乃前代巧工所刻嘗以他古本較之方知太媚此刻甚深惟取筆力不求圓美雙字之掠夫字之磔載字之戈志字之心再三刻削乃成妙畫蓋古之能書者多自刻鍾元常刻受禪表李北海之寓名黃仙鶴伏靈芝之類此甎亦恐是大令自刻不然何其妙也六者意如婦人而能文善書入元乃知當時文風之盛婦人可稱者不獨楊皇后魏夫人衞茂猗謝道蘊輩又知古人敎子既使之外從師友退居于內亦使之婦人之能文藝知道理者與之處宜乎子敬爲晉名臣也七者預知八百餘年事雖近於異然古之

賢達如此者衆伊川之爲戎樗里之知葬此出於神明虛曠自然前知豈必運式持籌而後得之哉但此字較之蘭亭則結體小疎當是年少故爾右軍書蘭亭時年五十一多大令卅年工夫也數日與諸名公極論因備著之　保母志與蘭亭同者廿四字之三年在各二文能老趣興歲丑日終以曲水於悲夫後者與右軍他帖同者十八字行秀王勲書善七十三二月六無小貞而二其嘗見於大令雜帖者三字獻二寗而見於蘭亭敍右軍帖者大令帖中亦多有之此刻大都百五字其可以他帖驗者凡四十五字餘六十字如保歸柔恭屬解釋交螭墓志等字尤精妙絕倫晉宋以來書家所未有也壬戌十月余故人了洪法師攜墨本自錢清來示余且言六月六日過王君有野人自外至出小硯以饋王君之子云春時劚山得之洪取視見硯背有永和及晉獻之字知是壙中物問有碑否野人云一磚上有字已碎矣亟使致之明日持前五行來是時猶未斷也驗是大令保母墓志而文未具又使尋之旬日乃以後五行來斷爲三矣一以支牀上有交螭字者是也一爲小兒壘塔上有曲水字者是也一弃之他處碎而復合似有神助野人周姓居越之稽山門外去錢清六十里不致之他人而致之王君亦異矣王君攜磚硯入都余得借觀累日或以爲王君贗作以欺世亦有數人刻別本以亂眞者然余觀此志斷非今人所能爲予學書卅年晚得筆法于單丙文世無知者諦觀此刻若合一契而

謂王君能爲之歟誠使今人能爲之則別刻本使當並駕何乃拙惡如彼也或謂大令晉人不應於硯背自稱晉獻之此見其僞亦非也大令刻硯背以殉葬知八百年後且出故先書晉以自見又案歷代印文皆不稱代惟魏晉率善令則曰魏率善某官晉率善某官生人用印猶得稱晉殉葬之硯不得稱晉乎或又謂蜀爲李氏所據久非晉有安得廣漢人而爲王氏之保母此亦非也獻之之稱瑯邪是時晉豈有瑯邪哉亦本其世之所自焉耳今西北人子孫多矣然亦各從其父祖言之按意如以惠帝元康六年生爾後蜀雖亂而晉遣使羅尙在蜀甚久不可謂蜀非晉有也永興元年李雄克成都軍大饑蜀人流散東下江陽意如之出蜀或在此時矣或又謂佛之徒稱釋起於道安大令時未應有釋老之稱此又不稽古之甚者阿含經有云四河入海與海同鹹四姓出家與佛同姓釋佛姓也此土謂佛爲釋久矣志稱釋老以佛對老非謂佛之徒也晉史云何充性好釋典崇修佛氏是也然道安以前比丘各稱其姓道安欲令皆從佛姓初不之信後得阿含經始信之爾後此土比丘皆姓釋如釋惠遠是也案何充是中興初人道安習鑿齒皆依桓溫於荆州正與大令同時亦非異代事也　或謂此字多似蘭亭疑後人集蘭亭字爲之此又不然大令字與蘭亭同者何止保母志而已然大令平生行草多正行少試以官帖第九卷中行書帖較之相過一帖同者十八字相終無日在未暫坐感感得古

盡痛此所不流思戀一帖同者九字事既將視左右無喻盡十二月二十七日一帖同者十一字日操之歲盡感懷不亦情得靜息一帖同者四字靜是極無發吳興一帖同者八字吳興感喻不靜兄情其他三兩字同者不可勝記右軍大令既是父子不應疑其書蹟之同今人父子書蹟同者衆矣大抵大令字與蘭亭合縱是他字偏旁亦合如兄況吳娱操躁是也縱是行草下筆亦合如無無暫暫是也又案唐人集右軍書碑率多俗惡此則高妙如老夫水三字又似跳竈矣决非集字也　或又謂降自南朝始有銘志埋之墓中大令時未應有之此又不然漢謝君墓甎云元和三年五月甲戌朔謝君造此墓甎又武陽城東彭亡山之巔石窟中有漢章帝建初二年張氏題識三所洪氏隸釋云此亦恠銘之椎輪也其不始於南朝明矣　或謂東坡金蟬墓銘云百世之後陵谷易位知其爲蘇子之保母倘勿毁也此末章似之爲可疑予謂東坡意其理之或然大令知其數之必然作者之言自應相邇近越人於地中得一石有詩云笑椎畫鼓過江東身到蓬萊第一峯坐看海雲迎日出千山渾在浪花中末章又與東坡潮詩合矣東坡固是文宗然以兩保母志較之高識者自能定其優劣也　或又謂保母王氏之妾不當言歸王氏金蟬碑謂之隸蘇氏爲當予謂既曰母矣稱歸何嫌且東坡銘其弟之保母故稱隸使子由自銘則不忍稱隸矣此以見古人之忠厚也世人好妄議如此令人短氣予恐流

俗相傳誣毀至寶故不得不力辨雖然妄議可以惑庸人博雅之士一見自了不待予之喋喋也甎既入土八百餘年已腐壞恐不能久近所摹本比初出土時已覺昏鈍摹之不已日就磨滅得墨本者宜葆之哉　予既作此跋將書以贈千里以疾相妨自四月至九月乃竟既致諸千里後月餘過錢清與元卿千里同觀聊記其後番易姜夔堯章（曝書亭集）崑山徐尚書原一初得王子敬保母甎志予往觀焉驗是宋嘉泰間拓本經羣賢鑒定鄱陽姜堯章尤賞之連書十一跋於後尚書以晉石墨難得出白金十鎰易之是日同觀者慈谿姜宸英西溟晉江黃虞稷俞邰秀水沈廷文元衡也志出於嘉泰壬戌錢清王畿獲之會稽山樵樵人獲之黃閍與甯中保母葬地也按保母之名見禮內則鄭司農謂安其居處者儀禮喪物緦麻三月爲乳母子夏傳曰何以緦也以名服也鄭注以爲養子者有它故賤者代之慈已蓋慈母必父之妾保母乳母以賤者代母或自有所從之夫子敬云歸王氏匪主右軍而言可知已黃閍不見於施宿張淏二志爾雅閍謂之門閍祊同廟門亦巷門也甎出土時已斷爲四歸於錢乂斷爲五合而搨之宜有裂文而仍若不斷者信夫搨手之良非今工匠所能及也歸德安世鳳撰墨林快事詆其字不佳語不倫然堯章精於書法其於禊帖絳帖評隲不爽謂是本有七美與蘭亭序不少異且言必大令自刻傾倒至矣又云有人刻別本以亂眞然則安君所見毋乃別本拙惡

者乎予惟堯章之言是信語尙書寶藏之毋爲豪者所奪可爾以上見府志七十五　金石志

唐康公夫人許氏墓誌天寶五載見府志卷七十六

〔復齋碑目〕唐王壽撰褚庭誨正書天寶五載五月二十五日立

唐大理少卿康公夫人河閒郡君許氏墓誌天寶六載見同上

〔嘉泰會稽志〕王壽撰褚庭誨正書夫人蓋康瑕之妻祖敬宗以天寶六載葬於蘭亭

唐宇文灝山陰述天寶十三載見同上

〔趙氏金石録〕竇公衡撰史懷則八分書懷則與史惟則同時必其昆弟也惟則以八分著名懷則之書蓋不減惟則而初不見稱於當時者豈非其位不顯乎以此知士負其藝能或以垂名於不朽或遂湮沒而無聞蓋亦有幸有不幸也若懷則之書非見録於余則遂泯滅於後矣

〔嘉泰會稽志〕史懷則分書幷篆額其略云天寶甲午夏四月宇文灝蒞山陰一年而成其佳政二年而號爲樂土石不存

唐台州刺史康希銑墓碑大歷十二年見同上

〔寶刻叢編〕唐顔眞卿撰幷書大歷十二年立在離渚宮遺匠摹搨爲民擊碎〔嘉泰會稽志〕云舊在山陰漓渚今在府治廳壁通判府事施宿又得二十餘字於民閒幷嵌置焉

古倉帝廟〔採訪事實〕先是縣義學附祀先賢言子祠言裔妄生覬覦屢控不休方伯張公若震詳院以山陰爲紹郡首邑士子願赴肄業者較盛於昔義學未便與言子祠混雜乾隆四年知縣劉宴乃移於倉帝廟內乾隆五十四年知縣莊文進又移建龍山書院於桂屏里

〔山陰知縣劉宴建廟碑記〕祀典之興將以崇德報功故有利垂數世或澤被一時皆得享廟食無廢厥祀者矣惟倉帝制字代結繩之政易所謂百官治萬民察禮所謂法施于民則祀之者也旣宜組豆萬世而祠廟之在天下者絕鮮將毋德厚者難名而功大者反莫之酬哉臥龍山舊有倉帝祠不知創自何人明世廟時張文忠奏毀文廟先聖賢像易以主遂例及他祠而倉帝與文昌像俱在毀中邑紳鄭肖龍公見而傷之積願數十年始克移建山之西麓永福寺左至公孫懋棠始補裝帝像歲久復圮地爲寺僧所據乾隆元年余奉大方伯桐城張公命告邑紳士飯僧拾字購田以資糗糧邑人踴躍將事而田無所屬僧無所依棲會余方修山陰廟學董事明經劉君正誼以倉帝祠始末告余遂登山周覽相度而經營之建廟三重以妥神靈而鹵盟薦復于山巔誅茅伐石闢地爲廬中奉文武二帝像傍列書舍爲諸生講肄之所考廟基卽宋西園地越人向于故址祀先賢賀知章秦系以下凡六人名曰詩巢年往迹湮事載宮保李公重修通志中今臚祀如初亦不忘前輩之高風雅韻爲世引稱也期年工竣以狀白大憲延師講學召生徒誦習其中憲府題牓于楹輝映左右又令官斯土者多募田以垂永遠猗與盛矣大方伯公以拾字申勸部民而造字之神之祠因是以復還舊觀則豈非公誠敬所感事之巧合固有待而後彰歟且夫黷祀弗欽淫祀無福諸不在祭法者指何可勝算也德厚功大如帝而組豆罔有聞則今祠廟肇舉用以申崇報之忱而合乎人心之不可言而皆同者其爲事也創而其于禮也則宜矣若夫以展祀之區列橫經之席相比疑若不倫然而天下義禮必歸文字文字必歸六書是又沿波討源之心數典而不忘其祖之說焉爾是役也庀材鳩工邑好義者爭先余與劉君親董其事別駕張公復奉方伯諭協募以襄盛舉故力舉而人不勞功成而勢可久邑之人來請是不可無記也遂書之石〔金以成西園詩巢復古記〕臥龍山西爲郡西園元詩人楊廉夫結詩巢其中以擬

放翁書巢距今蓋四百年所矣後人祀廉夫因上溯唐賀秘監方雄飛宋陸渭南明徐青藤予友宛委劉君偕何學博玉羽厲翰編思晦䵷聯爲詩巢吟社繼此薛太守厚庵又于鑑曲三山畫橋間所謂秋水長天者自賀監而外增祀秦公緒系是爲詩巢六君子每春秋佳日斟泉酌醴以志瓣香未幾而地屬豪家諸君亦復風流雲散乾隆紀元吾邑茂宰漢循劉公尋西園遺址營構義學屬宛委劉君董其事宛委搜討遺佚摩挲苔碣始知舊有倉帝祠基而大方伯楞阿張公惜字飯僧之檄頻至劉公洎郡別駕綸宣張公銳意興復宛委先後蔵事不介而孚既使諸生絃誦有所而倉帝俎豆正位厥宜詩巢六君臚祀別室于是復還舊觀因記其緣起如此

伯益廟〔於越新編〕在山陰縣承務鄉一名稽山廟

孔府君廟〔嘉泰志〕在縣南二十五里又謂之孔官廟〔山陰縣志〕晉孔愉也世說愉隱新安山中改姓孫氏以稼穡爲事信著隣里後忽舍去皆謂爲神人又一在故宅畔補

朱太守廟〔嘉泰志〕在縣東北三江門外四里

王佐廟〔山陰縣志〕在縣西七十里山西村其墓在焉

三江司閘正神廟　案木龍之事當時志乘碑記從未之及故考古者斷以爲誣三江城志推其致誤之由亦或一說而婦人孺子至今相傳不替金步瀛傳莫公死事語涉夢兆近於荒誕今則有其舉之莫敢廢也特錄元撰碑記以謹傳疑記見縣志以上見府志卷三十六

徵愛祠〔萬歷志〕嘉靖三十一年知府梅守德即大節祠改創原注大節祠原祀愍孝蔡公定唐將軍琦通判曾公忠今唐蔡各祀於原祠而曾附蔡祠並祀見府志卷三十七

司馬温公祠 〔宏治志〕歲久頽圮景泰間公四世孫伋之九世孫廷芳奏行有司重修〔省志〕康熙五十四年知府俞卿修見同上

愍孝祠 〔嘉泰志〕在府東北二百七十九步孝子蔡定父革以傭書自給惟定一子命爲進士建炎元年革以事逮捕繫獄年七十當贖吏持不可定哀祈太守願以身代不報會大雨雪定歎曰生無益於親當以死繼萬一有司憐而釋之因自撰墓銘并訴牒一道置諸懷服巾紵趨府橋下自湛而死太守翟公汝文聞之亟命出其父且給轊以葬定死後七年太守王公綯始克請於朝賜廟額曰愍孝見同上

五賢祠 〔俞志〕在臥龍山府署上康熙二十八年知府李鐸建以祀漢太守劉寵明知府湯紹恩號二賢祠舊時郡大堂後清白泉之左有文范祠祀文種范蠡亦李鐸所修久之盡圮乃移文范於二賢祠内額曰四賢後又增入李鐸而名之曰五賢祠祠後倚山峭壁數仞鐫龍湫二大字壁下有水一泓頗汙濁蓋潦水也案祠今廢惟石碑尚存見同上

劉太守祠 〔明王華碑〕漢劉寵爲會稽太守及被徵去山陰有五六老叟自若邪山谷間出人賫百錢以送漢史傳其事不過曰簡除煩苛禁察非法又曰犬不夜吠民不見吏而已此外别無赫赫之功今去數千百年寵猶廟食兹土百姓猶歌思不忘正德戊辰夏六月刑部

郎中劉君元瑞擢守吾郡僅五十日輒罷官去百姓徬徨如失父母乃日會聚于神祠佛宇祈禱卜筮謀所以留侯者而不可得則相與聯名列狀赴愬于部使者以求復侯之官不可得則又相與罷市易肆捐已貲將不遠數千里走京師以聞于天子以求復侯之官卒不可得則又相與扶攜老稚塡郭溢衢追送至數十里外侯數停舟麾謝衆猶擁遏不忍舍去道路觀者莫不嘖嘖稱歎以爲數百年來之所未見世嘗言今之人不古若卽侯之去任視寵之去會稽豈相遠耶或謂侯之在郡僅五十日而止卽其五十日之所設施雖有良法美意亦豈能家至而戶到雖吾夫子妙綏來動和之化其相魯亦必誅少正卯禮却萊兵三月而民始歌誦之侯在吾郡直廉恭儉約弗擾于民而已耳而吾民視侯乃有千百年固結之愛使侯久於其任得以究其設施則民之愛戴思慕又不知何底極也且寵之去被徵歸朝侯之去任被黜歸田其榮辱懸殊也而百姓之送侯者所至千百成羣不止五六老叟謂今人之不古若豈其然耶侯既去郡百姓思之不置則又相與謀肖侯之像立祠于卧龍山麓蓋將尸祝而俎豆之祠既成余遂爲之記侯名麟南京人由宏治丙辰進士起家至今百姓稱爲新劉云　案劉太守祠今廢見府志卷三十七

海日祠〔萬歷志〕在新建伯祠東祀文成侯父尚書王華見同上

陽明先生祠 〔乾隆十六年遣左副都御史胡寶瑔致祭文〕惟爾學邃知行才兼文武蚤通仕籍直節著於朝端比任封疆偉伐昭於寰宇拔本塞源之論徹悟始自龍崗平藩殲逆之功晚節尤推藤峽蓋其決機制勝定於性分之中故其講學明心多在兵戎之頃蔚成名世允協瞽宗茲以時邁浙東觀風越下紀丹青之勳業文成之嘉謚攸宜緬川嶽之英靈陽明之故居不遠用申嘉尚特薦馨香靈如有知庶其來格〔禮部右侍郎提督浙江學政朱珪碑文〕乾隆五十有二年丁未春三月珪按試紹興有王文成公九世孫增生昆泰昆湖等請曰文成公葬山陰花街之洪溪湛甘泉誌其墓乾隆十六年今上南巡諭祭賜額曰名世眞才而墓石歲久無存求補文以揭之珪惟公以眞儒再匡明社所謂立德立言立功者唯公備之其本末載于明史著錄于文集各家言其姓名昭灼人耳目何待于表抑世之小儒或有間于公者以講學稍有異同耳竊謂自孔子集百聖之大成六經四科廣大精微至矣由漢以來華離割裂朱子起而救之以存心致知爲愼獨切已之學沿元迄明記問蕪而身心晦陽明先生少負異禀蹶興中葉從憂患生死中深造有得於致良知之旨貫體用合知行不動聲色而安天下于反手自禹周孔孟以來一人而已嘗言曰平山中寇易平心中寇難若先生者拔本塞源恢廓儒道之疆域眞所謂豪傑之士也世之疑之者曷足齒乎先生

諱守仁字伯安海日公華長子浙之餘姚人遷居山陰宏治己未進士官兵部主事疏論劉瑾廷杖貶龍場驛丞臥石槨中悟良知之學起官至巡撫南贛汀漳平宸濠加兵部尚書封新建伯再起總制平廣西思田諸賊以疾歸卒於南安年五十有七贈新建侯謚文成神宗十二年從祀孔廟公配諸繼張子正憲正億正億嗣爵曾孫先通死甲申之難銘曰岱陽泗西天鍾宣尼漱江上海環靈會稽陽明篤生姿秉滿贛大冶百鍊元精純汞良知慎獨其源不二匡世扶傾大廈巍巍彼哉桂蕚叔孫臧倉公之德功月輪日光珪幼秉教斤斤其明公其迪我無終冥行名世眞才皇哉天表洪溪淙淙碣此墓道〔跋〕王文成公爲有明一代大儒今上南巡會稽賜祭賜額丁未歲學臺朱石君侍郎從公九世孫昆泰昆瀾之請作墓表梁山舟侍講書之越五載未刻也予守是邦之明年既以春秋行祭禮復訪公之裔勒斯文於石俾鄉大夫鄉先生有所觀感焉乾隆五十七年壬子三月三日知紹興府事鐵嶺李亨特立石敬識見府志卷三十七

六賢祠〔王掞忠貞講院碑記〕忠貞講院者祀故明越郡之賢臣先後死國者也其人爲左都劉公名宗周尚書文貞倪公名元璐御史黃公名尊素憲副忠愍施公名邦曜宮庶文忠周公名鳳翔巡撫祁公名彪佳此六賢者或有專祠或未及祠康熙二十四年皇上集廷臣

議江浙大省人文所聚宜特用詞臣視學政與畿輔等余謬從策遣退而自維兩浙帶湖山包江海彙扶輿清淑之氣發爲英華故宋文憲劉誠意方正學導于前于忠肅王文成嗣於後皆以文章節義經濟理學輝映千古道統相傳綿綿延延今者幸逢聖恩親荷綱紀譽髦之寄以是輶車所屆爰諏爰度凡遇忠孝節烈之事表章如恐不及次試越州方恭舉六賢之未祀學宮者俾悉附于明禋檄既發郡守三韓胡君以渙入謁而言曰六賢自論定以來販夫傭豎皆知誦揚徽烈慕義嚮風莫若考卜豐宮合而祀之庶幾以妥以侑誌景仰于弗替謹會計代耕之祿度地于文貞之故圃黽勉鳩工不閱月已潰于成敢告請釋菜焉余乃率諸長吏校官暨博士弟子練時日羞芹藻蹌蹌濟濟升于斯堂禮既終瞻仰几筵追憶六賢遭遇而不禁盛衰興廢之感也故明享國幾三百年其在神宗坐撫承平恬熙沿襲叢脞萬幾馴至啓禎遂成末造始則趙嬈王甫潛蝕寶符既而銅馬大槍竟移鐘虡此六賢者身生其間或名列刊章則爲陳蕃爲竇武黃門北寺收考備諸五毒而視死如歸或義在守官則爲段太尉爲顏常山從容就義騎箕攀髯所謂謀人軍師國邑不濟則以死繼之至于屏退之餘業已地居疎逖而還思在三定分卒亦入山見志止水明心奉其完節報國家養士之恩其授命雖不同而碧血丹燐昭耀千古則固未之或異也向使六賢抱其希聖成仁之

學垂紳補袞不過若卷阿之吉人蓼蕭之君子優游譽處已耳安在其名配光嶽而聲施奕禩哉今一瞑而千萬世之綱常賴以維名教藉以振在諸賢其亦可以無遺憾而學者當于是而益興忠孝之思矣爰揭其義旨而書于麗牲之碑〔金仁碑記〕六賢祠在城南偏康熙中學使者婁東王公案試紹郡檄郡守三韓胡君建以祀明季死節諸賢文貞倪公忠端黄公忠愍施公忠介劉公文忠周公忠敏祁公者也祠卽文貞別墅故墟爲之面山俯流地夷境闢自經始以來迄今百年無任繕葺之役者榱桷朽蠹牆壁陁落上雨旁風無所蓋障大學士梁公嘗貽書郡人謀復其舊屢矣仁承乏首邑諸紳士爲余言余以此守土之責且六賢中三人皆山陰余固宜任之顧一人之力不足以勝則請從諸君後僉曰諾於是懽忭鼓躍不戒恐後以四月辛丑鳩工匝月粗就前堂後寢翼以兩廡繚以周垣規制視昔爲更備汎埽既畢謹以牲幣展禮而妥侑焉夫有其舉之莫敢廢也倘莫爲之前則今日之措手爲益難矣後之任斯土者時時芟舊而揭新之無使墊墮庶幾景崇先哲風勵名教之一端余不能無望焉見同上

龐公祠〔明張元忭記〕天順間朱御史英所疏行兩役法籍縣民分爲十年而統于坊里之長每一坊一里長率十人令民按丁若田五年而率錢與長爲吏辦公私費坊主晏里主饋

曰甲首錢又五年而長率民詣縣庭審諸役曰均徭歲環遞以爲常蓋五年而一用民也時頗稱便其後吏肆而長饕所云甲首錢有一貧男子出白金四五兩者卽富者按田而率有如畝滿千金不數百不已於是貧者走徙往往以錢累其身富者不免詭其畝以逃役至若均徭一不幸得館庫或捕鹽諸役其在榜中顧役直不過七八金富民承之則誅攫百出不數百金亦不已又不幸富者兼得兩重役貧者或分得十之一二則身家亦破碎平生搆聚至百千朝居而暮空貧者至不有其妻子與籠鷄柵豕互牽引鬻市中相聚以哭邑里郊墟色慘慘若在冬秋於是每書榜則老胥黠吏巧播弄以網賄與詭者相唇齒而民之病極矣今右副都御史南海龐公尙鵬舊爲御史來按浙其因革奪予悉掃故常知前兩役爲病既大且久乃一破其法一邑中調劑官百所需費若諸顧役不縮不盈與民之丁土相釐合凡丁一田畝十率出若干錢與秋租歲並輸于邑吏明年百所費與所役亦歲出庫中錢擇其人掌之且買且顧又刻帖人給一紙令曉然無所謂甲首錢長不得濫索無均役富者亦不入館庫役最重且苦若鹽捕等者不得勒富者募而且歲輸每丁不踰二十分眇細易辦受詭者不得行書史者無所用其播弄蓋自詔下行之至今農始知貴田而櫌櫓而食者亦重去其土閭閻熙熙略知甦息然既十餘年矣諸父老子弟乃始醵金搆屋以祠公而屬石上

言於余何晚耶詰之則相顧以對曰公亦知永州事乎柳大夫將奪蔣氏之蛇而復其賦蔣氏出涕汪然者以蛇之毒人不若賦法之毒人甚也今龐公易兩役爲條鞭是出我水火加之袵席頃者聞且將奪我袵席而復之水火其毒於蛇也倍幾予曰誠若是則若等之言衆言也予言者一人之言也衆言也者能致於聞者也予一人言也而又言於石是不能致於聞者也諸父老更進曰急父母之病者醫藥不已也而兼事於禱甚則且糜股上肉又安問禱祀之不如醫藥哉噫是亦可哀也已予又奚庸於喙見同上

徐侯祠〔明張元忭碑〕山陰徐侯以召入之三歲予偶過侯所築官塘新祠下有父老四五輩趨而前曰此爲前侯徐公祠也公惠政大夫所知且大夫史也祠而不碑可乎敢以請余曰諾其後民劉棐周昇洎僧眞秀如曉輩請曰至蓋棐等侯所屬治塘而有勞者塘成在官路者可五十里其在海者復若干里並有益於民甚大且久而民不知有費是以並祠而碑之至論侯之全則在邑且不能盡舉甯曰塘蓋侯生有至稟如騶虞鳳凰然以不殺爲性其於治也恐恐然如良醫之於蟲瘵惟恐其傷之以鑴磨爲戒而以不擾爲良甫下車即板輿行農畝間悉得民所疾苦若戶之富貧與人之强弱奸良及盜賊樗博瑣至倚市之穽平常捕格百出所不禁者侯並設法爲之不用一鞭無不立止息異時丞簿冒牒如蛸毛民如爛

鮮至是無一紙入其所馭廊吏不能竄一字僥訟牒訟者亦不輸一錢與吏無一卒入鄉勒租稅直與民約投篋最後者始苦以轉輸民爭投無敢逋者他雖遣卒百逋如故也當是時舟子曰卒寢矣我何用舟爲或捨舟以捆屨酤且飯於邑門者曰訟者不復食衙門人矣我何以張爲或盡治其壺具吏或走家居閱月而至無一事可爲淸戎使者至所司承旨摭索里中戎大震侯弗與使者怒亦不爲動更急之輒以病謝里中老稚賴以免者無算大吏攝訟者於邑就聽斷即必先聽而以書復或涉毛細則不遣其人大吏始甚銜之久之並諒侯非抗已也至於課校中士不徒以文舉公正爲民導善止惡使不革面則蒸蒸款款如雨之於物令其飽而自化善託者不敢造公庭言事如澀之在舌亦自卷攣耳侯去之日送者萬人自邑門而達於江遮不得行者百里有渡江守數日而返者返而復往者涕濕襟者哭失聲者舉酒悲咽而不得飲者亭驛而是其喜者則有舟子整篙楫卒與胥買攝記酤而飯者範錫而復壺具已耳侯之去一也其悲者何人其喜者復何人噫用是可以知侯矣侯之用召爲工科給事中以累左遷而碑之請爲書也乃在三歲前時侯方在要路故需之今侯謫居且以憂阻論久而彌定矣遂書侯名貞明字伯繼家江之貴溪 見府志卷三十七

紹興縣志資料第一輯

會稽之部目錄

人物志名宦　鄉賢　釋　寓賢　列女

附金石志　經籍志按會稽舊志無此編目今依府志目錄列入

疆域志

衢路見府志卷七

廣平路〔華氏考古〕在稽山門外一十里廣平程公師孟元豐初爲守民服其政日有餘裕放浪於山水間泛鏡湖款禹祠探藏書訪丹井攬宛委之秀挹若耶之勝往來必遊稽山之溪山中之民相率而治之芟繁去險使肩輿安行飛蓋無阻師孟字公闢時爲夕郎路以公名

坊里見府志卷七

第二十五都領圖三第二十六都領圖四地故與嵊接成化八年縣丞馬馴往徵稅民以其近嵊也抗丞知府洪楷乃奏割兩都地屬嵊今見編戶兼城內共一百二十里〔賦役全書〕原設版圖一百二十三里今編順莊八百四十二莊

市鎮

東城鎮〔嘉泰志〕在縣東六十里今廢

津梁見府志卷八

舊渡〔嘉泰志〕在縣東三十里

新渡〔嘉泰志〕在縣東三十里

田家渡〔嘉泰志〕在縣東五十里

杜浦渡〔嘉泰志〕在縣東七十里

本憩渡〔嘉泰志〕在縣東一百里

延德江渡〔嘉泰志〕在縣東南八十里

水江渡〔嘉泰志〕在縣東一百里

案自舊渡以下舊志失載

仰盆橋〔俞志〕在府東南三里許與覆盆橋相望中小橋曰望郎橋舊志云土人相傳以仰盆橋爲朱買臣出妻遺蹟按買臣是吳人前人已有駁其非者兹故不復載

集商橋〔嘉泰志〕在城東

落星橋〔嘉泰志〕在城東祥符寺前

辭雲橋〔嘉泰志〕在城東南

潘師橋〔嘉泰志〕在城東廣陵坊

越仙橋（嘉泰志）在城東北

濟川橋（嘉泰志）在城東

望星橋（嘉泰志）在城東南

五接橋（嘉泰志）在城東南

景明橋（嘉泰志）在城東南

南堰橋（嘉泰志）在城南

南店橋（嘉泰志）在城東南

塔子橋（嘉泰志）在城東南

黃甕橋（嘉泰志）在城東

顧家橋（嘉泰志）在城南

鹹酸橋（嘉泰志）在城東南今書作咸歡

藕梗橋（嘉泰志）在城東南

朱家橋（嘉泰志）在城東南

安甯橋（嘉泰志）在城東北

禹蹟寺橋〔嘉泰志〕在城東南

世鄉橋〔會稽縣志〕在第十二都

五雲橋〔於越新編〕在城東二十六里〔嘉泰志〕橋上有亭溪山奇麗舊跨溪今在平陸矣

〔陸游五雲橋詩〕若耶此與鏡湖通縹緲飛橋跨半空陵谷變遷誰復識我來徙倚暮烟中

告成橋〔嘉泰志〕在縣東一十里橋東有禹廟〔萬歷志〕在禹廟西以禹治水告成故名

毛洋橋〔於越新編〕在城東四十里又東曰陶堰

平水橋〔嘉泰志〕在縣東二十五里其南爲平水市二小橋通諸暨嵊縣

寒溪橋〔嘉泰志〕在縣東四十里

董家橋〔嘉泰志〕在縣東一十五里

馬山橋〔嘉泰志〕在縣東北二十里

梁湖橋〔嘉泰志〕在縣東六十里

丁家橋〔嘉泰志〕在縣東六十里

俞家橋〔嘉泰志〕在縣東六十里

阮家石橋〔嘉泰志〕在縣東北八十里

石新橋〔嘉泰志〕在縣東北八十里

丁　橋〔嘉泰志〕在縣東北八十里

和尚橋〔嘉泰志〕在縣東北八十里

寶家橋〔嘉泰志〕在縣東三十五里

二鄉橋〔嘉泰志〕在縣東六十里

植利橋〔嘉泰志〕在縣東六十里自平水橋至植利橋見嘉泰志今按萬歷志及會稽縣志俱失載特附於此以補舊志所未備

陶堰橋〔會稽縣志〕在城東四十里爲甯紹往來孔道〔採訪事實〕向有陶氏居堰下爲漢唐著姓厥後式微元季陶嶽號宗楊者精靑囊術自昌邑卜居堰南子孫聚族萬丁人文蔚起今所謂陶堰以堰南著〔陶望齡述地望〕陶氏所居鑑湖洲渾地漢永和間太守馬臻始築湖防水灌田防首尾二江袤百三十里爲堰二十有五名陶者二湖水西南穴城入樹堤遮之曰西陶家堰東去城四十里居茅洋瓜山之間曰東陶家堰堰之先其有陶姓者聚族於是乎姓先于湖與世更人易而名從之皆不可知然其爲漢唐著姓支庶繁碩偏於州之東西湖之涯澨可逆而睹也東堰至今別有陶氏居堰北稱堰下陶而吾祖宗楊公以勝國時來居堰之南渚間蓋纍者菱荇所都帆檣所馳至宋中葉防壞湖落而後洲渾出焉稍耕爲汙萊室爲瓜牛蕩潏藷葑千有餘歲而後復爲人居其風氣宜有鬱而將發者矣而形家者言地脈從箬簣山伏行水中若龜魚浮沉藕斷絲續行三十里而後亙爲五洲縱四橫一縱一若瓣橫若蒂如芙蕖華云其信然乎後枕廣野負賀池而帶巨海左爲越嶺諸山若列扆然一峯嶜然出于震曰稷其南則湖水之所匯也衆山之所揖也諸山勢飛舞遇若止立白塔之浸最廣至是迫束若壺罌之頸然宜亦樂幽勝者之所居也相傳宗楊公之始來也蓋相而宅之然地陿隘所居徙數百畝無以畜衆而象形爲浮木乘

木大川所任鍾石耳易曰地勢坤君子以厚德載物吾之先蓋世有淳固故子孫藉之厥指巨千影纓垂組者前後數十輩命氏以來庶幾稱盛其祖考之厚德與棄德恃地其誰能載之哉先是新安程子鉞來爲杭州府推官行部至越言其先世善言地理買於會稽還謂其孥曰吾買地某所法當富貴將徙而家焉其室人難之乃止其名形此地也然程亦世顯於徽抑其澤固能昌後無煩於去就乎將地之居人亦有緣會爲之耶歲饑陶氏常於橋右設廠施粥陶仲廉始之後人踵行者屢屢每舉全活以萬計堰水湍急巨舟之落堰者患爲橋石撞磕甚或破舟國朝侍御陶式玉捐資建茶亭使僧人持竿以助推挽康熙戊子間山賊竊發橋下伏屍縱橫水爲之赤陶式玉時爲諸生糾宗人買棺千百具斂焉以故土人呼之謂好事橋今訛爲市橋云

涇口橋〔採訪事實〕在城東五十五里

郵舍

東關驛〔舊志〕曹娥江經其東案原設驛丞一員雍正十三年改併曹娥巡檢兼管

東城驛〔嘉泰志〕在縣東六十里今廢

城池志

縣署見府志卷七

縣治　在府治東三里〔嘉泰浙江通志〕南北朝陳氏開縣建治後省入山陰宋復置縣仍舊治〔萬歷志〕署舊在府東一里唐垂拱二年建今在府東三里〔宏治志〕明洪武初知縣戴鵬舉重建後廢宏治三年知縣陳堯弼復建名綠猗廳後有梁跨水以通出入〔俞志〕康熙五十六年知縣姚協于重建創大堂五間名問心堂又建儀門三間後過石梁爲內宅有堂名集思康熙五年知縣王安世重建宅東爲嘉瓜樓舊名清遠樓明隆慶六年樓生一瓜三蔕六實因更名焉樓東爲丞衙大堂東爲典史廨前爲甬道爲儀門東南爲覶賢館爲土地堂西爲吏舍南爲大門〔通志〕雍正十一年知縣楊沛重修〔縣册〕乾隆三十三年知縣舒希忠重修

屬署

東江場鹽課使署〔縣册〕在姚家埭

曹娥巡檢署〔縣册〕在東關驛同上

同善堂〔新增事實〕在城中開元寺內東廡乾隆五十七年知府李亨特建先是紹郡官山野地多寄厝之棺風日暴露無賴者結同奸僧斂錢燔爇拾其燼餘雜置一塔或私取屍身

衣物館匱板片變價漁利焚化之日穢臭觸人流染疾疫積習日久恬不爲怪乃遍給告示旣禁焚燒兼籌代瘞復據地保查報無主莫葬之棺已四千餘具盡予入土經費綦繁因首先捐廉倡率紳士僚屬公捐卽開元寺大殿東首閒屋置局議掩浮櫬捨送棺木煮茶施藥收燬字紙名曰同善堂遴延幹謹紳士鍾英諸鶴司局凡經費田產申詳備案勒碑以垂永久（李亨特碑記）亨特守越踰年歲豐人龢獄訟清簡乃訪民間疾苦風俗得失周眡郊野有不葬者士人云無賴子往往燔屍棺撤梓板屑骸骨爲利爰申厲禁置高壤曰廣澤原爲埋掩胔骼之區又慮貧者之莫斂病者之莫藥渴者之莫飲乃屬紳士耆老議所以補苴安生而要於久長此同善堂之所爲建也紹郡俗尚敦厚閭閻殷實慕義設茲事不舉豈惟爲政之憂亦都人士之羞議成余乃首先捐廉卽日興舉遠近聞者莫不鼓舞胥勸不匝月而施田地者施材木者藥者茶者接踵繼至嗚呼人性皆善人同此心豈有誣哉初議建堂而難其地乃相城之中央有開元寺密邇闤闠壇場猱雜旣爲擇緇流延住持復歸豪者所侵寺產二百畝俾僧徒守勿替寺東廡向直公寓室宇閒曠塵封穢積遂葺而新之用建斯堂焉堂成於乾隆五十七年閏四月堂屋五間南嚮軒七間東西嚮廳事五間南嚮總顏曰同善局堂旣成寺中有放牧者酗酒縱博罵詈者司事以聞治其罪亦所以維持斯寺也凡規條經費田地堂基均詳請臺憲奉准以行至於廣集義行樂善不倦以成古者鄉鄰風俗之美睦婣任卹之風是在紳耆之各矢乃心用濟厥事又予之所深望者已是爲記同上

大樹庵茶亭（會稽縣志）在西大坊又名廣陰庵庵前有千年大樹陰庇數畝地爲省會通衢台溫孔道順治六年邑人傅上林同僧菱彝等募置齋僧田百數十畝往來行脚躡屩負笠而至者日以千百計接衆叢林爲越城第一（新增事實）大樹茶亭有田一百九十餘畝市匪僞稱捐裔搆訟經前縣令斷歸開元寺僧經管立有碑記乾隆五十七年大樹庵刁僧

又復估蝕紳士平聖臺及施誠等公呈知府李亨特仍斷令開元寺住持永遠執業施茶詳憲立案同上

同善局茶亭〔新增事實〕在開元寺前

預備倉〔省志〕在縣堂側雍正五年添建倉廒一十八間每間貯穀五百石七年添建一十間八年添建一十六間

常平倉〔縣册〕在縣治永昌坊乾隆二十二年令彭元瑋借明臣倪元璐賜地移建廒五十六間

茶亭倉

山川志

山

刻石山〔越絶書〕秦始皇帝以其三十七年東遊之會稽道度諸暨大越以正月甲戌到大越留舍都亭取錢塘浙江岑石石長丈四尺南北面廣六尺西面廣尺六寸刻文六於越東山上其道九曲去縣二十一里〔元豐九域志〕秦始皇刻石前有方石數丈云是始皇坐兩廂分石八所云是丞相以下坐見府志卷三

望秦山〔水經注〕浙江又東與蘭谿合湖南有天柱山湖口有亭號曰蘭亭亦曰蘭上里王羲之謝安兄弟數往造焉同上

穀米山〔明一統志〕在府城東南七十里〔十道志〕舜常耕此山天降嘉穀故名〔嘉泰志〕作穀來嶺同上

聖儀山一名聖女山〔會稽縣志〕浪港北循山有聖女洞案〔嘉泰會稽志〕有聖女山在山陰縣西二十九里疑此有訛

寶山〔萬歷志〕東接紫雲山旁連錫山南抵下皐富盛山西北接龍尾箬簣諸山山崦有趙家嶼一名趙樂嶼西唐裏城南宋攢宮地也同上

銀山〔明史地理志〕會稽縣有銀山舊産銀珠同上

苞山一名保駕山〔採訪事實〕在府城東七十里〔王風釆苞山記〕苞山距蠡城東七十里高不過百丈而岡巒秀聳參差可觀長不距三里而體勢縈廻委蛇可愛環是山也清流一帶東本康湖西本於青塘之南溪交其南而匯其北其間物産甚良計土壤數十頃旱澇無虞所藝禾種曰廣和有紅白二色百日可穫造飯較勝於黄粱田以外危峯壘嶂繚繞四隅未易悉數其名而要皆森列如城櫓苞山蓋中立焉山中多怪石又多嘉泉泉之原皆出月半池中常不涸自昔稱爲孝義鄉宋建炎初大冢宰徐公處仁護駕南渡賜第蠡城後遷其派於苞山更名保駕山至是繞山而屋者皆徐氏同上

太平山〔嘉泰志〕晉謝敷隱居山中十餘年以母老還南山若邪中又太平山有三一在會稽一在餘姚一在上虞惟餘姚之山最著謝敷所隱屬會稽或上虞未詳今繫於此從舊經也同上

覆㪷山鼓吹山〔水經注〕湖南有覆㪷山周五百里北連鼓吹山西枕長谿谿水下注長湖山之西嶺有賀臺越入吳還而成之故號曰賀臺〔呂祖謙入越記〕楓江南岸有覆斗山山形正方若斗覆

案浙江通志作覆斗同上

夫山〔越絕書〕夫山者句踐絕糧國也同上

巖口山〔一統志〕在會稽縣東南七十里下有九井深不可測巔有巨石如塔高險不可登

山東有石洞寬廣如屋可容數十人同上

雲門山　一統志亦名東山齊永明中何子季去國子祭酒還東山隱居教授梁天監四年選學生往雲門從子季受業焉〔水經注〕玉笥竹林雲門天柱並疏山創基架林裁宇割澗延流盡泉石之好同上

射的山　〔孔靈符會稽記〕射的山半嶺有石室仙人射堂東高巖臨潭有石的岫形甚圓明視之如鏡同上

銅牛山古名姑中山　〔水經注〕東有銅牛山有洞穴三十丈許穴中有大樹神廟山上有冶官山北湖下有練塘里〔吳越春秋云〕句踐鍊冶銅錫之處采炭於南山故其間有炭瀆句踐臣吳王封句踐於越百里之地東至炭瀆是也〔越絕書〕姑中山者越銅官之山也越人謂之銅孤瀆一曰姑長二百五十步去縣二十五里同上

曹山　〔萬歷志〕犬亭北岸有小山曰曹家山舊爲工人伐石玲瓏戶牖歲久蘿木蔓之積水成潭移舟其中一洞天境也〔採訪事實〕山旁有捨青棘園爲法堂記石碑天啓六年陶崇道撰

箬簣山

案浙江通志作箬簹嘉泰志作若蕢萬曆志作箬簹遶門與若蕢音相近而譌耳同上

鹿池山一名白鹿山〔水經注〕湖水自東亦注江通海水側有白鹿山山北湖塘上舊有亭吳黄門郎吳哀明居於宏訓里太守張景數往造焉使開瀆作埭埭之西作亭亭埭皆以楊爲名孫恩作賊從海來楊亭被燒後復修立厥名猶在湖北有三小山謂之鹿野山在縣南六里〔吳越春秋〕越之麋苑也山有石室言越王所遊息處矣同上

干山〔萬曆志〕在府城東南四十里靜林山西方干隱於此

案萬曆志本作干山嶺今人但呼干山蓋湖中一小山疑即方干島而嘉泰志稱島在縣東南五里兩存之同上

聖山〔採訪事實〕在縣二十一都一圖清初山水暴漲漂出龍牌一座逆流而至橋下舉視之乃藤蔓縈結而成紋理精工不減雕刻中有聖山靈康白鶴大帝之位十字居人即其地建白鶴廟聖山所由名焉同上

鸕鷀峯〔萬曆志〕在府城東南八十里同上

日鑄嶺

案日鑄他書及土人皆作鑄字惟歐陽公歸田錄作日注疑公自有所據其後亦有書作注

者蓋自歐陽公始同上

郎官巖〔萬歷志〕在少微山同上

風洞〔嘉泰志〕在刻石山遇陰雨聞鼓樂聲同上

玉洞〔嘉泰志〕在鑄浦山同上

川

翁洲〔嘉泰志〕在縣東寰宇記郡國志云徐偃王昔居於翁洲〔萬歷志〕在府學之東今有天慶觀焉

按王十朋會稽風俗賦注引十道志云翁洲在海中徐偃王所居嘉泰志及寰宇記所云蓋據韓昌黎碑見府志卷六

范家湖〔嘉泰志〕在縣東南四十里同上

清苦溪〔嘉泰志〕在縣東三十五里一名橫川源出台州甯海北流入縣界溉田三百餘頃同上

南溪〔萬歷志〕在鑑湖之南亦若耶支流也同上

查瀆〔三國吳志〕王朗攻會稽分軍夜投查瀆道襲高遷屯同上

石浦湖〔嘉泰志〕在縣東同上

浮湖〔嘉泰志〕在縣東〔萬歷志〕在府城東二十里周圍二頃源出西山清淺可愛又名西湖舊有西湖寺同上

了溪〔嘉泰志〕在縣東北一十五里源出了山合縣南溪流以入於剡溪舊經禹疏了溪人方宅土華安仁作趙仲淵傳安道采眞于了水

案了溪由會稽逕流嵊界因兼載之同上

安石渚〔世說〕劉尹爲會稽嘆曰我當泊安石渚下爾不敢復近思曠旁思曠阮裕也劉尹眞長也同上

范蠡洲〔萬歷志〕舊經句踐平吳蠡泛五湖後人思之名其洲也同上

平水〔一統志〕唐咸通元年浙東賊裘甫游騎至平水東小江又光啓二年錢鏐討劉漢宏將兵自諸暨趨平水鑿山開道五百里出曹娥埭皆卽此〔胡三省通鑑注〕平水在越州東南四十餘里小江源出大木山南流合於剡江中〔嘉泰志〕唐元微之撰長慶集序云嘗出游平水市中見村校諸童競習詩召問之曰先生教我樂天微之詩也水南有村市橋渡皆以平水名同上

放生池　〔嘉泰志〕在府東南一十里天寶二年祕書監賀知章表乞永周湖數頃爲放生池詔許之明年春以黄冠歸故鄉賜鑑湖剡中一曲敕永周湖爲放生池府有池放生始見於此自永周歲久湮沒更爲民田遇壽節放生無定所隆興二年田二百七十頃以爲放生池奏聞詔從之又於池側置咸若亭曾文清公撰記案二年下元缺五字同上

謝公池　〔嘉泰志〕在縣南五里同上

稱心海塘　〔嘉泰志〕在縣東北五十里

北塘　〔嘉泰志〕在縣東北八十里北抵平江府大澤

杜塘　〔嘉泰志〕在縣東十五里少微山下嘉祐中兩浙漕杜公所築齊祖之詩云新築隄成號杜塘結茅深穩佔湖光

康家塘　〔嘉泰志〕自塘以外即鏡湖一名東堤

川

古蹟志

地屬

土城〔吳越春秋〕越王使相者國中得苧羅山鬻薪之女曰西施鄭旦習於土城臨於都巷三年學服而獻於吳〔名勝志〕今五雲門外有土城村西施里是其遺跡見府志卷七十一

虞舜巡狩臺〔任昉述異記〕會稽山有虞舜巡狩臺下有望陵祠同上

寬簡堂〔嘉泰會稽志〕在縣廨知縣廬陵歐陽伋建同上

王處士草堂〔舊志〕在會稽〔唐劉長卿王處士草堂畫衡霍諸山詩〕粉壁衡霍近羣峯如可攀得令堂上客見盡湘南山青翠千古狀飛來方丈間歸雲無處滅去鳥何時還勝事日相對主人常獨閒清陰滿四壁佳氣生重關頗與夙心會看看慰愁顏同上

方干宅〔宏治志〕會稽縣澄波坊方干所居〔華鎮考古〕雄飛門巷雖改故池未湮即此〔兪志〕在府城十里舊澄波坊同上

望雲樓〔晏公類要〕在州東怪山上即句踐遊臺〔越絕書〕龜山者句踐起怪遊臺也同上

望秦樓　見趙抃和程給事會稽八詠同上

聖母閣〔嘉泰會稽志〕在龜山寶林寺錢遜王詩云有時風掣浪聲到半夜月排山影來同上

拂雲亭 邃亭 趙抃和程給事會稽八詠有拂雲亭邃亭見府志卷七十二

鏡湖南亭〔舊志〕元微之有晏鏡湖南亭詩同上

窆石亭〔萬歷會稽志〕在禹廟之左同上

雙檜亭 在曹娥廟〔會稽縣志〕其上雙檜甚古同上

櫜苑〔舊志〕在府城東南八里會稽山東北鏡湖中嘗有白鹿〔水經注〕鹿野山〔吳越春秋〕越之櫜苑也同上

越大市〔萬歷志〕在郡城都亭橋秦漢時越人於此爲市即薊子訓賣藥處同上

物類

御史牀〔太平寰宇記〕御史牀在州東南四里虞翻爲長沙桓王所禮設此牀以表賢翻仕漢至御史故梁元帝元覽賦云御史之牀猶在都護之門不修同上

盤古樹〔徐文長集〕雲門有大樹相傳樹自盤古時〔詩〕開天碧樹肆蒼苔同上

物產志

穀

烏禾　似稗會稽鄉民直謂之稗子歲不熟則民蓺之以代糧與黃稑同時其收倍而多熟氾勝之書曰稗既堪水旱種無不熟之時又特滋茂蕪穢良田畝得二三十斛宜備凶年稗米擣取炊食之不減粱米又可釀作酒酒勢美釅尤踰黍秫魏武使典農種之頃收二千斛斛得米三四斗大儉可磨食之豐年可飯牛馬漢志曰種穀必雜五種以備菑害見府志卷十八

蔬

苦蕒〔嘉泰志〕即苦藘字書云苦藘江東人呼爲苦蕒野生今會稽市中所賣乃園蔬肥嫩不澀與萵苣不遠然野苦蕒擷五六過則味益甘滑反勝種者舊說云蠶婦忌擷苦蕒手有苦蕒氣令蠶蛾靑爛食之者亦忌入蠶室蓋苦蕒氣能損蠶今人多不以爲意何也同上

蕨〔嘉泰志〕會稽山間有二種似蕨而毛紫色土人謂之蕨萁亦謂之毛蕨乃不可食鄉人但以藏繭及藉楊梅取其性踈而不浥鬱也蕨靑而萁紫故曰紫萁也今會稽人以蕨配筍爲茹尤珍美東坡詩慚愧春山筍蕨甜是也〔萬歷志〕越山谷間多有土人不知食金衢人

來者每採食之味似蕒蒿其根爲粉可當麪食同上

木

日鑄茶　青箱記云越州日鑄茶爲江南第一卧龍一種幾與日鑄相亞卧龍者出卧龍山或謂茶種初亦出日鑄蓋有知茶者謂二山土脈相類然日鑄芽纖白而長其絕品長至二三寸不過十數株餘雖不逮亦非他產所可望二者皆或充包貢卧龍則易其名曰瑞龍同上

丁塢茶　產天衣山同上

小朵茶　產秦望山同上

雁路茶　產東土鄉同上

茶山茶　產會稽山同上

竹

對青竹〔成都述異記〕竹黃而溝青每節若間出此竹惟會稽頗多彼人呼爲黃金間碧玉今或稱爲閃竹又曰間竹又曰越閃竹同上

筐竹〔寶慶續志〕樂部作筐䈂以會稽卧龍山竹爲貴同上

筍〔萬歷志〕越中產最多四時不絕猫筍箭筍花筍三品佳冬月取猫筍萌土中者曰潭筍

尤爲土產之最案筍之可食者有五曰猫筍南山者佳曰淡筍城中俱有之曰龍鬚筍箬有斑品爲下皆正出者留而不採則成竹曰鞭筍乃淡竹根之旁行斜出者曰潭筍北人呼冬筍則猫竹根之旁斜出者皆不能成竹而宜於斸取者也其味皆更在猫筍淡筍之上同上

草

赤莖草〔太平寰宇記〕横山產草莖赤葉青死者覆之活同上

藥

海根〔本草拾遺〕生會稽海畔山谷莖赤色葉似菝葜而小蒸而用之味苦同上

忍冬〔嘉泰志〕一名老翁鬚一名金銀藤一名毛藤一名鷺鷥藤一名鴛鴦藤出秦望山鵝鼻山三山及鏡湖中水涯香如荼蘼末利之屬亦可植園圃軒檻爲架承之治疽瘡解百毒有奇效醫家類能言之故不詳載同上

虎杖〔圖經本草〕越州處處有之如竹筍狀上有赤斑點爾雅云蒤虎杖郭璞注似葒草可以染赤同上

鹿木〔嘉泰志〕會稽山間有鹿木治疽神良取根以醇酒煎飲之蘊毒悉解蓋叢灌小本爾葉如水楊而長近花則葉圓花爲穗色紫同上

霹靂箭〔萬歷志〕治毒甚效又名一枝箭同上

貨

紙扇〔浙江通志〕會稽陶堰出紙扇甚潔緻以密節細竹爲柄糊以白紙堪作書畫同上

災祥志

〔唐〕

貞元十九年鏡湖水竭見府志卷十八

〔五代〕

晉天福二年府治東二十五里文殊巖出醴泉又產芝數本同上

〔宋〕

大觀三年十月癸酉承天寺瑞竹一竿七枝幹相似其葉圓細生花結果實詔送祕書省同上

嘉定十八年饑同上

咸淳二年大水　八年八月大水同上

〔元〕

天歷二年饑同上

至正十年大疫同上

〔明〕

洪武十九年王家堰大風雨水暴至死者十四五同上

正統九年疫大作亢旱無收　十三年饑同上
天順四年四五月陰雨連綿江河泛溢麥禾俱傷同上
正德十三年颶風淫雨壞廬舍傷禾同上
〔清〕
順治三年八月初一日大風拔木海溢禾稼淹腐　十二年旱　十六年城外多虎南鎮上竈尤甚傷人百餘竟有至西郭門外者同上

水利志

堰

言家堰在縣東三里　許家堰　樊家堰　以上二堰見徐次鐸文見府志卷十四

泗水堰　龍山堰　〔採訪事實〕俱在五雲門外今皆爲橋同上

閘

黃草瀝閘　在縣北六十里道墟村後臨東江同上

三橋閘同上

小淩閘　在五雲門外同上

唐家閘　〔採訪事實〕在豐安閘右同上

堰閘　一

學校志

縣學

〔一統志〕在縣治南宋崇甯中建〔嘉泰志〕學在縣南竹園坊〔萬歷志〕元至元十四年燬於火大德五年復建天歷至正間兩修之後其地爲民所侵明天順八年知縣彭誼以城中隙地易還之仍出俸餘爲遷徙費又建兩齋倉庫庖廚成化嘉靖隆慶萬歷間知縣徐岱莊國禎傅良諫曹繼孝羅相署縣陳文燭相繼葺之宏治五年知縣陳堯猷又通神道自櫺星門南抵馬梧橋嘉靖中知府洪珠知縣王教復買旁地拓之〔俞志〕國朝康熙間貢生孟學思鄉官姚啓聖重葺後復壞五十三年重修大成殿〔學宮册〕乾隆二十四年縣令彭元瑋教諭湯以珪訓導王張標典史王道同建修見府志卷二十

縣額進二十五名廪生二十名增生二十名二年一貢

書院

五雲書院〔俞志〕在東雙橋會稽地後改雲衢書院明萬歷七年亦廢十二年知府蕭良幹重修改名五雲館國朝康熙三十年知府李鐸葺之五十六年知府俞卿重修仍名五雲書院同上

稽山書院〔俞志〕會稽縣義學即古小學也在府治東南三里捨子橋下舊爲善法寺明嘉靖間寺廢知府洪珠改建以祀宋尹和靖先生名古小學中堂肖先生像春秋致祭歲久傾圮劉念臺宗周重修之後新搆講堂五楹率弟子講學於此額曰證人書院月必再會證人之名爲海內學者仰慕宗周沒門弟子置宗周主於其中每月三日仍爲講學之所歲月浸久老成零落書院無主不肖者日爲摧殘岌岌欲覆歷康熙五十九年知府俞卿與會稽知縣張我觀竭力鼎新模制勝於舊時額曰會稽縣義學復置田二十畝爲館穀云〔明劉宗周記〕越郡之有古小學也防自前太守莆田洪公珠以祀寓賢宋大儒尹和靖先生先是嘉靖中有詔許天下各建社學公遂毀郡中淫祠即其址建學大集士子弦誦其中其制前爲臺門進之即和靖先生享堂左一楹曰義路右一楹曰禮門入爲養正堂爲游藝所左右各列號房繚以周垣仍餘隙地落成者嘉靖九年庚寅都御史姚公鏌爲之記讀其辭想見一時風規之盛隆萬以來師徒罕聚學舍盡圮尹先生遺像退移之游藝所敗楹且爲風雨所剝落其隙地亦多分割之居民不可問矣天啓甲子宗周言之前督撫王公遂下檄山陰令馬公鼎新之無何逆璫魏忠賢亂政詔毀天下書院禁師徒之講學者工未半而告寢迨今上御極四年辛未郡諸生復具狀當事太守黃公欣然任之諸大夫後先任事咸有同心暨前學政劉公今令君汪公會稽周公厚厥終次第建堂廡如舊制距今歲庚辰通計前後十七載而告成事蓋戛戛乎其難哉於是吾儕士大夫暨二三子衿歲時有聚講地然已不逮西淙時遠甚宗周退而有感焉夫世道之升降則學術之古今係之矣古人之學先王所爲陳之庠序學校之間者何爲也哉學以至乎聖人之道也小學以始之大學以終之其序也有要焉其爲道一也在曲禮曰毋不敬即小學之心法也而大學則惓惓于愼獨云故曰敬者聖學始終之要善學者終身于小學而已矣自小學之教不明于後世而本心先壞言大學者一變爲辭章聲利即今家塾之地父兄師友之所詔告不過曰讀書取科第耳博金紫耀妻孥耳如是者累而進之其爲世道之淪喪可知也當是時人欲肆而天理滅邪說昌而暴行興

方且以講學爲迂闊爲僞首甚則厲禁自朝廷禍亂相尋千古一轍曷足怪哉尹先生學聖人之學故其言主敬尤得古人心法推之出處去就之際風義凜然學者推程氏正宗晚而幸以桑梓惠吾越越之人始與聞乎大道之要自此名世大儒有相望而起者然古學之不能不降而今也滔滔之勢所在而是矣吾欲正告之以聖賢之學而不悟請從小學始學之爲灑掃應對進退之節焉亦曰敬而已夫聖人之道又何以加于此而區區辭章聲利是問乎三王之祭川也先河而後海知始焉故也越人于先生亦河也視之小學訓小學將以明大學也學古之學契聖之眞以挽回今日之世道抑亦吾黨小子之責也役既竣宗周以記屬友人石梁陶子而陶子卽世因代爲記其始卒如此王公諱治山東人劉公諱鱗長福建人黃公諱炯河南人馬公諱如蛟和州人汪公諱元兆婺源人周公諱燦吳江人其他與襄厥事皆見別狀河南先生之後者惟陽明先生爲再起學者多言王氏學其著者從祀王祠自王氏前四百年間最著者凡得四先生石先生整俞先生浙韓先生性潘先生府皆不愧尹先生門牆卓乎百世師也〔知府俞卿碑記〕內則曰古者七歲入小學謹始教也夫子使闕黨童子將命子夏門人灑掃應對進退聖賢教人之法預養而有序如此擴而充之修齊治平之基在是矣學甯有大小之殊哉就立教之地與授教之人而別而名之曰小學云爾會稽之有古小學也昉自明嘉靖間郡守洪公珠中肖宋和靖先生像以先生南渡寓越開示學人深得伊川主敬之傳俾小子學古有獲也故顏之曰古小學及明季邑紳劉念臺先生聚生徒講學于斯又創證人書院迨後日經兵燹日就傾圮前郡守間加整理是皆創于官而修于官者也無何有稱尹氏後者與劉氏裔互相爭踞視詩經絃誦之所一如家貽之園廛畝舍或公庭訐訟或暗行拆售棟榱垣頹鞠爲茂草壬辰冬余守是邦民事簿書之暇修舉廢墜凡三置義學四置書院且修建府學與各縣庠均置田畝爲館穀修葺資庚子歲適山右孝廉張君我觀來尹會邑余樂與商之各捐俸爲倡令府庠生朱翼贊庀其工前設甬壁大門三楹守祠者居之次五楹位尹和靖先生中五楹位西淙太守後五楹位劉念臺先生東西廊稱之書房左右各三楹廚房稱之延里紳有文行者爲館師置田二十畝爲館穀額曰會稽縣義學〔新增事實〕在府治東南三里捨子橋

卽會稽義學乾隆五十一年知縣朱鍾麟重修五十三年知縣余名暨重修題曰稽山書院

同上

和靖書院〔萬歷志〕在玉笥山元置山長今廢同上

祠祀志

廟

孟廟〔會稽縣志〕在縣東南二里羅漢橋南宋時孟子四十七世孫孟忠厚知紹興府事建廟臥龍山之麓日久頽廢無存國朝順治十八年六十四世孫孟稱舜捨宅爲廟後又殘毀督撫捐助修復并免其戶田供修備祀勒石見府志卷三十七

南鎮廟

清康熙二十四年遣鄭重致祭文

惟神含英越地鍾美防山秀絕東南襟帶江海朕祗承神佑考禮時巡特遣耑官用申殷薦神其鑒焉

康熙二十七年遣阿山致祭文

惟神奠位越州標奇宛委作屛江海用鎭女牛朕纘承祖宗丕基虔恭明祀茲以皇祖妣孝莊仁宣誠憲恭懿翊天啓聖文皇后升祔太廟禮成特遣耑官用申秩祭惟神鑒焉

康熙三十五年遣裘允佩致祭文

惟神鍾秀稽山標奇越地靈爽孔赫作鎭南邦朕勤恤民依永期殷阜爾年以來郡縣水旱間

告年穀歉登蚤夜孜孜深切軫念用是耑官秩祀爲民祈福冀雨暘之時若庶稼穡之屢豐惟
神鑒焉

康熙三十六年遣温達致祭文

惟神秀拔江湖功施雲雨千巖萬壑南國雄藩朕以勦除狡寇三履遐荒期掃邊塵乂安中外
今者祗承神佑塞北永清用告成功耑官秩祀惟神鑒焉

康熙四十二年遣王紳致祭文

惟神德配祝融望隆於越靈威丕赫作鎭南方朕祇承庥命統馭寰區夙夜勤勞殫思上理歷
茲四十餘載今者適屆五旬海宇昇平民生樂業見輿情之愛戴沛下土之恩膏特遣耑官虔
申秩祀尙憑靈貺益錫蕃禧佑我國家共登仁壽神其鑒焉

康熙四十八年遣覺羅滿保致祭文

惟神德配祝融奇標於越鍾靈競秀炳燿炎邦朕仰荷天庥撫臨海宇建立元良歷三十餘載
不意忽見暴戾狂易之疾深惟祖宗洪業及萬邦生民所繫至重不得已而有退廢之舉嗣後
漸次體驗當有此大事時性生奸惡之徒各庇邪黨借端搆釁朕覺其日後必成亂階隨不時
究察窮極始末因而確知病原皆由鎭厭亟爲除治幸賴上天鑒佑平復如初朕比因此事耗

損心神致成劇疾皇太子晨夕左右憂形於色藥餌必親寢膳必視惟誠惟謹歷久不渝令德
益昭丕基克荷用是復正儲位永固國本特遣耑官敬申殷薦惟神鑒焉

康熙五十二年遣拉都渾致祭文

惟神秀挺越山功施浙水靈威有赫作鎮南方朕纘受鴻圖撫臨區宇殫思上理夙夜勤求惟
日孜孜不遑暇逸茲御極五十餘年適當六旬初届所幸四方寧謐百姓乂和稼穡歲登風雨
時若維庶徵之協應爰羣祀之虔修特遣耑官式循舊典冀益贊雍熙之運尙永貽仁壽之庥
俯鑒精忱用垂歆格

康熙五十八年遣薄有德致祭文

惟神位正越疆靈標禹蹟作屏海服錫福黎元朕纘承祖宗丕基虔恭明祀茲以皇妣孝惠仁
憲端懿純德順天翼聖章皇后升祔太廟禮成特遣耑官用申秩祭惟神鑒焉

乾隆十三年遣署寧紹台道按察使司副使汪德馨致祭文

惟神越嶺鍾英防山毓秀襟江帶海雄峙東南朕祇以神佑考禮時巡爰遣耑官用申殷薦神
其鑒焉

乾隆十四年遣詹事府詹事裘曰修致祭文

惟神靈毓防山秀臨越水海江襟帶靜鎮南邦茲以邊徼敉寧中宮攝位慈寧晉號慶洽神人

敬遣耑官用申殷薦神其鑒焉

乾隆十五年遣太常寺少卿諤鼐致祭文

惟神靈毓防山秀臨越水海江襟帶靜鎮南邦茲以正位中宮鴻儀懋舉慈寧晉號慶洽神人

敬遣耑官用申殷薦神其鑒焉

乾隆十六年遣散秩大臣昭毅伯永慶致祭文

惟神秀發千巖靈鍾萬壑出雲降雨徧於越以流膏帶海襟江配祝融而比烈粵自周秦之代夙著靈威逮於唐宋而還彌崇封號朕以巡方聿懷展義流觀禹服溯會計之嘉名載考周官仰荆揚之巨鎮爰飭有司之事虔修望祀之儀惟冀神靈歆茲芬苾

乾隆二十年遣少詹事德爾泰致祭文

惟神靈鍾大越秀蔚千巖江表具瞻永奠南服茲以平定準噶爾大功告成加上皇太后徽號中外歡騰神人慶洽敬遣耑官用申秩祭惟神鑒焉

乾隆二十二年遣散秩大臣副都統懋烈伯李景致祭文

惟神德凝艮止位宅離明毓秀鍾奇應星文於斗野出雲降雨表鉅鎮於揚州生靈咸被其休

祥井邑爰徵其康阜秩祀宜嚴於殷薦几筵肇舉夫馨香肸蠁錢江再行春省念茲名山之

障衞特重東南聿申盛典之輝煌肅將蘋藻神其昭鑒佑我烝黎

乾隆二十五年遣翰林院侍講學士吳鼎致祭文

惟神作鎭揚州秉靈於越雲門西拱天柱東扶控有羣山奠茲南服茲以蕩平回部永靖西陲

大武用成普天禔福舞虞干而化遠會禹玉而來王敬遣耑官特將秩祀惟神鑒焉

乾隆二十七年遣吏部右侍郎恩丕致祭文

惟神表瑞防山揚靈越郡地踞東南之勝天分牛女之墟玉笥金庭近著仙靈於宛委千巖萬

壑常臨禹會之山川茲以慈闈萬壽懋舉鴻儀敬晉徽稱神人慶洽仰靈祇於巨鎭虔奉馨香

稽典禮於祠官敬申禋祀寅淸載飭鑒格惟歆

乾隆二十七年遣禮部侍郎介福致祭文

惟神肇始防山表茲越岫考畫疆於禹績早著名區溯分野於周官聿崇巨鎭出雲降雨揚千

巖萬壑之靈東箭南金孕兩浙山川之秀上應星文於斗野遠稽勝地於揚州茲當時邁之初

聿致薦馨之典肸以斗杓方轉鑾輅三巡用展明禋仰名祇之昭格敬修殷薦惟秩祀之遙申

尚其居歆感茲芬苾

乾隆三十年遣禮部侍郎雙慶致祭文

惟神鎭表揚州靈鍾越岫占星文於牛斗名冠九州溯勝蹟於會稽地分十道俯臨滄海控兩浙之藩籬永奠輿區順四時之風雨南金東箭實產瑰奇萬壑千巖互縈襟帶朕省方吳會停蹕錢塘仰止名山經畫尙留禹蹟特隆禋祀儀文載考周官敬飭太常遙申殷薦神其昭格永答鴻庥

乾隆三十七年遣吏部右侍郎曹秀先致祭文

惟神領秀千巖拔奇兩浙洞壑踞陽明之勝天人萃宛委之居玉簡金符佐神功于禹會帶江襟海崇位號于唐封茲以慈闈萬壽懋舉鴻儀敬晉徽稱神人慶洽仰靈祇于鉅鎭殷薦常新溯奠麗于防山延禧維舊載申祀典尙冀居歆

乾隆四十一年遣內閣學士汪廷璵致祭文

惟神峻標兩浙雄鎭千巖星分牛女之墟地踞東南之勝仙房宛委聿收神武干戈禹會山川永見享王玉帛茲以金川蕩掃番落永淸大武用成普天禔福仰名山之洞府日麗陽明靖絕徼之烟塵兵銷的博敬申秩祀用遣耑官惟神鑒焉

乾隆四十五年遣內閣學士德明致祭文

惟神鍾靈越甸作鎭揚州擅地勝于會稽尊侔羣獄應天文于星紀秀出層霄萬壑千巖永表
崇隆之勢五風十雨長邀庇廕之庥誾賫鞏峙于海東克奠提封于浙右朕觀風吳會停蹕武
林仰顯位於名山舉隆儀於方望玉書金簡靈區思禹蹟之貽風馬雲車秩祀考周官之掌敬
遵彝典式薦明禋神其格歆鑒茲馨苾

乾隆五十五年遣内閣學士圖敏致祭文

惟神鍾英越甸萃秀揚州秘玉簡於東南應珠躔於牛斗名區植望啓千巖萬壑之奇巨鎭呈
祥昭十雨五風之瑞茲以朕八旬展慶萬國臚歡愸舉崇儀特申昭告錫蕃禧於兆庶升香咨
東浙之庥綿景福於京垓衍慶詠南山之壽尚祈鑒格歆此精禋

夏禹王廟

清康熙二十一年遣誥武致祭文

自古帝王受天顯命繼道統而新治統聖賢代起先後一揆盛功盛德炳如日星朕誕膺眷佑
臨制萬方掃滅兇殘廓清宇縣告功古后殷禮肇稱敬遣耑官代將牲帛爰修禋祀之誠用展
景行之志仰企明靈尚其鑒享

康熙二十七年遣色特致祭文

自古帝王受天明命御歷膺圖時代雖殊而繼治同道後先一揆朕承眷佑臨制萬方稽古禮文肅修祀事茲以皇祖妣孝莊仁宣誠憲恭懿翊天啓聖文皇后神主升祔太廟禮成特遣耑官代將牲帛虔修禋禮之典用抒景行之忱仰冀明靈鑒茲誠悃

康熙二十八年祭文

惟王精一傳心儉勤式訓道由天錫啓皇極之圖疇功在民生定中邦之井牧四載昔勞胼胝永賴平成九敘早著謨謀惟歌府事行其無間德遠益新朕省方東南道經吳越覩長江之浩渺心切溯洄瞻高巘之嵯峨企深仰止幸矣松楸伊邇儼然律度可觀特薦馨香躬修祀事惟祈靈爽尙克來歆

康熙三十五年遣王材任致祭文

自古帝王繼天出治道法兼隆莫不慈惠嘉師覃恩遐邇朕勤恤民依永期殷阜邇年以來郡縣水旱間告年穀歉登蚤夜孜孜深切軫念用是耑官秩祀爲民祈福冀靈爽之默贊溥樂利於羣生尙鑒精忱俯垂歆格

康熙三十六年遣王焯致祭文

自古帝王受天景命制治綏猷必禁暴除殘以乂黎庶緬懷往烈道實同符朕欽承帝祉臨御

九圍茲以狡寇跳梁親征漠北蕩滌寇氛廓清邊徼永銷兵革與普天率土樂育太和敬遣耑官代將牲帛昭告古先哲后虔修禋祀式彰安攘之謨用展景行之志仰企明靈俯垂鑒饗

康熙四十二年遣李旭升致祭文

自古帝王繼天立極出震承乾莫不道洽寰區仁周遐邇朕欽承丕緒撫馭兆民思致時雍常殷惕勵歷茲四十餘載今歲適屆五旬宵旰兢兢無敢暇逸漸至民生康阜世運昇平頃因淮黃告成親行巡歷再授方略善後是期覩民志之歡欣滋朕心之軫恤遄迴鑾馭大沛恩膏用遣耑官敬修祀典冀默贊郅隆之治益宏仁壽之庥尙鑒精忱俯垂昭格

康熙四十八年遣盧起龍致祭文

朕惟古帝王正位臨民代有令德是以享祀千秋用昭鉅典朕仰荷天庥撫臨海宇建立元良歷三十餘載不意嬰狂易之疾深惟祖宗洪業及萬邦生民所係至重不得已而有退廢之舉嗣後漸次體驗當有此大事時性生奸惡之徒各庇邪黨借端搆釁朕覺其日後必成亂階隨不時究察窮極始末因而確知病原皆由鎭魘亟爲除治幸賴上天鑒佑平復如初朕比因此事耗損精神致成劇疾皇太子晨夕左右憂形於色藥餌必親寢膳必視惟誠惟謹歷久不渝令德益昭丕基克荷用是復正儲位永固國本特遣耑官敬申殷薦尙祈歆格

康熙五十二年遣周起渭致祭文

自古帝王繼天出治建極綏猷莫不澤被生民恩周寰宇朕恭膺寶歷仰紹前徽夙夜孜孜不遑暇逸茲御極五十餘年適當六旬初届所幸四方寧謐百姓乂和稼穡歲登風雨時若維庶徵之協應爰羣祀之虔修特遣耑官式循舊典冀益贊雍熙之運尚永貽仁壽之庥俯鑒精誠用垂歆格

康熙五十八年遣田文鏡致祭文

自古帝王受天景命建極綏猷垂萬世之常經備一朝之典禮朕欽承帝祉臨馭九圍夙夜惟寅敬將祀典茲皇妣孝惠仁憲端懿純德順天翼聖章皇后神主升祔太廟禮成特遣耑官代將牲帛用展苾芬之敬聿昭禋祀之虔仰冀明靈尚其歆享

雍正元年遣穆理渾致祭文

自古帝王繼天出治建極綏猷莫不澤被生民仁周海宇維我皇考峻德鴻勳媲美前古顯謨承烈垂裕後昆朕以眇躬纘膺大寶當茲嗣位之始宜修享祀之儀特遣耑官虔申昭告惟冀時和歲稔物阜民安淳風徧洽乎寰區厚德長孚於率土尚其歆格鑒此精誠

雍正二年遣大理寺卿覺羅常太致祭文

自古帝王體天立極表正萬邦愷澤遍於環區仁風及於奕禩朕丕承大統遙契曩徽茲於雍正元年十一月二十五日恭奉皇祖合天宏運文武睿哲恭儉寬裕孝敬誠信功德大成仁皇帝配享圜丘禮成特遣耑官虔申昭告惟冀永贊修和之治益昭安阜之庥鑒此精誠尚其歆格

乾隆元年遣朱必階致祭文

禮崇祀典光俎豆於前徽念切景行薦馨香於往哲惟王繼天建極撫世誠民豐功焜燿於生前駿烈昭垂於宇宙溯典型於在昔稟法監之常存朕以藐躬繼登大寶屬膺圖之伊始宜展祀以告虔特遣耑官祇遵彝典苾芬在列備三獻之隆儀靈爽式憑仰千秋之明德尚其歆格永錫鴻禧謹告

乾隆二年遣詹事府詹事李紱致祭文

自古帝王憲天出治建極綏猷德澤洽於萬方軌範昭於百世朕纘承鴻緒景仰前徽茲於乾隆二年四月十六日恭奉世宗敬天昌運建中表正文武英明寬仁信毅大孝至誠憲皇帝配享圜丘禮成特遣耑官虔申昭告惟冀永佑雍熙之盛益昭安阜之隆庶鑒精誠尚其歆格

乾隆十四年遣鴻臚卿伊喇齊致祭文

惟帝王繼天建極撫世綏猷敬孝莫先於事親治內必兼於安外典型在望緬懷至德要道之歸景慕惟殷心希武烈文謨之盛茲以邊徼敉寧中宮攝位慈寧晉號慶洽神人敬遣耑官用申殷薦仰惟歆格永錫鴻禧

乾隆十六年致祭文

惟王神靈首出文命宣昭平地成天萬世仰隨刊之績府修事治兆人歌功敘之休紹統緒於見知親承帝訓際都俞之交贊時拜昌言成允成功繼勳華而媲美不矜不伐誦謨典而興懷追維窆石之封想像導河之烈朕省方問俗蒞止會稽瞻閟殿之穹窿式臨南鎮仰神功之巍煥永奠中邦俎豆親陳苾芬載薦

乾隆二十年遣國子監祭酒宗室良誠致祭文

惟帝王建極乘時綏猷馭世制臨無外德威之服遠在神教化有原孝道以尊親爲大景典型於在昔實天經地義之丕昭宏佑啓於方來惟文治武功之交凜茲以平定準噶爾大功告成加上皇太后徽號神人洽慶中外蒙庥敬遣耑官用申禋祀伏惟鑒格

乾隆二十一年遣吏部右侍郎恩丕致祭文

惟帝王本仁祖義明物察倫修人紀以綏猷則天經而立極緬羹牆其可接先後攸同奉俎豆

以常新楷模斯在茲以慈闈萬壽懋舉鴻儀敬晉徽稱神人慶洽展尊親之義思克紹夫前型宏錫類之仁期永綏夫後祿爰申祀告式薦馨香尚鑒悃忱俾膺多福

乾隆二十二年遣散秩大臣副都統懋烈伯李景致祭文

惟王德擅聖神功昭奠定惟精惟一心傳獨接于見知克儉克勤盛烈聿彰于亮采奏刊木隨山之績乃注海而導河布任土作貢之猷遂東漸而西被九州既滌垂四載之奇勳三壤咸均建百王之大法遐溯錫圭之躅長留窆石之封朕稽古制以省方繩祖武而時邁重經臨于吳越益緬想夫典謨閟殿依然映窆庭之橘柚橋山在望連遠陌之菁茅爰設几筵用陳籩豆靈其昭鑒享此明禋

乾隆二十五年遣大理寺少卿顧汝修致祭文

朕惟帝王建極綏猷經文緯武誕敷德教仁義備其漸摩克詰戎兵聲靈彰其赫濯惟恩威之兼備先後道本同符斯眷命之昭垂今古功歸一軌茲以西師克捷回部蕩平緬駿烈于前型敷奏其勇遠徂征于絕域適觀厥成中外騰歡神人協慶耑官肅祀昭鑒惟歆

乾隆二十七年遣禮部侍郎介福致祭文

惟王精一傳心平成底績九州既奠三壤垂禹貢之書四海攸同萬國肅衣冠之會故元圭之

錫統克紹夫中天而文命之敷澤還流于奕世朕時巡吴越載覽山川撫繡甸之畇畇永懷明德望佳城之鬱鬱彌仰神功爰申瞻拜之誠特致几筵之奠靈其昭格鑒此苾芬

乾隆三十年遣禮部侍郎雙慶致祭文

惟王精一傳心隨刋著績江淮河漢極四載之憂勤癸甲辛壬紀八年之荒度其魚既免元圭載錫于中天乃粒殷歌明德遙傳于萬禩朕四巡南服展望稽山撫繡甸之畇畇仰橋陵之肅鬱千年之風雨尚鎖梅梁瞻古屋之龍蛇空藏金簡爰致菁茅之薦用申玉帛之陳神其鑒茲格思無斁

乾隆三十七年遣吏部右侍郎曹秀先致祭文

惟帝王體元則大撫世誠民動被寰區德昭往古羹牆匪隔累朝之統緒相承俎豆維新百代之英靈如在茲以慈闈萬壽懋舉鴻儀敬晉徽稱神人洽慶孝道以尊親爲大式仰前型母儀之錫類者宏永綏厚福彝章載舉祀典斯崇布肸蠁以告虔庶靈明之來格

乾隆四十一年遣内閣學士汪廷璵致祭文

惟帝王德洽恩威義嚴彰癉鋤奸禁暴昭命討之無私輯遠綏荒振聲靈之有赫茲以兩金川大功全蕆逆黨咸俘殄遺孽于番陬戢武協求寧之志緬豐功於前代慶成覲耆定之庥特遣

崇官肅將禋祀惟冀歆格

乾隆四十五年遣内閣學士德明致祭文

惟王紹述勳華平成天地演疇洩蘊十六字獨受心傳敷土歌功四百祀式承文命契五聲以聽政宣風自協懸韶合九牧以凝庥治化永昭象鼎朕疇咨水土軫念東南俯順輿情不靳五巡之復舉緬思明德曾勤四載之周行翹瞻封域而增懷敬遣從官而展祭治光曁訖高山留會計之名烈著隨刊秘簡想靈威之守神其降格鑒此升歆

乾隆五十五年遣内閣學士圖敏致祭文

惟王膺圖撫運建極宜民澤治當時聲敎動寰瀛之慕勳垂奕世典章昭方册之貽思英爽以長存秩春秋而匪懈茲以朕八旬展慶萬國臚歡懋舉崇儀特申昭告荷蒼鼇於昊緈益緬皇春帝夏之隆仰景行於前朝倍殷夕惕朝乾之志尚祈來格鑒此維馨

句踐宗廟〔水經注〕句踐所立宗廟在城東明里甘滂南見府志卷七十一

墓見府志卷七十三

〔明〕

戶部尙書謚文貞倪元璐墓

順治十年諭祭故明户部尚書兼翰林院學士今謚文貞倪元璐之靈曰
文章華國節義維風有一於此歿有餘榮惟爾元璐遭時不偶爾骨欲寒爾名不朽不朽維何
文山之歌似爾正氣伊誰較多爾才鬱勃硑礴江左弱歲聯翩赤墀青瑣再任成均德重型尊
暫蹶復振主眷方殷司農告匱命爾擘畫無米胡炊與時同蹶寇躪都門維絕柱崩君死社稷
而爾死君嗚呼衣裳楚楚結纓不苟附髯攀鱗喜隨君後泰山鴻毛死爲重輕疇能似爾不媿
科名地有河嶽天有日星爾名並垂振古如生特隆諭祭尚其歆承謹案先是九年詔䘏明季
殉難諸臣禮部引明䘏元臣福壽之例遣官致祭從之仍各於原籍賜地七十畝春秋永祀以上
見府志卷首 天章

武英殿大學士贈太保謚文貞錢象坤墓〔錢氏家譜〕在大珠山
文華殿大學士贈太保謚文懿朱賡墓〔朱氏家譜〕在白雞汀
刑部尚書贈太子少保何鰲墓〔何氏家譜〕在會稽華藏山之陽嘉靖三十八年賜祭葬大
學士李本撰墓志銘
左春坊左諭德謚文恭張元忭墓〔舊志〕在小南山

武備志

軍制見府志卷二十一

清

左營守備一員駐防會稽縣汛

縣汛分駐塘汛六處

董家堰塘　臯埠塘　茅洋塘　白塔塘　涇口塘　東關塘

以上六塘各設煙墩三座守兵五名內東關塘設戰兵一名係縣汛兼轄

訓練見府志卷二十二

春操每年定期二月十五日開操秋操每年定期七月十五日開操每逢十日兩營合操大陣

其餘隨常小操

險要見府志二十三

曹娥埭東去府城九十二里江水湍急隔斷兩岸逼江而營利守不利戰

瀝海所東衛臨山西捍黃家堰

西匯嘴在黃家堰嘉靖三十二年賊登犯

宋家漊在三江港東嘉靖三十五年賊登犯

以上嘴一漊一皆宜設備者也

自三江至龍山延袤三百餘里其中有宋家漊蟶浦等爲衝要之地曹娥錢清浙江三水所會謂之三江海口在府東北港口深闊直通大洋稍東有宋家漊若從此越陡門一帶海塘則竟抵郡城若越港而北越浙西則赭山其關鍵也蟶浦在府東北四十里北對浙西石墩南至府城通連大海由沿江塘路至百官梁湖直抵上虞東自䨥山西至宋家漊接山陰界凡二十六里

海防見府志卷二十三

瀝海所東至上虞縣六都二十里與夏蓋山汛接界西至會稽縣三十三都抵海南至上虞縣七都僭浦江與三江所接界北至會稽縣三十三都半里抵海左營千把總輪防駐兵七十二名原係右營都司駐防康熙四十七年移駐臨山衛以原防瀝山所把總移駐本所改歸左營管轄轄臺二口次一北門臺東十里至踏浦臺踏浦臺東五里至萬壽菴與夏蓋山汛接界西匯嘴口次康熙五十六年增設東至本所城五里西北抵海本所原設判官新砲二臺於康熙五十六年奉裁

縣城以及衛所各城看守城門兵丁每門五名俱係本汛額設兵丁內輪流派值

職官志

令 見府志卷二十七

宋

趙與陞 宋末會稽令從窆石題名補入

明

魏存仁 洪武十年任　戴九元 府志作戴九淵　張伯鯨 江都人萬歷四十四年任有傳

清

黃貞 府志作王貞　王元臣 江南崑山人進士康熙十九年任　岳徵珽 山西大同人舉人康熙二十二年任

日普照 河南睢州人舉人康熙二十四年任　王風釆 湖廣黃岡人進士康熙二十八年任有傳　張聯星 江南儀眞人康熙四十年任

高蘭 旗下人康熙四十三年任　昝霽霖 江南懷甯人康熙四十七年任　姚協于 直隸樂亭人進士康熙五十七年任

張我觀 山西介休人進士雍正五年任　楊沛 鑲黃旗漢軍雍正八年任　曾省 四川潼川人舉人乾隆二年任

申澍 直隸平鄉人進士乾隆七年任　高垣 江南吳縣人舉人乾隆十一年任　高居寗 山東濟甯人進士乾隆十三年任

彭元瑋 江西南昌人舉人乾隆二十年任　舒希忠 順天大興人舉人乾隆三十年任　沈堅 江蘇華亭人乾隆三十四年任

宋瑞金 河南商邱人舉人乾隆三十八年任　郞煜奎 安徽歙縣人乾隆四十五年任　孫存禮 河南陝州人拔貢乾隆四十八年任

鍾德溥 安徽舒城人廕生乾隆四十九年任　朱鍾麒 貴州永甯人進士乾隆五十年任　余名壂 江西鄱陽人進士乾隆五十二年任

陳世傑 江南海門廳人乾隆五十六年署任　孫鳳鳴 鳳陽人拔貢乾隆五十七年任

丞

元

周舜官 至正中任有傳

明

李銳 府志作李鋭　郁學思 府志作學詩　張以倉

龍興霖 府志作興林　曹淑懋 府志作淑惠　吳德　林祥福

清

孫世甯 代州人　馮奇 昭平人　吳學禮 吳江人

劉璜 廣東長樂人貢生乾隆二十六年任　徐尙文 江西高安人監生乾隆三十二年任　羅栻 江西太和人監生乾隆四十年任

鄒詠莪 江蘇無錫人貢生乾隆四十年任　韓藻 四川長壽人壬午舉人乾隆四十七年任　張瓚 江蘇長洲人監生乾隆五十三年任

倪元度 直隸天津人監生乾隆五十四年任

簿

明

劉魁　劉璡　馬士忠

楊爲麟天啓中任　沈必善崇禎中任　黃科府志作黃仲

曹振府志作曹震　趙鑑府志作趙鎰

尉府志作典史

清

馬麒直隸人康熙中任　王大謨山東人　張印聖山東人

王治直隸人　王錫祿河南人　吳永紀直隸人

謝瑛大興人吏員乾隆三年任　劉日梅江西萬年人監生乾隆十七年任　潘成信江南江甯人吏員乾隆二十年任

王道山西長治人監生乾隆二十一年任　李植直隸蔚州人監生乾隆四十四年任　楊汝潼四川新繁人監生乾隆五十六年署

周慶生江南荆溪人議敘乾隆五十七年任

教諭見府志二十九

元

薛元德至順元年任從會稽大成殿記補入

清

張士鉉 金華人　汪麒孫 錢塘人　戴彥鎔 嘉興人

顧秉彝 嘉善人　張紹載 定海人　湯以銈 鄞縣人乾隆二十二年任

俞　藻 海鹽人乾隆三十一年任　吳　增 錢塘人乾隆三十五年任　周紹洙 仁和人乾隆四十年任

陸登選 海鹽人舉人乾隆四十四年任　陳廣義 鎮海人　周廷瑾 仁和人舉人乾隆五十年任

王國儀 仁和人乾隆五十六年署　胡辰告 石門人舉人乾隆五十七年任

訓導

清

查　蕙 海甯人　戴彥鎔 嘉興人　張　敍 安吉人

王張標 錢塘人　范永潤 鄞縣人乾隆二十九年任　趙民望 定海人乾隆四十年任

楊成章 縉雲人乾隆四十一年任　吳運焜 烏程人乾隆四十二年任　高秉均 嘉善人乾隆四十三年任

汪大賨 錢塘人乾隆四十三年署　樊樹績 常山人乾隆四十四年任　張　璐 仙居人乾隆五十一年任

孟志韓 仁和人舉人乾隆五十二年署　夏建寅 海鹽人舉人乾隆五十三年任　許　椿 錢塘人乾隆五十五年署

陸　澂 錢塘人舉人乾隆五十六年任

武職同上

明

瀝海所副千戶

鄧才開國功洪武某年授世襲　郭旺開國功洪武年授世襲　高進中衛障攻城功某年授世襲

張義靖難功某年授世襲　周于德征賊功萬歷三年授歷陞四川遊擊　王守正祖成征賊功某年授百戶守正襲征倭陣亡嘉靖年子京陞襲世襲

張永祖貴開國功洪武年授百戶永樂禦倭陣亡世襲

瀝海所鎮撫

宋興開國功洪武二十七年授世襲　王羔兒征寇功永樂年授世襲

瀝海所百戶

李四兒開國功洪武年授世襲　阿里沙開國功洪武年授廣武衛左所調台州新河所二十七年調卽以沙爲姓世襲

吳佑開國功洪武十一年授武德衛二十七年調世襲　王添福開國功洪武年授府軍後衛水軍所二十四年調世襲

李斌開國功洪武年授留守左衛石城門所二十七年調世襲

王得開國功洪武年授太興右衛二十七年調世襲　蔣祚開國功洪武年授世襲

王榮開國功洪武年授歸安衛二十七年調世襲

左營守備舊志不載今查自康熙五十年起

李驥康熙五十年任　單維新雍正二年任　李漣雍正六年任

許鳳翔雍正八年任　王輔乾隆二年任　葉相乾隆十四年任

王維仁乾隆十八年任　張忠國乾隆二十年任　施大英乾隆二十五年任

王世祿乾隆三十年任　孫顯榮乾隆四十一年任　王光斗乾隆四十四年任

孔繼賢乾隆五十五年任

選舉志

薦辟見府志卷三十

明宣德年

嚴　援紹興府志作嚴緣

正統年

徐光大府志作山陰人

成化年

徐　鑰府志作山陰人

制科同上

唐

康希詵一名希仙舉明經刺史皆中宗嗣聖初　　徐　浩舉明經科歷官尚書右丞開元中

羅　讓中宏詞賢良方正觀察使德宗時　　沈　融舉秀才以上失年次

附博學鴻詞同上

清乾隆元年

周長發甲辰進士庶常改教諭授檢討

附恩賜同上

乾隆五十三年戊申鄉試

王震安賜舉人

乾隆五十四年己酉會試

王震安賜檢討

乾隆五十四年己酉鄉試

沈慧業賜副貢

特用同上

雍正年

陳英清苑縣籍監生任陝西長安縣　姜泰嗣監生任直隸保定府通判陞深州知州

沈天成生員任四川巴縣知縣　范鶴鳴河工試用

王緯監生任雲南師宗州州同卓異陞任彌勒州知州　范岳山武舉人任山東臨淄縣知縣調安樂縣知縣

朱登生員任山西臨汾縣縣丞　徐錦任河南輝縣知縣

王　鎬監生任陝西安化縣知縣陞江南太倉州知州

貢生見府志卷三十四

明天順年

按六年令廩增生員四十五歲以上者俱貢

祁　福補府學元年

董　悚府志作董鍊

嘉靖年

章元宸府志作元純

陳九臯府志列正德年

隆慶年

陳　欽府志作山陰人

萬歷年

案三年奏准歲貢生員年六十以下考優者充貢三十一年立王太子恩詔府貢二人州縣貢一人

楊大成補府學

王　鱗府志作王麟

崇禎年

案元年詔天下府縣廩選優貢一人

徐　奇補有傳

貢生

清順治年

案四年詔歲貢首名次名准貢

陸之甲府志作陸之用　劉宬世補　范　諤府志作范鍔

康熙年以下俱補

姜兆驊壬午拔貢　錢聖錫　章名世　陳曰哲

俞百穀　章　端　余　岱　董章木

沈應銑　王　鉞恩貢　厲　煌拔貢　任德仁

吳昌翰四十六年恩貢蕭山人　泰景昌　丁　揆　章紹爌

駱正坤　馬鴻俊　陶及申　孟學思

姜　垚希轍子國學正餘姚人　杜如錩景甯教諭　董肇勳元儒曾孫東陽訓導　唐　玠

孟士模　孟士楷　徐允定如翰孫聘修省志有涉江草鹿溪集

章　連乙丑年　吳士英　徐商聘

雍正年

魯存政元年恩貢府學　俞圖河己酉府學　孟　騤甲辰府學　魯志道戊申府學

魯士偉癸卯　孟鳳苞己酉　吳修道乙卯以上拔貢　魯　論癸卯

金　鐏癸卯　鄭　元甲辰本姓劉　杜文梧丙午　魯純錫己酉

周世紀壬子　周世紀乙卯以上副貢　魯揚廷丙午　王　集甲寅以上歲貢

乾隆年

陶玉成壬申　何　權壬午　魯學孟庚子　孫廷燮乙巳以上府學恩貢

陶廷珍乙酉拔貢　章　培丙辰　俞永思癸酉教諭　應元選庚子以上府學副貢

王雲中庚辰　章廷槐壬午　王兆顯戊子　陳　鑌戊子

胡良弼庚寅　王佳木丙申　吳廷棟戊戌　孫鴻飛壬寅以上府學歲貢

姚在瀛元年　邱士銓庚午　金元麟壬申　呂紹萊壬午

胡百齡壬辰　金　磐庚子以戊子　王廷璧乙巳一作唐廷甲　劉傳錦庚戌以上恩貢

唐啓升辛酉　章廷杞癸酉知縣　潘如炯乙酉知縣　陳秋水丁酉

李應釗己酉知縣以上拔貢　陳錫畿元年　姜　鵬辛酉　王利賓丁卯

唐啓升丁卯　姚　梅庚午　鈕　宏庚午　汪掄英壬申

王維楷己卯　章　鑑己卯　錢廷錦庚辰　胡　焜庚辰知縣

任　傑己亥　陳俞鼎己亥　陳蘭芳己亥　方　策己亥

孫　鐙己亥　李師曾丙午　茹　藥丙午　潘人炳戊申以上副貢

魯　巎戊午　陳兆楷庚申　屠文光壬戌　范士毅甲子

王序昭丙寅訓導　馮夢蘭戊辰　張全珩庚午　虞有嗣壬申

傅調梅甲戌　高　梯丙子　馬　璋戊寅　馬祖發庚辰

王士楷壬午　王承枚甲申　錢　均丙戌　何文棫戊子

鈕　昊壬辰　錢邦基甲午　金　卓戊戌　龔　黍壬寅

王培元丙申　倪紹梁庚子　張元灝甲辰　丁世熊丙午

李　瀚戊申又作李鳳翔　邱哲文庚戌士銓子以上歲貢

舉人見府志卷三十二

元至正十年

錢　宰府志一云山陰人

明洪武三年庚戌科

趙　能（府志作趙友能）

洪武十七年甲子科（浙江登科考）洪武六年起罷進士之科者十有二年至洪武十七年始復開科

王　肅 補　　王子眞（府志）省志無　　邵思恭（府志作山陰人又省志無）

洪武二十三年庚午科

楊　睿 補　　張文舉 補

永樂元年癸未科（浙江登科考）是科當以壬午鄉試值成祖登極之始未暇舉行故以癸未鄉試而以甲申會試也

司馬符（府志作山陰人）

永樂六年戊子科

張　習（應天中式）

永樂九年辛卯科

邵　廉（府志作邵思廉）

永樂十二年甲午科

孫　敏（府志）通志作蕭山人

永樂十五年丁酉科

宋佑　鄭賢

章宗信以上俱補府志舊志在十八年

正統十二年丁卯科

王勤府志直隸武邑籍

景泰元年庚午科

婁芳府志作山陰人

天順三年己卯科

徐正府志作山陰人

天順六年壬午科

朱瓘府志作朱罐

成化十年甲午科

秦煥府志作渙

成化二十二年丙午科

陶諧府志作陶諧

宏治十四年辛酉科

毛　鳳（府志）通志作臨海人

宏治十七年甲子科

姚　鵬府志作山陰人

正德八年癸酉科

羅　江府志作正德五年庚午科　毛一言府志作山陰人　張思聰府志作山陰人

嘉靖十六年丁酉科

徐　綱府志作山陰人

嘉靖十九年庚子科

趙　理府志作山陰人

嘉靖二十二年癸卯科

陶大壯補順天中式

嘉靖二十八年己酉科

錢呈之府志作錢星之

嘉靖三十四年乙卯科

吴一龍 補　蔡天中 府志作山陰人

嘉靖四十三年甲子科

張溥 府志作張博山陰人

隆慶四年庚午科

董子行 府志作嵊人

萬歷元年癸酉科

祀彦 府志作山陰人

萬歷四年丙子科

趙夢日 府志作山陰人　司馬暐 府志作山陰人

萬歷七年己卯科

馬逮言 補

萬歷十年壬午科

陶唐卿 補

萬歷十三年乙酉科

劉　毅府志作山陰人　王邦彥府志作山陰人

萬歷二十二年甲午科

陳　淙　金應鳳府志俱作山陰人

萬歷二十五年丁酉科

陳嘉言補順天中式　王重巽補雲南中式　孫世芳補　沈　綰府志作山陰人

劉宗周府志作山陰人

萬歷二十八年庚子科

蔣汝礪補蕭山知縣　錢應期舊志作應錫　婁大詔補　章志伸府志作志仲

萬歷三十一年癸卯科

陸夢龍府志作山陰人

萬歷三十七年己酉科

潘融春府志作餘姚人　王　鐸府志作王先鐸

萬歷四十三年乙卯科

姜一洪（府志）舊志餘姚人　秦宏祚（府志）舊志作餘姚人

天啓元年辛酉科

馬權奇府志作馬權　朱稷府志作山陰人　錢忠愛（府志）省志姓孫　白其昌府志作山陰人

天啓四年甲子科

唐九經府志作山陰人

天啓七年丁卯科

鄭體元密雲籍府志作山陰人

崇禎三年庚午科

葉汝蒀府志作汝籉　潘同春府志作餘姚人　李論問府志作論同

崇禎九年丙子科

魯㮚　俞邁生府志俱作餘姚人

崇禎十二年己卯科

言承游（府志）按通志仁和人河南中式　袁用佐府志作袁州佐

崇禎十五年壬午科

葉雷生府志作山陰人　鈕應斗府志通志作秀水人　陳箴言補應天中式

清順治二年乙酉科是科均由順天鄉試中式　以下見府志三十三

王士驥府志作山陰人

順治三年丙戌科

趙陛府志作趙陛　徐兆行　徐兆舉　龔勳府志俱作山陰人

順治五年戊子科

徐兆極府志作兆慶山陰人

順治八年辛卯科

阮如蘭補順天中式　王仲〔府志〕舊志在五年　俞立楨府志作元楨山陰人

順治十一年甲午科

章明泰補　姜廷櫸府志作廷舉　李平府志作山陰人

康熙二年癸卯科

姜燦府志復姓王　金壽府志作山陰人　姚啓聖府志作順天解元

康熙五年丙午科

陸嵩舊志作嶠

康熙八年己酉科

徐琦　王永芳府志俱作山陰人　李揆敍府志作上虞人

康熙十一年壬子科

秦宗游府志作山陰人

康熙十六年丁巳科

金鉽補府志會稽人通志石門　董玉府志作山陰人

康熙二十年辛酉科

龍汝寬府志作龍汝寬　姜承烈府志作山陰人

康熙二十三年甲子科以下俱補

魯存憲中書　章應璧

康熙二十六年丁卯科

王融祚　錢爲鼒

康熙二十九年庚午科

唐曾述　王遐祚

康熙三十二年癸酉科

姜兆熊　張鉞　馮應銓

康熙三十五年丙子科

姜兆驊

康熙三十八年己卯科

施敞知縣　朱世衍順天

康熙四十一年壬午科

劉奇齡俞志姓駱解元知縣　屠宸升教諭　章焞郎中　章伸

康熙四十四年乙酉科

金虞廷錢塘籍　李思鄴知縣　姜承燕　厲煌

董俊　陳元林廣西解元

康熙四十七年戊子科

陶必達　王虞廷教諭　孫金堅　高嗣美俞志姓李

康熙五十年辛卯科

王杜　金根　章思世教諭　葉蓁

陶士倧湖廣　李祖望廣西

康熙五十二年癸巳科

史汪𤠣省志作山陰人教諭封刑部主事　錢師夔本姓許　孟維孝

黃琥　陳遠順天

康熙五十三年甲午科

平其政鎮洋知縣　董開宗　厲志仁　姚賓

胡鈞教諭順天中式

康熙五十六年丁酉科

杜交光知縣　吳迪琮　祁安期刑部學習

康熙五十九年庚子科

陶思淵經魁　胡浚經魁知縣　魯曾煜榜姓朱經魁　周徐彩

徐廷槐榜姓茹　魯廷梓知縣　陶峒　周長發

胡廷贊　陶德燾式玉子順天中式

雍正元年癸卯科

宋　炳　楊元理　魯遐齡順天　阮業懋順天

單化龍順天　周　然順天　章懋存順天　沈　梁順天

陶士僎　陶士僙廣西中式

雍正二年甲辰科

夏兆豐　陶　爕知縣　朱大業順天中式

雍正四年丙午科

童國松　沈英世　徐　磊　范知騫順天

張綸華順天　商有煌順天　時應化欽賜

雍正七年己酉科

王　猷　魯嗣珙　王文郁　諸徐孫

王秉和　葉　品順天中式　朱廷綸順天　商　盤順天

金　相天津籍解元

雍正十年壬子科

陶愈隆經魁　魯繩錫　姚述祖　胡述堯

雍正十三年乙卯科

朱琬　平奇新瑞昌教諭　沈淳　包大鵬順天中式據採訪補

乾隆元年丙辰科

史積琦汪玢子　王法禮　羅世昌順天中式

周煌　魯楷知縣　童翼麟順天中式

乾隆三年戊午科

王培宗　陶杏秀　姜向晟　周世紀

劉鳳飛　徐垣以下順天中式　胡樞　高元

陶思深廣東中式經魁

乾隆六年辛酉科

楊際昌　周書　謝植　王思滉

梁國治通州籍以下俱順天中式　王莊　周世紫祥符籍河南中式　陶章曾改奕曾士倧孫知州湖廣中式

倪緯祚西安籍廣東中式　袁繼熊鄞縣籍

乾隆九年甲子科是科有陶履常河南籍教諭

王業銓　胡大衍府學　周道湖　金鑑

陶以忠作楫孫　周垧庫大使

乾隆十二年丁卯科

唐廷樾　陳文燦教諭　汪倫秩　俞錫璉

史積璟汪搠子教諭截取知縣　陳範　謝時選本姓潘　金塘

陶思濤廣東中式

乾隆十五年庚午科

單璉知縣　陶士麟　章世元　俞元麟

魯觀瀾本姓繆教諭　徐枝芳　劉敍　陶世鳳廣東中式同知

乾隆十七年壬申科

陶章堯燮子　陳懷泮　盛文淵　章芳濱教諭

劉成堯　陳士謨教諭順天中式

乾隆十八年癸酉科

婁延崧　范家相　施大成知縣　莫　奇府學

俞元茂　龔遜志知縣　陶澤淵　謝　洙

乾隆二十一年丙子科

姚　梅知縣　駱介眉府學　章汝楠知縣　李國炳

朱宗源府學　王利賓　夏　謨榜姓史　童翼熊知縣

王慶煒貴州中式　章榮宗

乾隆二十四年己卯科

周世英司務以下順天中式　朱文勳　張遵路

乾隆二十五年庚辰科

王鴻業改名增　董　楷　杜維城　汪瀾楫

傅金蘭　吳　剛　姚繼祖　沈承業天津道

乾隆二十七年壬午科

田鋶璐　韓　義知縣

乾隆三十年乙酉科

葉宣英　楊交泰（改名寶櫟教諭）　金法　章邑（府學）

章鑑（以下順天中式）　謝錫位（知縣）　鍾光哲　謝肇洞

陶中朗（改名煒山東中式）　胡龍光（榜姓周河南中式）　周世績（祥符籍河南解元）

乾隆三十三年戊子科

劉以垂（教諭）　王夢桂　李筠（登瀛曾孫知縣）　孫家賢

馬廷銈（知縣）　杜兆基（順天中式御史）　周世治（祥符籍河南中式）

乾隆三十五年庚寅科

甯錡（府學知縣）　莫大邦（教諭）　李允炎　李建煦（登瀛孫中書）

章錦（順天中式）　陳大文（河南籍河南中式）

乾隆三十六年辛卯科

陶廷珍（府學知縣）　嚴文蔚　孫鵬翮（教諭）　錢均（教諭）

陸文濤（知縣）　陸湘（以下順天中式）　童檝　凌相（知縣）

凌浩（河南中式）

乾隆三十九年甲午科

宗聖垣知縣　杜　珵府學　章慶齡　裘汝熊

謝國樞　張汝渭　章夔垚以下順天中式　高明惠

沈　琰

乾隆四十二年丁酉科

李　鼎府學　金　寶知縣　李策堂登瀛曾孫　朱華林府學

茹　棻　陳　煜知縣以下順天中式　章學誠

陶廷鉞　沈紹基榜姓王順天中式　沈　振本姓蕭廣東中式

乾隆四十四年己亥科

陳光第府學　徐　僑　李　培　陶廷琡

胡元震以下順天中式　張汝霖大興籍　史鴻義宛平籍　章　程

乾隆四十五年庚子科

樊文煥　龐　毅　江　桐　王　霆

張宗炎順天中式　莫斯芳陝西中式

乾隆四十八年癸卯科

周文楷　史應元積琦孫　朱逵順天中式　周鎬祥符籍河南中式

乾隆五十一年丙午科

徐法　陳文輿　陳大勳廣西中式

乾隆五十三年戊申科

史上善解元積璟子　楊輝宁　俞大璋　周灝

胡以謙　姚杰以下順天中式　童光爗　陶甄

潘璛　劉元　高明理

乾隆五十四年己酉科

韓煇　陳秋水訓導　楊如松　陳俞鼎

李師載　陶堯佐煒子以下順天中式　賞澧　胡友芝

乾隆五十七年壬子科

張維瑗　王光勳　商起　商和

馬際泰

進士見府志卷三十一

宋嘉祐四年己亥科劉煇榜

姚勔補

大觀三年己丑科賈安宅榜

王俊府志作上虞人

政和八年戊戌科嘉王榜

諸葛行敏府志作山陰人

宣和三年辛丑科何澳榜

王休府志作上虞人

宣和六年甲辰科沈晦榜

諸葛行言府志作山陰人在宣和四年壬寅賜同進士出身

紹興十八年戊辰科王佐榜

沈壽康府志作山陰人

紹興二十七年丁丑科王十朋榜

孫國安府志作餘姚人

乾道八年壬辰科黄定榜

錢　桊唐俊子　張拱宸　張亨辰拱宸弟　許　開以上俱補蒼舒孫

淳熙二年乙未科詹騤榜

詹　騤林宗子狀元龍圖閣學士　盛　勛俱補

淳熙八年辛丑科黄由榜

魏　挺補

淳熙十一年甲辰科衞涇榜

施　罘著作郎　董之奇俱補

淳熙十四年丁未科王容榜

徐三畏補

紹熙元年庚戌科余復榜

潘　方補

紹熙四年癸丑科陳亮榜

進士

劉宗向　許　閎　王　度俱補

慶元二年丙辰科鄒應龍榜

曾　勛　王　淑　楊拱辰俱補

嘉定元年戊辰科鄭自成榜

諸葛興府志作山陰人

嘉定十年丁丑科吳潛榜

沈昌齡補特奏明會稽人舊志作上虞

嘉定十三年庚辰科劉渭榜

王　栝府志作王秙

元祐二年乙卯科張起巖榜

邵　貞府志作山陰人在延祐五年戊午霍希賢榜

明洪武十八年乙丑科沈丁顯榜

吳　庠補

成化二十三年丁未科賈宏榜

胡　惠胡悳府志作

弘治十五年壬戌科康海榜

葉　信上虞人府志作

正德九年甲戌科唐皋榜

張思聰山陰人府志作

嘉靖二十九年庚戌科唐汝楫榜

趙　理山陰人府志作

隆慶二年戊辰科羅萬化榜

朱南雍山陰人府志作

隆慶五年辛未科張元忭榜

周應中補府志碑錄順天籍光祿少卿

萬歷八年庚辰科張懋修榜

錢　櫝　　徐　桓山陰人府志作

萬歷二十三年乙未科朱之蕃榜

進士

翁汝進府志作會稽籍

萬曆二十九年辛丑科張以誠榜

劉宗周　　姚會嘉府志俱作山陰人　　傅賓府志作諸暨人

萬曆三十二年甲辰科楊守勤榜

章若昌府志作山陰人

萬曆四十一年癸丑科周延儒榜

董懋中府志作山陰人

萬曆四十四年丙辰科錢士升榜

姜一洪府志碑錄會稽籍餘姚人

天啓五年乙未科余煌榜

鄭之尹府志作餘姚人

崇禎四年辛未科陳于泰榜

馬權奇府志作馬權　　嚴起恒府志籍舊志山陰人湖南兵備副使

崇禎七年甲戌科劉理順榜

錢良翰府志作大興籍舊志山陰人青州知府

崇禎十五年壬午科特賜進士出身

賞奇璧補

崇禎十六年癸未科楊廷鑑榜

王觀瀛　余增遠　魯　㮚府志俱作山陰人　王士捷府志作大興人

鈕應斗舊志缺碑錄作山陰人

清順治三年丙戌科傅以漸榜

陸　嵩府志作山陰人

順治四年丁亥科呂宮榜

徐兆舉府志作山陰人　謝　泰府志在己丑科劉子壯榜順治六年

順治六年己丑科劉子壯榜

王慶章副使　張舜舉府志俱作山陰人

順治九年壬辰科鄒忠倚榜

周沛生府志在順治十二年乙未科史大成榜並云舊志在戊戌科按碑改山陰人

進士

順治十五年戊戌科孫承恩榜

鍾國儀武選司主事府志作山陰人

順治十六年己亥科徐元文榜是年再行會試

李平府志作山陰人

順治十八年辛丑科馬世俊榜

滕達

周世澤府志俱作山陰人

康熙三年甲辰科嚴我斯榜

王燦府志作姜燦

康熙六年丁未科繆彤榜

孫宣化知縣府志作山陰人

康熙十二年癸丑科韓菼榜

呂廷雲府志作山陰人

康熙十八年己未科歸允肅榜

秦宗游府志作山陰人

康熙二十四年乙丑科陸肯堂榜以下俱補

謝　錫主事　　王德祚淮安同知

康熙二十七年戊辰科沈廷文榜

陶士銑知縣

康熙三十三年甲戌科胡任輿榜

唐曾述廣平知縣

康熙三十六年丁丑科李蟠榜

龔汝寛餘慶知縣

康熙三十九年庚辰科汪繹榜

章應璧知縣　　朱世衍知縣

康熙四十二年癸未科王式丹榜

王遐祚上元知縣

康熙四十五年丙戌科王雲錦榜

陳　紱高明知縣　　張　鉞商水知縣　　姜承讌

進士

康熙四十八年己丑科趙熊詔榜

馮應銓衢州教授　孫金堅臨淄知縣

康熙五十一年壬辰科王世琛榜

陶必達永甯知縣　李望祖碑錄廣西恭城籍

康熙五十二年癸巳科王敬銘榜

厲煌編修　葉蓁碑錄保定籍

康熙五十四年乙未科徐陶璋榜

傅王露探花編修加中允銜　沈竹奉天籍翰林

康熙五十七年戊戌科汪應銓榜

王明　董俊碑錄涿州籍庶吉士隰州知州

康熙六十年辛丑科鄧鍾岳榜

魯曾煜庶吉士　陶德燾碑錄保定左衞人知州

雍正元年癸卯科于振榜

魯遐齡知縣

雍正二年甲辰科陳悳華榜是科於八月補行會試有陶士信會稽人碑錄作甯鄉

陶士信湖廣甯鄉籍　周長發侍讀學士

雍正八年庚戌科周澍榜丁未科停浙江舉人會試是科仍令會試省志有葉品會稽人題名碑無姑附此

王猷知縣　商盤編修知府　馬綸華　朱廷綸

雍正十一年癸丑科陳倓榜

陶愈隆知縣　諸徐孫　錢師夔　沈英世郎中

乾隆元年丙辰科金德瑛榜

姚逑祖知縣　童國松　王秉和庶吉士道　史積琦庶吉士掌河南道御史

乾隆四年己未科莊有恭榜是科會稽有章天垣沔陽知州碑錄在壬申科係大興籍據採訪附

周世紀知府　王培宗知府

乾隆七年壬戌科金甡榜

周世紫祥符籍翰林改知縣

乾隆十年乙丑科錢維城榜

胡瀾一知州　陶思深主事　姜向晟　陶以忠碑錄大興人知縣

進士

乾隆十三年戊辰科梁國治榜

梁國治狀元大學士　謝時選本姓潘知府　陶杏秀知府

乾隆十六年辛未科吳鴻榜

王思浘　唐廷樾知縣　劉鳳飛知縣

乾隆十九年甲戌科莊培因榜

范家相知府　李敦和本姓茹同知　章世元知縣

乾隆二十五年庚辰科畢沅榜

吳璜知州殉難贈道銜

乾隆二十八年癸未科秦大成榜

商衡知縣

乾隆三十一年丙戌科張書勳榜

陶士麟知縣

乾隆三十四年己丑科陳初哲榜

孫家賢御史

乾隆三十六年辛卯科黄軒榜

王增 榜眼　薛又謙

乾隆三十七年壬辰科金榜榜

陳大文 杞縣籍布政使　凌浩 中牟籍同知

乾隆四十年乙未科吳錫齡榜

章宗瀛 編修　王夢桂　胡龍光 榜姓周　周世棨 祥符籍

乾隆四十三年戊戌科戴衢亨榜

章慶齡 知縣　杜珝 知縣　章學誠

乾隆四十六年辛丑科錢棨榜

陶廷琡　謝國樞　周世績 祥符籍

乾隆四十九年甲辰科茹棻榜

茹棻 狀元兵部尚書　史積英 碑録宛平籍

乾隆五十四年己酉科胡長齡榜

姚杰 知縣

乾隆五十五年庚戌科石韞玉榜

史積中宛平籍主事

武舉人見府志卷三十五

淸順治四年丁亥科

陶子元補　陸元文補

順治八年辛卯科

徐綱補

順治十一年甲午科

時晋賢府志作時普賢又作山陰人

順治十四年丁酉科

董德政府志在十七年庚子科作山陰人

順治十七年庚子科

周一文　周凱府志俱作山陰人　徐城補　王猷補

康熙八年己酉科

羅　淮府志作羅琪　姜　壇　謝　匡府志俱作山陰人　周　奇府志作嵊人

康熙十一年壬子科

徐嗣惠府志作余嗣惠

康熙十四年乙卯科

諸　謙府志作山陰人

康熙二十三年甲子科以下俱補

劉大勳　傅宏禮　茹昌詔

康熙二十六年丁卯科

董良梧

康熙二十九年庚午科

沈中達　聞鍾鎮　黄良臣

康熙三十二年癸酉科

周董植　俞　晋

康熙三十五年丙子科

進士

施敉

康熙三十八年己卯科

范維岳

康熙四十一年壬午科

范維新　徐熊

康熙四十四年乙酉科

葉廷謨　潘之振　王愼　沈士賢

康熙四十七年戊子科

彭輝

康熙五十年辛卯科

吳溎

康熙五十二年癸巳科

金以忠　沈士賢　董靡涯

康熙五十六年丁酉科

朱光均本姓徐　范國斌

雍正元年癸卯科

凌浩　周宏綸

雍正三年甲辰科

孟燕芳

雍正四年丙午科

孫儀公

雍正七年己酉科

夏禮

雍正十三年乙卯科

徐健

乾隆元年丙辰科

賀士彬

乾隆六年辛酉科

進士

陳卓士
乾隆十五年庚午科
吳萬安　傅元龍
乾隆十七年壬申科
孫如木　錢　斌本姓李
乾隆十八年癸酉科
章　鞏　車大震
乾隆二十一年丙子科
周起鳳
乾隆二十四年己卯科
徐一飛　潘兆元
乾隆二十五年庚辰科
徐永甯　徐軼羣　王　鯤
乾隆二十七年壬午科

徐來同　張肇義　王睿　金文煒縣姓余册

乾隆三十五年庚寅科

朱鎮邦解元

乾隆三十六年辛卯科

施兆登　朱昌甯　徐永清

乾隆四十五年庚子科

吳大定解元

乾隆五十四年己酉科

章永清

武進士同上

明隆慶辛未科

葉忠武生授所鎮撫

明萬歷戊戌科

范繼道府志作萬繼道

清順治六年己丑科

陸元文參將

順治十八年辛丑科

董德政府志作山陰人　徐　城補北籍　管　成補

康熙三年甲辰科

董　暹府志作山陰人　丁成爵府志作王成爵

康熙九年庚戌科

姜　壇府志作山陰人

康熙十二年癸丑科

葉　霖補順天籍侍衛

康熙十五年丙辰科

包　賢補　包予儀補遊擊

康熙四十八年己丑科以下俱補

金介檜

康熙五十一年壬辰科
吳　浵
康熙五十七年戊戌科
金以忠
康熙六十年辛丑科
徐光均
乾隆四十六年辛丑科
吳大定

武進士

人物志

名宦

〔唐〕

吳鐐乾寧初爲會稽令董昌反召鐐問策鐐曰王爲眞諸侯遺榮子孫而不爲乃作僞天子自取滅亡昌叱斬之併族其家新唐書 見府志卷四十一

〔宋〕

趙與懽字悅道燕懿王八世孫嘉定中進士調會稽尉歷官端明殿學士三爲府尹盡力民事都人稱趙端明必以手加額國事皆縷縷言之有不勝書其愛君憂國本諸天性拜少傅卒遺表猶不忘規正嘗謂士大夫有貪聲則雖奇才奥學徒以蠹國害民爾故斂之夕其金帶猶質錢氏家云宋史〔萬歷志〕稱其爲尉事善政敷洽 見府志卷四十二

〔明〕

吳成器休寧人由小吏爲會稽典史倭三百餘刦會稽爲官軍所逐走登龕山成器遮擊盡殪之未幾又破賊曹娥江擢浙江布政司經歷遭喪總督胡宗憲奏留之擢紹興通判論功進秩二級成器與賊大小數十戰皆捷身先士卒進止有方略所部無秋毫犯士民率於其戰處立

祠祀之明史王鴻緒任環傳云成器後改武秩（休甯縣志）成器父尉靖州値苗亂成器應募有斬獲功授會稽典史敗倭于嘉興王江涇斬三巨酋又敗之陶家堰曹娥江龕山後梅大小四十三戰寇平致仕歸見府志卷四十三

吳達可字安節宜興人萬歷五年進士知會稽有聲選授御史歷通政使卒贈右副都御史明史同上

張伯鯨字繩海江都人萬歷四十四年進士知會稽崇禎中擢兵備僉事轄榆林中路擊破賀思賢斬一座城金翅鵬敗套寇於長樂堡又分道擊破插漢部長及套寇於雙山魚河二堡崇禎十五年召爲兵部左侍郎乞休福王立於南京伯鯨家居不出久之揚州被圍與當事分城守城破自經死明史同上

〔清〕

崔宗泰字斗瞻靖藩下恩貢知會稽清廉多惠政寬嚴互用不縱不阿時兵役繁興承上勸下處之裕如稱爲眞父母後陞常州知府縣志見府志卷四十三

王風采字汝載湖廣黄岡人康熙己未進士授會稽知縣風采有幹局能力任大事不肯詭隨時知府李鐸以嚴明稱風采獨獄獄與爲異同然潔白自持知府無以難也部民董金氏以姪奪其腴田二百畝詣京師叩閽稱浙江無一職官上賜以黄衣遣歸命督撫鞫之及訊金氏衣

賜衣不肯庭跪風采在下座叱之褫其衣上官俱色動即委風采丈勘所侵地止七畝疏上上令再讞卒從風采議上官器之風采治縣以戢豪族安閭左爲務而性復强記自城市至窮鄉其富家窶子狹邪武斷之徒能歷歷指其名每一牘入懸揣之輒得其主使與曲折之故及坐聽事出片語摘伏竟無遁情任會稽十四年民習而安之以老罷官卒於家計至越人爲位臨哭郡守俞卿採輿情以許宏勳李鐸及風采請於學使從祀名宦復祀宏勳於蕺山書院中與劉湯並列焉俞志　王會新編越俗以人命爲居奇公必力爲斷雪生死皆不含冤至士子之有文行者必加意優禮吏胥之奸猾者必嚴爲懲戒廉善廉能合而爲一者也

高坦山東大名人乾隆乙丑進士知會稽治行仁厚務期利濟蒼生以不負所學自奉甚約每食無兼味客曰何自苦乃爾曰非自苦也期以儉助廉耳客曰公誠廉奈體瘠何曰吾體瘠民必肥矣其刻己愛民如此採訪册　同上

高居甯山東濟甯人乾隆乙丑進士知會稽治尙安靜與民休息勤於撫字緩於催科古之循吏不是過也採訪册　同上

彭元瑋字安廬江西南昌人雍正己酉舉人乾隆二十二年知會稽清廉公正問遺無所受請寄無所聽初下車即大修縣學邑南皆山多虎患令鄉民徧置地阱設賞格親督捕之殆盡至今入山者忘其險焉舊無倉寄儲山陰民病之爲創建於廣甯橋都泗坊奸商牟鹽利昂其値

力爲詳革價得獨平縣境水道雖多皆淺狹旱則內河盡洩潦則田禾被浸積雨淹旬府城衢巷皆滿因相度地形築曹娥壩蒿壩水患遂平二十四都范洋地窪下歲被湖患復於烏石灘兩山間創建石閘三洞刻誌其啓閉之節得良田六千畝民呼彭公閘並築王公堤廟湖埈唐家閘三隄民立祠祀之陞東海防同知後分發四川隨將軍温福征金川陣亡贈兵備道祀昭忠祠蔭一子知縣同上

鄉賢

〔唐〕

徐師道字太眞會稽人浩之祖少有至行不干仕進裴行儉辟賓幕授九龍尉棄官歸隱及終謚曰文行先生師道精于翰墨墨池編見府志卷六十二隱逸

韓梓材字利用施宿會稽志作抒材元稹觀察浙東幕府皆知名士梓材其一也筆蹟希顏魯公沈傳師而加遒麗墨池編唐禹穴碑韓梓材書見府志卷七十方伎

潘逑張揖因淑獻書闕廷拜龍興尉逑書賦云潘袁兩傾竭萬歷志同上

〔宋〕

賀某會稽人方回裔孫號鑑湖懶民作平遠細竹瀟灑可愛萬歷志同上

裘承詢越州會稽人居雲門山前十九世無異爨子弟習絃誦鄉里稱其敦睦州以聞詔旌其門閭宋史燕翼貽謀錄大中祥符四年十二月己未越州言會稽縣民裘承詢同居十九世家無異爨詔旌其門今二百三十六年矣余嘗至其村廳事猶在族人雖異居同在一村中世推一人爲長有事取決則坐于廳事有竹簞亦世相授族長欲撻有罪者則用之歲時會拜同飲咸在至今免役也〔萬歷志〕至和中李待制兌有詩云夫何于會稽卓然有裘氏同居六百年相聚三千指昔賢欽義方列奏聞天子恩詔表門閭光華映梓里見府志卷七十義行

馬純字子約自號樸樕翁默之孫紹興中爲江西漕隆興初以大中大夫致仕居越之陶朱鄉有陶朱新錄宋詩紀事嘉泰志僧宗昂住會稽能仁寺有故相寓寺中已而復相宗昂被敕住持郎官馬子約題詩寺壁云十年衰病臥林泉鵷鷺羣飛競刺天黃紙除書猶到汝固知清世不遺賢 見府志卷五十四文苑

〔元〕

史明孫字融甫浩之元孫也性磊落見義勇爲不以利誘威奪南宋既亡明孫自以宋世冑思遯蹟產業田疇悉推與兄弟避地而逃歷東西浙至會稽家焉每天朗風清駕小艇載酒罟遇佳山水即藉草而飲酒後耳熱歌離騷三兩章痛哭而歸又善講學娓娓不倦從遊之士得其一語若饑十日而進太牢偶及時事則拂袖起不措一詞見號寒啼饑者輒忘其貧解衣食予之著有越村等集兵燹後失傳採訪册 見府志卷六十二

〔明〕

茹佑字餘慶會稽人洪武中里中有燬黃册事獄成佑父當戍遼東佑號泣請代有司憐而許之在戍所四十二年其季弟行簡走遼東復請代佑乃歸終于家家傳見府志卷五十九孝行

陳錄字憲章以字行號如隱居士會稽人善墨梅松竹蘭蕙筆意儒雅與王牧之齊名評者以二家雖格意不同憲章筆力實過牧之畫史會要見府志卷七十方伎

陶廷佑字吉夫會稽人少英爽伉直受醫于族兄廷桂通內難大旨療治多奇中尚義輕財晚年家愈貧質衣市藥意未嘗怠始無子年五十餘生子二人老而抱孫焉俞志

王秉和字鳳山乾隆元年進士改庶吉士歷任刑部直隸安徽司主事奉天司員外郎吏部考功司郎中授湖南衡永道改陝西洮岷道潔已勤職以清廉著稱所著書有蘭渚文稿咏物詩箋採訪册見府志卷五十四文苑

袁立基會稽人以賣菜爲業奉養祖母與父母甘旨不缺父母相繼逝世哭泣之哀鄉里見者皆爲流涕祖母尚存晨昏愈密自父母死後以菜易錢無論多寡日向靈前告祀一日立基病絕粒數十日臥不能起時方秋雨傾盆敝廬忽圮人奔救謂壓覆死矣而立基早已扶病乞食他方張觀察天如奇其事爲之立傳採訪册見府志卷五十九

董煒字叔明會稽人兄弟四人已析產而弟不壽遺寡婦三姪貧窶煒撫諸孤復合爨教育一

如己子嘗病劇其子坤禱忠武祠夢神賜竹葉數片詰朝見爐前有乾竹葉其數適如夢中所授擣歸服之病果愈後壽逾八旬卒採訪見府志卷六十一一行

釋

〔南北朝〕

慧皎未詳氏族出家會稽嘉祥寺春夏宏法秋冬著述撰涅槃義疏十卷及梵網經疏行世又以名僧傳頗多浮沉因遂開例成廣著高僧傳一十四卷後不知所終見府志卷七十一

道芬會稽人畫山水格高嘉泰志案此與下顧况贈詩之道芬當係一人見府志卷七十一

〔唐〕

道芬工畫山水顧况稽山道芬上人畫山水歌鏡湖眞僧白道芬不服朱審李將軍墨汁平鋪洞庭水筆頭點出蒼梧雲且看八月十五夜月下看山盡如畫全唐詩同上

〔宋〕

雲門僧行持高僧也初住雍熙退院結庵西谷有詩云快活有時無柰向遶庵長嘯兩三聲其高逸如此嘉泰志同上

雲門雲泉菴僧廣勤字行之能詩廉宣仲布嘗作墨梅贈之勤答以詩云筆端造化如東君著

物不簡亦不繁宣仲大稱之以爲非僧詩也嘉泰志同上

寓賢

〔唐〕

齊抗字遐舉定州義豐人少值天寶亂奉母夫人隱會稽壽州刺史張鎰辟署幕府抗吏事閑敏有文雅累官中書侍郎同中書門下平章事贈戶部尙書謚曰成新唐書剡錄抗昔遊越鄉閲翫山水者垂三十載初棲剡嶺後遷玉笥自解辟此山未二紀而登台鉉見府志卷六十二

杜甫少貧不自振客越李邕奇其才先往見之新唐書案甫有姑適會稽賀撝同上

孟浩然自洛至越留越中兩年餘自洛之越詩云遑遑三十載書劍兩無成山水尋吳越風塵散洛京久滯越中貽南池會稽賀少府詩云兩見夏雲起再聞春鳥啼懷仙梅福市訪舊若耶溪會稽掇英集同上

〔宋〕

徐俯俯於紹興四年罷參政卜居會稽山之南卒葬伏虎山子瓛葬盤形山曾孫元杰博學多才富理宗朝應舉入都史嵩之奪情起復上疏極諫不納歸徐氏家譜

安如山字汝止廣漢人善擊劍左右射讀經史百氏之書端平甲午安撫曹友聞辟掌書記不

起友聞戰死如山往收其骨藏諸其先人之側乃東下老於會稽（宋史紀事同上）

〔元〕

于立字彦成號虛白子廬山人幼明敏博學通古今善談笑學道會稽山中得石室藏書遂以詩酒放浪江湖間自號會稽外史長吟短詠有二李風近體五言如水迴嵐氣合風度竹聲遲香挹花間露涼生葉上風七言如荷露襲衣涼冉冉桐陰轉戶月疎疎近人月色如相識照水花枝若自憐皆天然佳句愛吳中山水清曠因寓居之以玉山草堂爲行窩焉鐵崖謂其人如行雲流水無所凝滯游方之外者也（元詩選小傳同上）

〔明〕

周砥字履道吳人博學工文詞與宜興馬治善遭亂客治家治爲具舟車盡窮陽羨山溪之勝其鄉多富人與治善者咸置酒招砥砥心厭之一日貽書別治夜半遁去游會稽沒於兵（明史同上）

列女

〔宋〕

吳氏三一娘（研北雜志云越州人）樓鑰云今玉篇惟越本最善末題云會稽吳氏三一娘寫問之越人無能知者楷法殊精（攻媿集見府志卷六十四）

〔明〕

王貞婦名妙清歸樓可先生二子而樓亡人數有撼之者舅姑亦憐其少俾更適人貞婦泣曰家縱貧得服勞於舅姑之側九泉之下當有以見吾夫有死而已不能從也事舅姑益致其恭教二子皆成人頗能壽孝宋濂集

史立模妾京都馮氏女初立模娶于蘇生子而夭乃置馮久之無子又納維楊李氏李旋病瘵立模不復御矣一日立模受檄之他郡馮請召李立模搖手曰彼已廢無已寧汝可耳則紿曰諸候立模既寢乃抱持李置衾中去李遂孕踰年生子自上生之日馮親爲嚥臍愛護甚至後五年立模自惠州知府考績歸卒先是李已卒其後二年蘇亦卒自上甫八歲宗人睥睨物產時攘臂起馮以死力爭之又課婢僕有法家事不廢及自上從羣兒嬉遊則召撻之曰吾爲汝千辛萬苦始得汝今家運微史氏祀不絕如綫而若此耶泣與杖俱下是時邵主事德容方重于鄉因爲自上娉其女自上後領嘉靖四十三年鄉薦仕爲平陽府同知有五子次子元熙萬歷二年進士江西僉事七孫舊志同上

庠生史文燦妻施氏夫亡撫遺腹子邦陛爲手定句讀足未嘗出戶限歲歉施粥濟饑有稱貸者多方應之貧不能償焚其券採訪同上

史廷芊妻唐氏少寡親族以其子幼家貧咸諷令再醮有力者又思脇娶唐泣曰吾先葉太夫人以一遺腹而昌子姓今吾有兩雛乃復事二夫耶因避居母氏之傍舍闔戶紡績以哺朝夕後竟成立克大其家採訪同上

金應寵妻丁氏早寡撫孤璭玫成立玫爲諸生氏苦節至六十四歲猶及見其孫鏞能文云舊志同上

朱大有妻何氏廣東人大有以樵採爲業被虎傷氏搏虎奪骸歸葬事姑存三歲孤以苦節稱舊志同上

平昇妻馮氏昇爲甯晉縣丞卒于官家無積貯馮年二十五堅志守節撫三歲遺孤後力學有成舊志同上

謝氏武舉人授懷遠將軍殉節袁顯文妻年二十六夫歿欲從死爲家人所救遂守制撫孤家貧甚賴氏十指舉火壽八十六而終

馮門四節者馮鈺妻柴氏生二子鈺亡即欲自盡父母妯娌嚴防之乃截髮置棺中以矢相從撫二子又撫孫歷受艱苦庠生馮維翰妻朱氏庠生馮昌文妻田氏庠生馮肇朴妻沈氏皆年二十作未亡人茹冰飲蘖足不踰閾沈更勤儉治家課子及孫皆有名享年並七十餘歲王會新編

同上

新嘉驛女子未知何氏驛在滋陽縣北四十里池臺古柏劇有幽致驛後土壁故會稽女子題詩處詩傳于世而驛壁字無存者有老驛卒秦登科年七十矣能誦其詩言某將軍挈家過此不知其姓名僕妾甚盛既早發失一燭檠尋覓得之壁間石礭上始見是詩蓋女子秉燭夜題者也世傳死驛中當時實未死事在萬歷四十七年其自序云余生長會稽幼攻書史年方及笄適于燕客嗟林下之風致事腹負之將軍加以河東獅子日吼數聲今早薄言往愬逢彼之怒鞭箠亂下辱等奴婢余氣溢塡胸幾不能起嗟乎余籠中人耳死何足惜但恐委身草莽湮沒無聞故忍死須臾候諸婢子睡熟潛步後亭以淚和墨題三絕于壁庶知音讀之悲余生之不辰則余死且不朽銀紅衫子半蒙塵一盞孤燈伴此身恰似梨花經雨後可憐零落舊時春終日如同虎豹遊含情默坐恨悠悠老天生妾非無意留與風流作話頭萬種憂愁訴與誰對人强笑背人悲此詩莫把尋常看一句詩成千淚垂施閏章蠖齋詩話同上

邵一龍妻龍氏玉田人一龍以將材守備聽用密雲制標夫偶他出有客自京來索逋者醉後汚詈竟夜氏不能堪自刎而絕天啓癸亥閏十一月事也邵氏家傳同上

邵國相妻徐氏國相贅半載北遊不肯復歸父母欲奪女志女屢以死拒家貧紡績自給一日

有無賴子直入內幕女方滌釜盡以器擲之出哭避嬸家由是父母逼之益力女朝夕惟祝早死逾年竟卒年二十有七（採訪同上）

黃名世妻袁氏名世九歲入會稽庠氏父奇其才因以氏妻之相敬如賓居常無惰容褻語明末土寇充斥焚刼蹂躪氏恐被汚辱抱幼女投井死（採訪同上）

邵夢恩繼妻陳氏未逾年夫亡撫前子若孫恩誼篤摯勤紝績至老不廢日禮誦金剛經崇禎元年潮溢屋圮氏所列經案屹然不動人以爲誠節所感（採訪同上）

童氏昌平知州陳天福子婦崇禎九年大兵破昌平天福與子鍾石媳童氏孫媳顧氏皆死之（採訪同上）

陶履中母高氏北直指揮女因父被冤救父歸陶年十九而寡履中方在襁褓守節至八十餘歲累封恭人子孫遶膝者幾盈百人（舊志同上）

謝錫袞母吳氏寄居蘇州早寡遭兵亂家貲盡罄拮据完葬事姑撫孤備嘗辛苦茹荼三十餘年（舊志同上）

鄭遵謙妾金氏遵謙爲鄭彩所害金每祭夫必縛草人書彩姓名寸斬以侑食彩聞之投金氏海中屢顯靈異人稱小金娘娘（大清一統志〔殉義錄〕一稱金四娘同上）

王氏內閣中書魯元贊妻崇禎甲申元贊爲賊掠死氏以子四人屬側室劉氏闔戶自經死（王會新編同上）

陳孔教妻孔氏崇禎末孔教任四川僉事以獻賊破蜀死子以衡匿其狀不與母知踰二年始知之哀號殞地遂引匕首斷喉死（舊志郎張孔教同上）

王延祚妻黃氏崇禎間延祚爲應天檢校輦貢過夏津時有遊兵夫婦被執一卒擊延祚垂斃黃紿卒曰釋此我當與汝取寓中財物卒信之黃揣夫脫去乃嘆曰死即死耳何財之有遂被害後四年子令高爲臨清守城將陷妻黃氏赴井死搢紳爲撰雙烈傳（舊志）

王楨妻張氏姑病篤張割股調羹藥以進人無知者閱二年姑卒張痛哭殞絕于地有持其手扶之以起者誤觸創血淋淋下始知隱忍已久而潰爛幾不可救矣楨字良幹任東城兵馬司指揮從大司馬田吉籍魏忠賢家珍寶山積田多染指併以金磚一巨箱予楨事畢楨白田曰倘有金箱未加封登籍田笑之未數月匿贓事發田遣戍擢楨王府長史（采訪同上）

高朗妻潘氏上虞潘一唯女贅朗之明年朗殉義潘時年十九孕彌月欲自絕姑何氏止之逾月產男育逮七齡潘病姑欲進藥潘曰婦所以不即死者徒以此兒故也今兒已能就口食矣吾可死何藥爲決意不飲扼腕而絕（采訪）

葉汝蕙妻王氏甲申寇變汝蕙與同奔桐塢謂曰吾得死所矣將汝何妻曰我自從死汝蕙拜曰成我者子也同投阮家灣汝蕙死妻浮水去里人拯之强以食不可閱數日復投水死（越殉義傳）〔明史藁〕汝蕙字衡生〔三藩記事〕作汝衡一本又作汝蕙〔無名氏客牕涉筆〕舟至湘湖同妻王氏躍水死〔陶文學及申筆獵〕汝蕙家會稽之若耶溪避居桐塢山墓所投水死〔舊志〕作甲申聞變死

魏國選聘妻某氏國選家貧父母欲毀盟女不奪志抱鬱而卒國選亦終身不再娶（舊志）

商景蘭字媚生會稽吏部尚書周祚女祁彪佳之配也祁商作配鄉里有金童玉女之目伉儷相重未嘗有妾媵也彪佳懷沙日夫人年僅四十有二教其二子理孫班孫三女德淵德瓊德茝及子婦張德蕙朱德蓉葡萄之樹芍藥之花題詠幾遍經梅市者望若十二瑤臺焉（明詩綜）

〔清〕已旌

王業偉妻施氏早寡孤子振遠方五齡時王氏居京師二世氏奉先喪及業偉櫬還葬故里苦節自矢子振遠進士女適陳光祖戶部郎中旌獎建坊（俞志）

何氏陶美聚妻八歲時見人篆百壽圖諦視良久歸而仿之如出一手稍長受綱目通鑑及詩古文俱識其大意二十三歲而寡遺孤三本支多寠有祀田咸思鬻之氏諫止勿聽急歸母家或曰是可析而取也曷爲歸氏曰吾惟不忍見其利以有此歸也精女紅于像生技尤工妙得

其値兒瓶罍恥者有年始以花擅名後則亭館士女鳥獸器皿百物無不備峽山土穀祠里人輒以此爲神壽某歲司事者思減其値弗許怒去氏悵悵謂藐諸孤從茲餒矣夜夢神告曰無憂吾非汝褻弗享也明日其人忽心動果來當請旌時新例于所奏中簡其一錫綽楔餘惟督撫表其閭何姓氏居末一日夢一婦人曰我吳門徐氏汝前輩也寤而驚莫省所謂俄而詔表閭如舊制適有副使宦歸重修節婦坊乃姑蘇徐氏嫁越中者家傳

金璠妻龔氏年十四母許患癥四十晝夜不交睫比歿一慟而絕一晝夜始甦十七歸金事姑以孝聞璠謁選間病亡龔自課二子皆有成立三不朽圖贊

庠生杜如鉉妻陳氏早寡事舅姑以孝聞繼子淇英康熙戊辰進士授内閣中書守節四十三年姪媳鈕氏監生渭英妻遺孤六齡口授以書姑性嚴多病能得其歡心弟浚英妻魯氏亦以節聞採訪

藍氏包梗妻二十而寡姑病祝天求代姑頓瘳撫遺腹子成立親督詩書積勞成病有以方藥進者輒涕泗辭曰予未亡人也何以醫爲雍正六年旌採訪

謝秉才妻劉氏二十四而寡撫孤子全聰子又殀與媳王氏同心苦節以撫一孫劉疾篤王親爲嘗糞以决生死籲天願以身代姑遂愈俱雍正間旌浙江通志

施若耶妻秦氏年二十二夫亡截髮矢志事兩孀姑克盡孝敬撫三子俱有成每倚夫墓古柏慟哭樹爲之枯浙江通志

莫熹耿妻陳氏在室時父病刲股療之適熹耿三載夫亡遺腹子君耀紡績以供饘粥乾隆元年旌採訪

徐逑徽妻沈氏守節事姑姑病目舐之而愈夫存時逋劵悉焚之曰苟得二子成立足矣年八十九無病而卒乾隆四年旌採訪

徐氏上虞人歸章匡義匡義幼孤貧不能自存就甥館從婦翁學困而死氏獨持門戶四十餘年得食則以食其子若女及一僮之供樵蘇者而自咽糠粃日夜操作營兩世墓匡義幼時爲諸兄所侮棄弗顧其後子姓困苦氏恆脫簪珥以賙之乾隆年旌採訪

一門三節朱宗賢妻劉氏宗賢孫渭妻劉氏渭子有章妾胡氏也宗賢明崇禎間諸生讀書砥行賚志而亡劉年二十九矢志撫孤洊經兵燹備歷艱辛卒年八十有一渭妻劉二十八稱未亡人撫有章成立親課諸孫卒年八十有七胡氏歸六年而有章卒年二十四撫子璐守節四十四年現存渭妻劉氏乾隆四年旌採訪

陳氏章鋈妻舅病衕遂劇引七俟嗌引箸俟咀手滌手薰數月無怠容鋈謀食京師陳日饔糠

籺久之盩就司空掾始炊黍再食且取家陳謂舅未窆父母無祀女姪孤露義不可行又明年而盩沒訃聞陳絕粒十日又服鹵不死竟投繯以卒家傳

范貞女范巽章幼女字楊港陳某未嫁陳卒請臨陳喪父不許遂絕鉛華治一室茹素奉佛守志以終乾隆十四年旌採訪

孟氏屠秉政妻舅卒粤西氏罄衣飾資夫往明年柩歸秉政亦卒遺孤二長者才晬氏絕粒五日既而隣婦勸改適繼姑亦惑之氏憤挾刃自刭姑驚奪得免紡織操作極貧窘難堪事繼姑十九年曲盡孝養乾隆十九年旌採訪

沈氏洪汝炯妻七歲過節婦坊注目久之即能聲誦苦節完貞四字後歸洪三月汝炯客死保定氏慟絕兩日不甦備棺將殮之其姑徐抱之而哭亦昏仆似聞人語曰此節婦勿輕殮姑驚寤守至夜半始甦翁殯在堂隣火遽及人莫敢前氏大慟以身蔽棺焦及手足不釋忽返風得俱免繼族姪兆鈞爲後卒前一日沐浴更衣辭祖先却飲食謂其子曰余明日將從汝父于地下汝勿悲至次日無病端坐而卒乾隆二十年旌採訪

王曰兪繼妻葉氏順天通州人曰兪遊學其地娶焉姑老在家佐夫迎養姑病晨夕不離左右曰兪卒扶兩柩歸里先是母兄憐其貧諷之嫁氏引針刺左目以死自矢遺二子先後入泮又

相繼亡復與兩媳撫孤孫成立卒年六十四乾隆二十一年旌採訪

詹氏盧稽雨妻年二十六夫卒家計益艱遺腹一子有勸氏改適者氏曰婦人從一而終吾因仰事撫孤苟延殘喘非甘偷生於人世也遂截髮矢志養翁姑二十餘年乾隆二十五年旌採訪

嚴氏金叔明妻夫卒闔戶自經救之甦遺腹生一子逾年親串有無賴者乘間戲挑之氏大罵持刀自刎隣近奔救乃止翁姑繼逝售居室以葬棲於草舍日僅一飱乾隆二十七年旌採訪

范氏沈常青妻年二十三夫與翁姑相繼歿盡斥匳篋以供喪事依母家以居以舊宅爲祖宗所遺每家忌必從數十里外返祭于寢寧忍餓不以一椽予人以孫承業官贈恭人乾隆二十七年旌採訪

徐履謙妻章氏讀書明大義年十二母病割股以愈父萬青生二女無子客遊四十餘載不歸婦之將適徐也邀宗黨爲父立後婿其妹却父所賜奩田爲祭產歸二年而履謙卒於京計至號泣投繯幾斃姑莫氏涕泣諭之婦謝曰姑生婦亦生姑死婦亦死復就食莫氏哭子失明婦以舌舐之數月稍愈逾年復哭失明左右侍養頃刻不離莫又患瘡毒婦時時撫摩洗治夜則同寢乾隆甲申七月姑卒既殮婦絕粒三日哭拜於姑柩前中夜潛起衰絰投井死時水僅數尺見孝帕于水上衆謀所以出之似屠氏趨而呼曰貞婦豈宜男子負向井禱之井水驟溢屍

隨水抵井闌諸婦舁以出兩袖端拱面如生年二十有八以叔行美之子紹爲嗣乾隆三十年旌採訪

王國化妻劉氏國化卒於廣西劉有遺腹子姑喪明劉每晨舐之獲愈柩歸觸棺額血流滿地年七十卒乾隆年旌採訪

徐氏鍾煇妻煇母卒召工繪像弗肖晝夜號泣刺舌血漬筆寫之血盡舌枯終勿肖復大悲慟遂病瘵歿遺一女時氏年二十二守節四十年以猶子爲嗣乾隆三十九年旌其女嫁劉傳錄亦刲臂救姑云採訪

杜洵英繼妻張氏年二十五而寡遺二子一女弟潤英聞兄病馳歸巳不起哭失聲亦死年甫二十妻陳氏年亦如之弟沅英又卒妻何氏年十九堅心同守撫孤續祀俱建坊旌採訪

章于德妻任氏刲股救夫疾不起翁老且鰥嗣巳斬氏爲翁置妾生二子而妾卒氏鞠育兩叔主婚嫁歷十年叔生子乃得繼乾隆戊戌旌採訪

羅氏秦聲先妻夫亡奉姑依母家性甚介姊勸其舍子而寄食氏面叱之嗣後併姊所餽遺亦不受日食糠粃而姑之甘旨未嘗缺撫二孤皆成立乾隆四十五年旌家傳

王氏厲宗伯妻十歲侍母疾即以孝聞歸厲節口腹食其姑宗伯卒求與俱死八歲孤紱牽衣

號哭乃强起尸饔其後黻生子甫三日而婦卒氏口哺糜粥以養之黻字黼皇質魯而好學年四十餘始補弟子員氏年逾八旬及見孫之授室爲諸生乾隆五十年旌採訪

章衡伯妻陶氏會稽人居山陰年十六適衡伯衡伯幼患痼尋卒氏以嫠姑在日勤女工足不踰閾姑歿即闔戶自縊乾隆五十二年旌採訪

朱氏言仁思妻二十二而寡族無可繼因爲翁續娶繼姑翁年近六旬雙目俱瞽生一子倫思未幾繼姑亦瞽氏撫養積二十餘年糟糠不繼而高堂供養不少缺爲夫弟娶婦生子言浩繼爲夫後守節五十三年乾隆五十三年旌採訪

俞師周妻金氏夫亡奉翁姑撫遺腹守節五十四年師周之子靜公妻陳氏二十六而寡遺孤二齡未幾復夭撫繼子苦守三十年乾隆五十三年旌採訪

嚴氏徐懋公妻二十一歲夫亡奉姑孝家極貧有勸氏嫁者氏聞而自縊至三四人乃不敢言歲歉隣饋之以粟氏拒而不受外姻某憫其淸苦請就食其家氏曰得飽食爲溷濁人寧絕食爲淸節鬼辭不往卒年六十九歲繼姪興達爲嗣乾隆五十六年旌採訪

姚氏山陰人適凌子久甫一載凌卒姚搤吭絕粒不死自投于水家人救之甦家貧無以葬一棺相對頹垣破屋中足不越門限旁舍火號泣不肯去曰吾與此棺俱燼矣俄火及屋霤而滅

乾隆五十七年旌採訪

〔清〕未旌

總督學士沈文奎妻陳氏年十八歸沈方六載文奎遊遼化久之傳聞以兵殁死陳昆弟强之改適乃截髮誓無貳既而貧益甚夏不能帳冬不能襦日啜一粥死守之文奎從駕入關已逾十八載重逢出于意外尋封淑人卒年六十一俞志

傳氏籍會稽佚其夫姓名遇亂兵挾至趙墅橋躍入水越數日其夫沿水濤求之屍忽浮起顏如生表微錄

沈氏會稽殉義俞禹璣妻也丙戌西陵兵潰氏率子女他避舟經龍華潭突遇騎欲奪女氏罵不已自沈潭水女亦以救母死騎大聲稱烈婦去時六月六日閱八日蓋棺色如生女夫吳大節儒家子越殉義傳　案許宏傳丙戌六月氏挈女登舟別以一舟屬子貽穀奉姑他奔至東大池命停舟曰騎逼村落計終不免吾訣矣始所以分舟者恐傷老姑心且不欲稚子見也言訖赴水死〔浙江通志〕載氏投龍華潭死年三十六女年十七

張氏李永昌妻早寡戊子土寇作氏謂娣姒曰吾守志垂二十年已拚一死比寇漸偪氏潛啓戶出子某急跡之於河濱得一遺帨網屍勿獲有頃從半里外乘流至衣裙縫紉不可解殉義傳

無名氏妻某氏恐寇汚坐藤灣錢相國墓前土井死殉義傳

傳五妻某氏己丑被寇執馬上抱幼女至趙墅橋躍入水中死衆憐之鳩貲以殮訪其家歸葬焉俞志案此與前傳氏似係一人而傳聞互異今並存之

章汝茂妻陶氏弟緯妻章氏弟綜妻亦章氏及妹二皆會稽人同舟避寇寇至陶奮身投河四人同死之次日得屍猶握手不解俞志

九江同知陶士章妻章氏戊子土賊肆掠章以貧無舟匿於近隣廬賊至兒啼床下賊曳其髮出欲辱之章且罵且哭賊脅以刃奮身觸刃死俞志越殉義錄貢生陶士章妻寇至執士章將殺之氏趨出願代死寇遂挾氏去至司徒廟前抱週歲女躍水死陶及申筆獵云氏猝遇騎以刃脅解衣抱女觸刃死陶氏家譜云初章父聞士章貧欲寒盟母朱持不可意猶未悛氏度事迫直前詰父曰一女可兩字乎父語塞姻得無毀戊子兵至氏偕夫及翁匿複壁念翁婦同處非禮且慮幼女之啼也攜女出欲更匿他處遇一卒驅之使行不可脅以刃厲聲叱罵卒即揮刃斬之

庶吉士王自超妻高氏年二十五自超卒苦節四十餘年終身言笑不苟坐臥一小齋以終其身俞志

章氏張汝缺妻二十三而寡一子甫彌月撫孤甚嚴曰是兒早喪父不得不以義方責之名其子曰貞芳邑志

王氏庠生陶儒彥妻明節婦吳氏兒婦也年二十九夫歿無子奉姑孝敬甘貧苦節六十年八十有八卒家傳

章承壽妻王氏年二十四寡事舅姑撫遺孤獻詔獻詔客滇值吳逆之亂不知所終遺繼妻陳氏年二十三亦能孝事孀姑所生一子乂夭宗人以兩世苦節仍歸無後咸惋惜之採訪

葉漢冲生二子長汝萑以庚午舉人夫婦殉難次子汝葑蚤逝妻周氏苦節存孤課子士梓俞志

何天如妻董氏天如卒於京氏奉孀姑孝養備至與夫姊同居終無間言撫庶子如已出俞志

唐熙堯妻姚氏十九而寡無子女苦節終身其姑性嚴事之極孝甚得其懽繼姪爲嗣俞志

褚應麟妻張氏年二十五孀居值寇亂家破惟事女紅奉姑甘旨撫孤成立年七十卒俞志

黄氏陶子詵妻子詵偕仲兄同死於兵蓋戊子三月二十二日也氏與仲姒徐以苦節互相依倚仲遺一子氏撫之不啻已出家貧備嘗荼苦家傳

朱氏陶守忠妻忠生三月遂失怙母章身歷艱苦撫俾成立顧性嚴厲不可犯氏奉之惟謹守忠死氏年未三十遺一子甫三齡兢兢奉姑訓以自勵家赤貧仰事俯育賴以無缺迨姑亡而氏亦已垂白矣兩世完貞宗黨稱之家傳

陳氏陶元康妻上虞人戊子之變元康及于難酷貧無子宗人以氏止一女咸勸改適氏曰吾撫此女即元康後也縫紉辟績不履外閾者幾四十年嘗侍姑疾刲股和藥以進獲痊家傳

諸氏郡學生陶以鎔繼室撫前室九齡女甚慈三年以鎔死殮畢夜半氏潛起投繯女驚覺號

救叔以鑄泣而慰之曰嫂謂無子邪我有子必以後兄明年以鑄舉子遂以爲嗣歸女于蔡氏資送豐具觀者不知其非腹出也諸寡時年二十五卒年六十一採訪

莫氏陶履達妻姑性剛嚴事之惟謹十八而寡遺腹生子有誘之二庭者氏喟然曰未亡人所不即從夫地下者以此孤耳儻有不幸吾惟以一死謝耳生平雖遇卑屬年稍長即遠引不與同坐立年六十餘無疾而卒家傳

徐汝稽妻宣氏早寡子幼殫季婦之勞操孟母之訓終身如一日享年七十子孫多文學焉俞志

郁逵妾石氏生一子而逵卒氏年甫十八嫡欲嫁之氏誓死不可所遺家財嫡盡歸己子氏棲破屋半廛含辛鞠其子至成立年七十餘卒舊志

陳大經妻余氏大經卒于粵氏年十七聞訃欲絕雖搖之者百端而氏志益堅晚年愈得舅姑懽守節四十餘年訓迪繼子學良十四補諸生俞志

宋景純妻周氏周應龍之女年二十九景純卒子幼無伯叔父可依氏憔悴持門戶家貧務爲刻苦自夫亡即蔬食不預燕會朝夕惟鹽虀糲飯及年老生計已饒諸子競進果餌氏悉藏之以施貧病者曰吾數十年來口中不知他味性安之如飴奈何老而淆亂也識者痛其志焉年七十一卒邑志

徐霖妻張氏二十七而寡無子擇夫兄之子撫之立志不他適家貧以織布爲生卒年八十一苦節五十餘年姊妹親族中足不及其門卽父母家亦謝絕曰吾鬼妻與死爲伍豈復有生人趣而修報謁之禮耶人以爲名言俞志

陳邦化妻周氏周大緯之女也年十九邦化死有二子氏視含殮畢欲俱死服鹵汁一大甌會有解者咯血數升而蘇先是氏方瞑時大兒纔三歲在床頭號跳不已氏醒而憐之稍進飲食及二子長貧甚氏依于父家年六十餘猶不見一人聞男子聲輒走避署會稽令祖光珮給匾旌其門匾至氏囅然而笑其宗族子姓謂氏生平啓齒惟此一見云俞志

王文爆妻郭氏歸數載文爆爲吏所誣擬大辟家貧莫爲救者氏懷訴至縣堂自刎死夫竟出獄俞志

徐貞女許趙應奎聘禮甫行而應奎客死訃聞貞女涕泣毀容內服縞素外加青衣喪歸貞女踵趙門易衰絰時年十九父母苦計勸回女欲自盡乃止姑韓病篤女籲天求代刲股以進遂愈守節五十餘載巡按旌之俞志

王貞女名鑽姑王汝煒女甫三歲聞昆弟讀書聲欣然聽之踰年卽挾策請于父曰試授女書授之若夙習者操筆亦具楷法年十五母疾篤刲股療之越三歲母復病貞女又刲股投藥皆

愈喜繙釋典終身茹素父母愛憐之相攸鮮當意者後乃許字張某將納徵張入市購菓權落中其額又冒風遂不起女隱隱抱痛又一年父歿于桂林家益困有以婚事商者女截髪自誓告母諏日往張奉姑如母曲得其歡心擇族屬一人爲後時蜱江王氏復有蘭姑中姑亦各未婚矢志周長發王貞女傳

馮應震妻陳氏年二十寡無子乏衣食依其父母居未幾父母亦歿或勸之適人不可乃慫慂爲尼氏大慟曰所忍苦不死者爲馮氏也若祝髪向空門誰爲吾奠一盂麥飯者與馮氏義絶矣識者服其知禮年八十一卒卒之時異香滿室云俞志

徐萬化妻朱氏二十八歲而寡無子家窶甚不能舉火其兄弟強之適人氏赴水死得救而甦後寄食于族中年七十二卒俞志

宋氏庠生陳綵妻撫繼子辛勤倍至甲寅歲山寇突至獨抱夫木主奔入府城曰吾事已畢卽死無憾父疾甚輒刲股療治邑志

胡娥胡夢錫長女父病嘗糞侍疾不懈中夜叩天祈禱願減已算益父齡父病果瘳娥旋卽病故越紀餘親病革猶夢薦瓜菓之異康熙甲午間事也採訪

商婉人會稽女子能詩工楷法常倣吳彩鸞寫唐韻作廿三先廿四仙武陵沈蕘爲題絶句云

簪花舊格自嫣然顆顆明珠貫作編始識彩鸞眞韻本廿三廿四是仙先商本學究女兼能制舉文字嘗手評沈文一卷毛西河集

李因字是菴會稽人一云杭州人光祿卿葛徵奇之妾有竹笑軒吟草續藁善畫花竹之夭斜禽鳥之跳躑具有生動之趣刻沈香爲像以奉白陽山人詩其餘事爾靜志居詩話

李氏童齊嶽妻夫病割股遂以此卒無嗣採訪

王氏金古良子婦也古良外出父病革氏割股肉和藥以進越三日古良歸後十日父乃卒先是氏姑覺而詰之氏答曰舅遭內艱家貧無可爲養乞食外出祖翁病或不起舅不殞于悲痛即顚蹶苦死矣婦之爲此傷祖翁頻死不得一見其子且傷舅以不得見其父而或至於死實有所大不忍于心而冀天之一憫之也古良有子婦王氏爲先君子割股記家傳

徐氏陳芳杰繼室芳杰爲繼母韓虐死遺一子一女及前室子女各一韓逼氏再嫁不從與諸女百計陵之贅四壻于家遺產蕩然氏委曲承順毫無怨言惟飲泣以教二子守節六十年採訪

滕烈婦孟氏者會稽稷山人適滕順生滕居陶堰之謝家埭相距數里兩姓俱小家而順生識書記精九章算術爲蕪湖關吏婚月餘即往江南未幾暴疾卒訃至氏號哭覓死父母密防之且曰汝夫旅櫬未歸汝安得遽死乃止啓其兄迎順生柩葬之稷山下三日復至葬所自辰至

午慟哭不絕聲兩淚血絮流舟囘至周家灣解佩巾若將洗者遂俯身覆入水其弟在舟中急攬之不及掖而起氏已死矣年十八時康熙三十八年也舊志

劉氏章某妻早寡無子貧如洗采蓁蕨雜糠粃食之歲時歸寧母胡視其容瘠詰之匿不以告居二年卒以寒饑死族屬中竟莫肯爲之後者採訪

馬氏陶碏妻碏得惡疾臭穢不可近家人相戒勿過其室氏盥洗扶掖寸步未嘗離果中其毒目損髮禿無悔盡鬻奩資供珍藥貧困至老以姪爲後家傳

陶氏魯恕妻嫁未三月恕客遊旋歿先是其兄早死母老病日望恕歸訃至陶懼姑傷生謀于姒祕不以聞而衣皂布衣衷以白姑卒縞素畢其生採訪

陳氏程斯槐妻初斯槐有兄四人陳之始歸也年才十五舅姑以產薄而諸子皆有子女恐重爲斯槐累欲給產別居陳請于姑曰新婦初來事兩大人必不能如諸姒且郎少何解治生請斥賣奩贈佐伯仲經紀贏絀共之亡何舅卒斯槐與其伯兄並歿仲叔季皆客於外仲妻死陳撫其子女恩義甚篤仲歸以次子後斯槐表徵錄

姚氏王元龍妻夫死舅篤老以十指長其二子一女雖朝夕不能具飧必謀鮮脆以奉其舅女適同縣屠德翰夫亡無子依姚以居歷十餘年姚歿歸老屠氏撫姪爲嗣貞淑如其母採訪

曹氏長洲人徐靜涵妾靜涵妻生二女無子娶曹年十五八年而寡子尚穉或疑徐氏窶曹將不堪曹聞之語其嫡曰妾不耐窮苦不能至今日矣敬嫡如母愛二女如己出焉採訪

平安魯幼文妾不知其姓亦不知何方人幼文亡平安年二十三其嫡謂曰爾非我比勿自苦對曰嫡庶之位雖異從一之義無殊若必欲我二庭請今日即從主人于泉下以頭觸柱流血霑襟舉家爲之動容加禮閱三十載卒採訪

范氏王定鑑妻二十九而寡遺子淳舅卒於官盡貨衣飾迎柩歸葬奉姑孝年八十卒方其卒時淳以家貧游滇南心動歸不半月而母卒後淳妻胡氏年九十其子棟亦以貧幕江西心動急歸不十日而母卒採訪

沈客卿妻李氏十六于歸越二年夫卒以無子可繼力勸其姑爲翁置簉生子國恩姑惑女言欲以外孫爲氏子氏曰以姪繼伯禮也何必立甥姑亟諭之持前説甚堅姑自是陵折之鬱鬱成疾逾十年竟卒後國恩舉六子以長爲兄後至今孫曾林立採訪

王元璇妻陶氏二十六夫亡遺二子長子又殤姑章氏三十而寡性嚴急多病氏下撫孤子上奉嚴姑勤女紅以給朝夕六十八歲卒採訪

庠生陶天祐妻陳氏樊江人從父贅天祐于京邸期年天祐亡伯叔來奔喪慮其少且無嗣將

爲之擇聘氏聞之闔戶自經採訪

李卓衡妻應氏三十歲寡至八十一歲卒子文豹妻金氏十八歲寡至七十二歲卒卓衡弟卓鳴妻張氏三十三歲寡至七十六卒採訪

陶系賞妻陳氏年十九夫亡或曰將誰恃而守氏曰吾恃吾志耳夫弟某與其妹夫陳某謀奪其志乘氏歸寗盡貨其室中所存不遺絲粒氏還或告之氏曰已知扃其戶不入別掃一室居之或問故氏曰入室而物一空吾即不言彼獨無赧心乎吾故不欲赧其心也某等以氏爲畏已也日加恐喝而氏志益堅陳某者故寨帥陳天樞伍也往來皆萑苻散黨氏知勢不可居潛往母家託于兄弟以終採訪

袁思妻李氏子尙孝妻劉氏寄居所親小樓日藉針黹撫孤課讀人周之輒不受尙孝游學京師卒于途無子劉氏年二十四以孀姑在堂忍死侍奉日夜紡績以迎夫柩歸姑疾跬步不離姑歿無以爲殮夫友義賻卒不取克成姑志李守節三十四年劉守節二十八年採訪

李氏魯宏瑛聘妻也父任湖廣鍾祥尹女隨之任宏瑛將就婚病卒訃聞其父母隱而不言欲改字女知之大慟曰女已爲魯氏婦安可以二願奔喪同穴而已父母知不可奪乃設宏瑛靈位于別室服斬衰晨昏上食居喪三年稟其父貽舅姑書令迎之歸姑杜氏未之許也女志益

堅曰茹齋素棄膏沐體素羸因病劇告父母曰女不才與父母永訣矣至紹興爲告魯氏舅姑收女骨合葬之死瞑目矣言訖而歿家傳

章氏沈士侃妻士侃客死於都氏撫孤成立家無擔石事繼姑曲盡孝養姑病朝夕撫摩不離左右刲股以療奉侍二十餘年無怠年八十卒採訪

徐烈婦包家山徐某妻也事姑孝家貧夫訓蒙童學婦亦工繡作會有中表宦秦晉者夫往投之婦黽勉十指姑及小姑叔俱賴以活越二載夫訃至婦號哭不食自經者屢姑守之謹七七日赴舍旁枯井死水不及胸端立如生家貧卒不得殮越七日異香溢於閭里男婦皆以爲神採訪

潘思周妻傅氏名五芳思周父爲田州吏目隨夫抵翁任所一年而夫歿僅遺一女未幾翁之長子長媳死翁又死婦孑乘瘴癘間扶六櫬出郭門身服斬衰徒跣號泣隨之撫翁之幼子成立嫁其女含哀茹素以終其身周紹炳潘節婦傳

馬大姑馬倫先女字范立羣未婚而立羣夭姑素寡言笑及聞訃竟不言不笑有媒氏來議婚姑絕食臥不起父母慰諭再三則曰願侍父母以終身也父母窺其志不可奪遂聽之姑晨昏侍母頃刻不離守貞二十三年四十三歲而卒終身無笑容焉採訪

陳氏陳國安女以親老無子矢志不嫁日勤女紅供甘旨親卒巨室某慕其賢堅欲聘之女嘆曰嚮既以親在而不字今豈以親歿隳吾初志固却之年五十三卒採訪

袁士驥妻杜氏年二十九寡家極貧紡織奉翁姑已則惟食糠粃有勸其改適者氏怒曰我去則一家人星散矣愈自刻苦茹素終身外人罕見其面翁姑老而多病氏經月不寢兩目盡腫年七十三而終守節四十四年採訪

張氏張亮公女袁嘉譽妻母金病劇時氏年十二刲股以進不效事繼母如母繼母疾亟復刲股進疾旋瘳二十三歸于袁姑陳臥床笫數年氏奉事惟謹病將不起氏惶急默祈于神又刲股肉如小兒掌以啖姑越數日姑偶欲起氏扶持之因把其臂膿血透數重衣姑怪之裸臂視則舊之二創宛然而新創已潰爛矣詢得其故姑大慟失聲年三十而歿生一子又先氏死採訪

章四姑五姑爆百女爆百生一子五女長次三適人四姑以父母年邁多病兄貿易遠方立志不嫁五姑字朱氏未婚夫卒聞訃悲泣服衰至朱門守喪三載仍返母家與姊四姑同處一室奉侍父母數十年無倦容父母相繼歿終身不出戶閾勤紡績以佐兄之不足孝行著于鄉里四姑卒年五十有六五姑卒年五十有三採訪

嚴氏候補縣丞陳衡繼聘妻衡客粤東未歸翁染疫至劇親串莫有顧者氏聞而泣曰吾爲陳

氏已聘婦即爲陳氏媳翁疾不克一見如婦道何翁聞而賢之遣媒氏往告氏父母遂來歸侍湯藥甚謹翁疾漸愈匝月而粤東訃至時氏年二十有八即斷髮自誓撫前子如己出宗族咸賢之卒年四十一採訪

金昊妻周氏夫亡無子氏慟絶嘔血數升死而復甦足不履梱外者二十五年年四十七歲而卒採訪

常雨膏妻楊氏年二十夫亡殮之日被髮碎首母憐其少無子强之嫁氏求死益切或酷暑衣棉絮暴烈日中或隆冬着單衣握冰竟以憂憤卒採訪

孟氏沈孝璠妻二十五而寡家貧歲饑日糊冥鏹養其遺孤有堂姒哀其貧欲使同居婦辭曰余嫠也將使二子食貧居賤以自食其力不願學富家樣也年七十無疾而卒採訪

劉氏閩人會稽諸生王雍文妾生一女而雍文歿嫡室有二子劉日辨色先起操作至丙夜方息居十餘年一日晨興有款扉者擲一囊于地徑去啓視得白金三百家人不知所自劉曰是必翟邱姚某也曏者姚落魄福州吾主邂逅逆旅欲有所贈而資匱吾盡典奩篋付之是嘗叩吾主邑里者今必是也迹之果然以其金爲兩子治任出游楚越間家以日起性莊重不輕言笑嘗曰吾無所挂繫設有疾萬勿吾治得早從主君地下足矣女嫁蕭山汪楷乾隆十三年聞

女病往省視方啜茗聞顧曰汝幸無恙好撫汝子遂一笑而逝年六十有一守節四十年又有

蔡氏雍文子鼎元妾延平沙縣人鼎元客死嫡愍其無子欲嫁之蔡不肯獨居一小樓長齋禮佛垂三十年不與姻黨相見卒年五十五徵表錄

屠氏潘端士妻年二十二寡家業中落氏先於牆外隙地藝桑數十株又析箸得薄田十餘畝勤苦治蠶幷治田以自給乾隆十六年得微疾自言當以某日逝屆期盥櫛謁家祠徧謝姻親就寢而卒所藝桑人謂之節婦桑云潘和茹敦節婦傳

阮祥書妻顧氏上虞人甫歲夫故婦求死不獲勉撫遺腹孤越五載一日沐浴集家人曰忍死五年爲亡人一綫耳今子已輟乳哺望祖母養之舅姑之奉娣姒勉之遂絕食旬日有進以湯餌者輒以頭觸石勸者益力夜半乘間投繯死年三十有二子泰達娶潘而卒無嗣採訪

田氏章靜野繼妻靜野病劇氏禱天願代及歿氏悉出衣資授夫弟爲棺殮費服鹵以殉時年二十七採訪

沈貞女五姑沈嵐峯女字山陰李少山乾隆九年少山溺于海女年十七誓不改適母欲奪其志女即投井救而得生遂過門守節紡績自奉繼姪以續夫後苦守十七年年三十五卒採訪

金八姑小名玉堂性慧嫻女工愛讀書及唐宋人詩父兄皆諸生問業不倦乾隆丁亥冬夕母

夢一童子告曰明年四月汝當死驚泣而覺長子夢亦合母由是嗚咽待旦八姑曰母勿苦將有代之者乃每夕潛禱請以身代改歲正月十二日手製楮鏹詣東嶽廟拜乞神籤得四月不吉語怡然歸三月廿八日八姑遂病竟卒時年十六戊子四月初二日也蔣士銓金孝女傳

俞氏章電妻電父早逝母顧氏孀守電與氏孝養備至電疾革誓欲俱死電張目號泣曰老母幼子繄汝是賴氏含淚許諾旦晚勤女工養姑撫子未嘗少有所缺巳或兩日一食不使姑知爲姑請旌以慰九原守節五十年採訪

金氏章旦初妻旦初卒無兄弟氏年二十二無子乃盡斥衣飾爲翁置妾翁生子四而氏敝衣朽腹者數十年採訪

貞女姚氏姚秉賫女幼失怙恃惟兄嫂是依許氏倪錦川未歸而倪卒訃至女嘆曰吾雖未奉箕帚寧非倪姓婦乎人縱不以再醮目我我獨無疚于心乎吾行吾志而巳終身不嫁代兄嫂佐理家政年八十一卒卒之日有孤鴻入其幕哀鳴三匝人以爲異云採訪

沈肯堂妻張氏于歸數日夫見其裏衣以麻苧爲襟帶驚問故氏悽然曰痛母氏早喪自誓終身不御羅綺今婚期從吉特借襟帶以誌痛越月乃檢嫁時衣別扃一笥不復御逾年夫偕氏歸寧聞婢媼言母病時禱神刲股狀氏恨婢媼洩其事悲且泣蓋痛刲股之無裨于母不欲人

知也採訪

錢氏胡宗禮妻宗禮暴病死氏强留殘喘執婦道惟謹素幗舊衣與家人均辛苦性至孝早晚問安終身無間進衣羞膳必備精潔非公不踰閾即母家終身絕迹不往繼姪廷槳爲子卒年六十二採訪

楊氏姚士鉉妻未嫁士鉉患瘋疾已廢母謀改適而以婢代氏聞而嘆曰此吾命也奈何欲與命爭且禮重一諾女無二天遂殭臥絕食期以死報其嫂紿之曰若果欲嫁瘋壻耶第就食吾爲若成之氏强加一飡母聞怒鞭箠交迫而志益堅母知其終不可奪也卒歸姚年十九伉儷五載而愛敬備至然士鉉終不起遺孤二氏上奉舅姑下撫孤雛勤針工以佐甘旨雖嚴寒酷暑漏五下而工未輟也苦節二十六載卒年四十有八採訪

金氏陶阜妻阜以侍母疾積勞卒遺三子一女日攜以哭諸殯所其弟衛亭過而傷之挈之歸一日愀然曰吾夫以事姑死吾忍不事姑生乎留子女在郭自歸奉姑作苦同于廝養陶氏家譜

胡氏施履貞繼妻年二十五夫暴亡遺孤三歲家貧甚針黹以活五世單傳而孤子病亡無近族可繼氏仰天號慟曰吾忍死備嘗荼蘗者爲施氏一脈耳今無望矣施氏其遂不祀乎遂絕食十二日而死隣族憫之爲殯殮其母子今年四月十四日事也採訪

馮氏孫其淳妻其淳早卒無兄弟馮勸翁續娶於周生一子二女相繼夭周病廢又爲翁納妾生其澍及二女撫教各成立事繼姑庶姑終身無間言採訪

婁鎬妻陳氏年十六歸鎬越兩年鎬歿遺腹生子泳至八齡氏謂妯娌曰未亡人近以忍死須臾者徒以兒故耳今長大如此可以從先人地下矣衆異其言防範頗密無隙可乘乃强爲歡笑次年正月妯娌歸甯不食五日卒採訪

秦兆鷃妻倪氏兆鷃業農氏事姑謹嘗以菽麥餈粈進啖而自食其粗糲隣火延其家姑倉皇走出失跌傷足氏負之以行至不能攜一縷夫死姑哭之失明氏舐得愈既爲其叔娶婦高氏生二子姑死其叔又死家益貧不能自存至以傭直給養其孤母族謂之曰向以奉若姑至死不相舍宜也今若來當食之以終餘年氏曰蒙見憐得爲三棺完葬義無涯矣遂予之金以葬其姑及夫與叔焉既而高氏又死氏並撫其二孤現年六十有三採訪

童氏錢炎妻母患瀉危劇氏刲股療之母年至八十後其姑張氏胃痛欲死氏亦刲股疾亦愈壽至九十七採訪

戚氏貴州布政使徐垣側室垣卒於黔氏年二十九子幼族之不逞者疑方伯宦貲必豐相與覬覦虎視氏感之以仁犯而不校數年後官項追賠者麻起力不能應人方知方伯操行之潔

氏苦節之貞也守志三十年採訪

章氏柳城尉汝鳳之女母多病女頃刻不離每將議姻輒晝夜悲泣不飲食者數日父母竟不能奪母病亟籲天乞代病良已暨母壽終女年已五十五矣事母之誠五十年如一日採訪

會稽魯紹則妻吳氏紹則溺水死氏年十九奉翁姑撫遺腹苦守二十載父某官宿遷尉遣人迎之氏不肯往翁姑卒孤亦殀葬畢笑謂娣姒今可從夫子於地下閉戶七日理破衣澣濯縫紉遍告族人曰吾死後無以爲殮有破床一作買棺費可也絕食十一日而卒採訪

漢曹娥碑 元嘉元年

〔後漢書列女傳〕元嘉元年縣長度尚改葬娥於江南道旁爲立碑焉〔水經注〕云上虞縣有曹娥碑縣令度尚使甥邯鄲子禮爲碑文以彰孝烈按後漢書李賢注所云蔡邕夜闇手摸其文題八字曰黃絹幼婦外孫虀臼者應卽是碑也舊志載曹娥廟舊有王右軍書小字本新定吳茂先嘗刻於廟中後爲好事者取去今所存有四本一爲宋蔡卞書大字本一爲明賴恩集李北海書一爲康熙間王作霖重摹右軍本一爲近時所刻則愈摹而愈失眞矣

漢熹平石經摹本 熹平四年

〔石經尙書殘碑〕命（孔本作身）何及相（闕）散（孔作儉下闕）言曰人維舊（孔落上有求字下闕二字）救（孔作求）舊（下闕）有志女毋翕侮成人毋流（孔作汝毋侮老成人無弱下闕）各共爾事齊乃位度爾（孔作乃）口（下闕）民之承保后胥高（孔作感）鮮以不浮（下闕）試以爾（孔作汝）遷安定厥國（孔作邦）亼（孔無）女不（下闕）其或迪（孔作稽）自怨（孔作怒下闕）永（孔作誕）勸憂今其有今罔後女何（下闕）之勞爾先予不（下闕）于茲高后不乃知（孔作崇）降罔疾曰（下闕）能迪古我先后（下闕）民女有近（孔作戕）則在乃心我先后綏（下闕）興降不永於戲（孔作崇降弗祥嗚呼）今予（下闕）絕遠女比猶（孔作分猷）念以相從各翕（孔作設）中（下闕）建乃家殷（孔作盤闕一字）既（下闕）衆曰女罔台民（孔作無戲怠）勖（孔作懋）建大命今

我孔作予下闕凶德綏孔作嘉績下闕今孔無爾惠孔作謂朕闕析孔作震動萬民以遷肆上下闕乘孔作隱哉予其

勖孔作懋簡相爾念敬我衆朕不已上盤庚三篇

民中絕命民有不若德不聽罔天既寸孔作孚已上高宗肜日篇

厥遺任見作壬父母弟不迪乃維四方下闕不愆于四伐五伐六伐七伐乃已上牧誓篇

伊孔無鴻孔作洪水白孔作汨陳其五行帝下闕曰建用皇極次六曰艾孔作乂用三德下闕潤下作鹹炎上

作苦曲直作下闕食二曰貨三曰祀四曰司空下闕極凡厥庶民無有淫朋人無有下闕明人之有能

有爲使羞其行而下闕路毋偏毋黨王道蕩蕩毋黨下闕爲天下王三德孔三上有六一曰正直二下闕家

而孔無凶于而國人用闕頗羣孔作僻下闕乃心諒及卿闕諒及庶民孔作人已上洪範篇

維天命元孔元作無違朕不敢有下闕罔時維天命王曰告爾孔無二字多下闕茲雒孔作洛予維四方罔攸責

亦維爾下闕有年于茲雒爾小子乃興從爾遷王已上多士篇

嗇孔作穡之艱難乃劮孔作逸乃憲孔作諺既延孔作誕不孔作否則侮厥下闕中宗嚴恭寅畏天命自亮以

孔作度治民祗懼下闕或怨肆高宗之饗國百年孔作享國五十有九年自時厥後下闕功田功徽柔懿共懷保小

人孔作民惠于矜孔作鮮鰥下闕酒孔作淫毋劮孔作逸于遊田維闕共孔作無淫于觀于逸于遊于田以萬民惟正之供毋兄孔作毋皇

曰今日下闕厥不聖孔作聽人乃訓變孔變上有之乃亂正荆孔正上有先王之至于下闕則兄曰孔作皇自敬聽厥愆曰

朕之愆允（下闕）公曰於戲嗣王監于茲（孔監上有其）（已上無逸篇）

道（孔作終）出于不詳於戲君（闕）曰時我（已上君奭篇）

我則致天之（已上多方篇）

常伯常任辟（孔作準下闕）亂（孔無）謀面用（下闕）于厥邑其在（下闕）有會（孔作俊）心以敬事（下闕）王維厥（孔厥上有克）度

（孔作宅）心乃（下闕）受茲（孔作此）丕丕其（孔作基）於戲（下闕）旦以前（孔作已受）人之徽（孔作徽）言（下闕）訓德（孔德上有于）是罔

顯哉（孔作在）厥世（下闕）王之鮮（孔作耿）光以揚武王（已上立政篇）

几乃（闕）召大保（下闕）通（孔作達）殷就（孔作集）大命在（下闕）非幾茲即（孔作既下闕）黹衣（孔作扆已上顧命篇）

〔洪适隸釋〕右石經尚書殘碑盤庚篇百七十二字高宗肜日篇十五字牧誓篇二十四字洪範篇百八字多士篇四十四字無逸篇百三字君奭篇十一字多方篇五字立政篇五十六字顧命篇十七字合五百四十七字熹平四年議郎蔡邕所書者漢儒傳伏生尚書有歐陽大小夏侯之學孔安國尚書漢人雖有爲之訓傳者然不立於學官永嘉之亂三家之書並亡故孔氏傳獨行以其書校之石本多十字少二十一字不同者五十五字借用者八字鴻艾勠猶之類是也通用者十一字於戲毋女之類是也孔氏敍商三宗以年多少爲先後此碑獨闕祖甲計其字蓋在中宗之上以傳序爲次也但云高宗饗國百年異爾范史云蔡邕以俗儒穿鑿經

籍疑誤後學與堂溪典馬日磾等奏求正定六經文字時博士試甲乙科爭第高下至有行賂改蘭臺漆書經字者靈帝乃從諸儒之請刊石立之太學天下咸取則焉碑高一丈廣四尺陸機洛陽記云碑凡四十六書易公羊二十八碑其十二毀論語三碑其二毀禮記十五碑皆毀北齊徙之鄴都至河陽岸頹半沒於水隋復載入長安有易一卷書六卷魯詩六卷儀禮九卷春秋一卷公羊九卷論語一卷未及補治而亂作營繕者至用爲柱礎唐初魏鄭公收聚之十不存一則石經之散亡久矣本朝一統時遺經斷石藏於好事之家猶崑山片玉已不多見今京華既經靖康之變殘碑日益鮮矣予既集隸釋因以所有鑱之會稽蓬萊閣勵音慉勉也劮亦逸字

〔石經魯詩殘碑〕惟毛作維是褊心是以爲刺　葛屨下闕汾一曲言采其藚彼其之子美下闕之誰知闕一字毛誰上有其之蓋亦勿思　園有棘其實之下闕父兮父闕一字毛無曰嗟予子行役夙夜毋毛作無已尚毛作上愼下闕哉猶來毋死　陟岵三章章六句　十下闕子毛作猗不稼不嗇毛作穡胡取禾三百廛兮不狩不下闕特兮彼君子兮不素食兮　欿欿毛作坎伐輪兮下闕毋食我黍三歲宦毛作貫女莫我肎顧逝將去女下闕宦女莫我肎勞闕　將去女適彼樂郊樂郊下闕蟋蟀在堂歲聿其逝今我不樂日月其闕句　山有蓲毛作樞隰有榆子有衣裳弗曳下闕酒食胡毛作何不日皷瑟且以喜樂下闕既見君子云胡其憂　楊下闕

〔洪适隸釋〕右石經魯詩殘碑百七十三字魏唐國風數篇之文也與毛詩異者如猗作兮貫作宦樞作區數字又有一段二十餘字零落不成文惟有叔于田一章及女曰雞八字可讀其間有齊韓字蓋敍二家異同之說猶公羊碑所云顏氏論語碑所云盍毛包周之比也漢代詩分爲四在東京時毛氏詩不立學官隋志有石經魯詩六卷此碑既論齊韓於後則知隋志爲然也

〔石經儀禮殘碑〕東面主人闕下卒爵坐奠爵拜執闕下人盥洗升媵觚于賓闕下上拜壽爵于筵前闕下首公答拜媵爵者立闕下媵爵者執觶待于闕下公坐取大

〔洪适隸釋〕右石經儀禮殘碑四十五字皆大射儀之文也石磨滅字畫比它經不明白靈帝紀云詔諸儒正五經文字刻石立於太學蔡邕傳則云奏求正定六經紀傳既已不同陸機洛陽記所載但有書易公羊禮記論語爾惟隋志云後漢刻七經於石碑皆蔡邕所書其目有一字石經儀禮九卷乃漢史陸記之疎略也未央宮有曲臺殿天子射宮也西京無太學於此行禮故后蒼著書說禮數萬言名曰曲臺記今禁中有選德殿蓋便坐觀射之地而清閒之燕沓訪治道率在於是殆與曲臺暗合古者射爲六藝之一儀禮一經說射者兩篇後世非介胄之士則不習與古殊矣媵觚媵爵云者媵蓋送也

〔石經公羊殘碑〕翬者何公子翬闕一字何以不稱公下闕桓於是謂桓曰吾爲闕三字矣隱曰下闕之
之辭也然則孰立之石闕二字之石踖板本作碻立下闕美大之之辭也棠者何濟闕一字之邑也曷爲下闕
仲子板本有也字桓未君則曷爲蔡仲子闕一字爲桓立故下闕諸侯四諸公者何諸闕一字者何天子三
公稱下闕相處乎內始闕一字諸公放板本作防於此乎前此矣前下闕其成也曰吾成敗矣吾與鄭人未
有成板本有也字吾下闕後爲年外取邑不書此何以書久也下闕弟毋兄稱兄几闕五字之大夫也此下闕
之邑也天子有闕四字諸侯皆從泰山下闕而葬不日卒赴而闕一字不告公曷爲與徵者下闕大夫之
未命者也　十年此公子翬也何下闕外於外大惡書小惡不於內大惡諱小下闕國也何以不書
葬隱之也何隱爾試板本作弑也試下闕葬板本有以爲字不繫闕一字臣子闕二字薨何以不地不忍言巳上隱公
何易之也易之則其下闕諱取周田也諱取巳上威公
十有四年何以闕一字記異也何異下闕則至無王者則不至有以告者曰有麐而下闕隱祖之所遻
板本作逮聞闕一字所見異辭所聞異辭所下闕不亦樂乎堯舜闕二字君子也制春秋之義以巳上哀公
有　傳桓公三年顏氏有所見異辭所聞異下闕何以書記災也
世年顏氏言君出則巳入下闕顏氏無伐而不言圍者非取邑之辭也　十下闕
谿典諫議大夫臣馬日磾臣趙䧌議郎臣闕二字臣劉弘郎中臣張文臣傳楨雜

〔洪适隸釋〕右石經公羊殘碑三百七十五字自隱公四年至威公元年及哀公十四年之文也所書者皆是公羊氏傳辭而無春秋正經又有顏氏說石文斷續不可考繹蓋嚴顏異同之辨也以今板本校之惟易四字省四字爾漢注引陸機洛陽記云禮記碑上有馬日磾蔡邕名今此碑有堂谿典八人姓名論語碑亦有左立二人姓名陸氏所記未之詳也

〔石經論語殘碑〕鮮矣不好犯上而好作下闕本本立闕一字道生孝下闕曰道千乘之國敬事下闕使民以時　子曰弟子下闕而有信雖曰未學吾必謂下闕君子不重則不威學則下闕與意板本作抑予之與子贛板本作貢曰夫子闕五字以得之夫子之求之也下闕道斯爲美小大由之有所不行知闕五字禮節之亦不板本有可字亓下闕焉可謂好學已板本作也已下闕而無諂富而無驕下闕告諸往而知來下闕人之不下闕章已上學而篇免而無耻道之以德齊之下闕乎板本作于學世下闕孫問孝於我我對曰毋違樊遲闕一字何下闕曰生下闕葬之以禮祭下闕以別　子夏問孝子曰色難有下闕勞有下闕孝下闕廋哉人焉廋哉板本有哉字　子曰温故而知下闕子下闕器子贛問下闕乎異端斯害也已　子曰下闕子下闕曰何爲則民服孔子對曰下闕之下闕子曰書云孝于板本作乎惟孝友于兄下闕也周因於殷禮所損益可知下闕已上爲政篇

曰人而不仁如禮何人而不仁如樂何　林闕十一字與下闕與對曰不能子曰闕五字山不如林放闕九

字也射下闕曰起予板本有者字商也始可下闕子曰下闕殷禮吾下闕也知其說闕三字天下也其闕一字示諸
斯乎下闕如神在下闕於二代郁郁乎下闕太廟下闕子知禮下闕禮下闕也下闕以柏周人以栗曰使民下闕往
下闕門國板本作邦君爲兩君之好有反闕一字管氏下闕知禮下闕吾未嘗不得見也從者闕二字出曰下闕無
道也久下闕觀之哉　凡廿六章已上八佾篇
人　子曰苟志於仁矣無惡板本有也字　子曰富與貴是人之所欲也下闕顛沛必於是　子闕二字
未見好仁板本有者字惡不仁者好仁者無以尚之下闕過也各於其黨闕二字斯知仁矣　子曰朝聞
道夕死可也板本作矣下闕子懷刑小人懷惠　子曰放於利而行多怨　子曰能以禮下闕曰唯子出
門人問曰何謂也曾子曰夫子之道忠恕而已下闕曰父母在不遠遊遊必有方　子曰三年無
改於父之下闕　已上里仁篇
有三年之愛於闕一字父母板本有乎字　子曰飽食終日無所用心難矣哉下闕君子板本有亦字有惡乎
子曰有板本有惡字惡稱人之惡者惡居下板本有流字而訕上者惡下闕之則不孫遠之則怨　子曰年
卌板本有而字見惡焉其終也已　凡廿六章已上陽貨篇
枉道而事人何闕一字去父母之國板本作邦闕一字景公待孔子曰若季氏下闕子曰鳳兮鳳兮何而板本
無而字德之衰也板本無也字往闕二字可諫也板本無來者猶可追也板本無下闕執車板本作輿者爲誰子板本無

子路曰爲孔丘曰是魯孔丘與曰是（板本有也曰二字）是知津矣（下闕）若從避（板本作辟）世之士哉擾（板本作耰有而字）不輟子路（板本有行字）以告（板本有夫字）子憮然曰鳥獸不可與同（下闕）穀不分孰爲夫子置（板本作植）其杖而耘（板本作芸）子路拱而（闕一字）止子路宿殺雞（下闕）禮（板本作儀）如之何其廢之也（板本無）欲絜其身而亂大倫君子之仕也行其義（下闕）志辱身矣言中倫行中慮其斯以乎（板本作而已矣）謂虞仲夷佚（板本作逸）隱居（下闕）少（闕）陽擊磬襄入于海　周公謂魯公曰君子不施其親（下闕已上微子篇）

交於子張子（闕一字）曰子夏（闕一字）何對曰子夏曰可者（闕四字）者距（板本作拒下闕）子夏曰雖（闕五字）觀者爲致遠恐泥是以（下闕）其事君子學（下闕）子夏曰小人之過（下闕）曰（下闕）子夏曰大德（闕五字）出入可也　子斿（板本作游闕六字）子（下闕）君子之道爲可（闕二字）有（闕一字）有卒者其唯聖人（下闕）仕而（下闕）曾子曰吾聞諸（板本有夫字）子人未有自致也者（板本作者也）必也親喪乎（闕一字）子曰（下闕）如得其情則哀矜而勿喜子贛曰紂之（闕一字）善（闕一字）是其（板本作之下闕）贛曰仲尼焉學子贛曰文武之道未隧（板本作墜）於地在人賢者志（板本作識）其（下闕）告子贛（闕一字）贛曰辟諸（板本作之）宮蘠（板本作牆）賜之蘠（闕二字）窺見室家之好夫（下闕）尼不可毀（闕二字）人之賢者丘陵也（闕二字）踰也仲尼日月也（下闕）一言以爲不知言不可不慎也夫子之不可及也猶天之（下闕已上子張篇）

不蔽簡在帝心朕躬有閞毋（板本作無）以萬方萬方有（闕一字板本有兩罪字）在朕躬（下闕）歸心爲所重民食喪

闕一字寬則得衆敏則有功闕一字則說下闕不驕威而不猛子闕一字曰何謂惠而不費子曰闕一字民子下闕尊其瞻視儼闕三字而畏之斯不亦威而不猛乎下闕已上堯曰篇凡廿篇萬五千七百一闕一字字賈板本作活諸賈之哉包周闕四字蓋肆乎其肆也闕一字周下闕曰言闕一字而在於蕭牆之內盍毛包周無於下闕

詔書與博士臣左立郎中臣孫表

工陳興刻

〔洪适隸釋〕右石經論語殘碑九百七十有一字前四篇後四篇之文也每篇必計其章終篇又總其字又載盍毛包周有無不同之說以今所行板本校之亦不至甚異其文有增損者其字亦有假借及用古者有字異而訓不遠若置其杖賈之哉者漢人作文不避國諱威宗諱志順帝諱保石經皆臨文不易樊毅碑命守斯邦劉熊碑來臻我邦之類未嘗爲高帝諱也此碑邦君爲兩君之好何必去父母之邦尙書安定厥邦皆書邦作國疑漢儒所傳如此非獨遠避此諱也水經云光和六年立石於太學其上悉刻蔡邕名魏正始中又刻古篆隸三字石經蓋諸儒受詔在熹平而碑成則光和年也隋志有一字石經七種三字石經三種其論云漢鐫七經皆蔡邕書又云魏立一字石經其說自相矛盾新舊唐志有今字石經七種而注論語云蔡

邕作又有三字石經古篆兩種蓋唐史以隸爲今字也觀遺經字畫之妙非蔡中郎輩不能爲以黃初後來碑刻比之相去不啻霄壤豈魏人筆力可到當以水經爲據三體者乃魏人所刻儒林傳云爲古文篆隸三體者非也史稱邕自書丹使工鐫刻今所存諸經字體各不同雖邕能分善隸兼備衆體但文字之多恐非一人可辨史云邕與堂谿典楊賜馬日磾張訓韓說單颺等正定諸經今公羊論語之後惟堂谿日磾二人姓名尚存別有趙隇劉弘張文蘇陵傅楨左立孫表數人竊意其間必有同時揮毫者予詳玩遺字公羊詩書儀禮又在論語上劉寬碑陰王曜題名則公羊詩書之鴈行也黃初孔廟碑則論語之苗裔也識者當能別之

按宋史洪文惠公适以孝宗乾道二年罷同平章事提舉江州太平興國宮尋起知紹興浙東安撫使其以所有漢石經殘字鑱之會稽蓬萊閣者想卽是時也今閣雖毀廢而遺址尚存求其一鱗半爪渺不可得元吾邱衍學古編云石經遺字蓬萊閣翻本破缺磨滅不異眞古碑今無矣按吾邱氏與文惠公相距不過一百三十餘年而已云無有其爲難得可知顧寗人金石文字記載有尚書論語百餘字藏北平孫承澤家今歸錢唐黃氏此所謂巋然獨存者也近日金匱錢氏又摹得尚書魯詩儀禮公羊論語及盍毛包周有無不同之說幷博士左立姓名共五百餘字較隸釋所載文正相合識者以爲卽蓬萊閣本好古者爭相摹勒傳之藝林以爲勝

事然字體雖失本眞而古本異同仍在故特從洪氏隸釋所載者錄之如右乾隆五十七年四月知府李亨特又以黄錢兩家本並摹之置於府學宫之尊經閣下其間有公羊隱公四年傳十八字則又洪氏之所未備也

吳五鳳磚五鳳元年

〔舊志〕宋乾道中上皋耕者得古磚有文曰五鳳元年三月造七字以獻府牧洪适适琢爲硯置案頭甚愛之案西漢宣帝四年吳會稽王二年隋竇建德三年俱號曰五鳳此云上皋所得當是會稽王造也

隋禹廟殘碑大業二年

〔趙氏金石錄〕隋史陵正書大業二年五月立其文字磨滅十五六而其末隱隱可辨云會稽郡下闕三字史陵書筆法精妙不減歐虞按張懷瓘書斷云褚遂良嘗師史陵蓋當時名筆也今此碑磨滅而僅存世之藏書者皆未嘗有非余收錄之富則遂不復見於世矣姚令威西溪叢語名爲禹廟沒字碑吳興施宿來佐此府命工椎拓刮磨垢蝕得二百二十有四字乃爲碑譜刻置祠下

唐虞世南碑 貞觀二年

〔訪碑錄〕貞觀二年閏二月五日立在會稽縣南二十里龜趺猶存碑巳亡矣

唐虞荷碑 貞觀六年

〔嘉泰會稽志〕永興公世南撰釋某書貞觀六年大□大夫致仕卒于會稽縣石不存

唐龍瑞宮記 開元二年

〔嘉泰會稽志〕賀知章撰并正書刻於宮後葛仙公煉丹井側飛來石上漫滅僅存宮內有重刻本諸道石刻錄云開元二年二月立今飛來石上猶隱然可辨

唐賀知章二告 延和元年

〔嘉泰會稽志〕一延和元年八月加階告四門助教擬官議郎一開元四年八月起居郎舊在天長觀今徙置府學

唐雲門山投龍詩 天寶元黓

〔趙氏金石錄〕北海太守趙居貞撰序言天寶元黓歲下元日居貞投金龍環璧於此山有瑞雲出於洞中有聲云皇帝壽一萬一千一百歲蓋天寶中元宗方崇尚道家之說以祈長年故當時諂諛矯妄之徒皆稱述奇怪以阿其所好而居貞遂刻之金石以重欺來世可謂愚矣

唐元儼律師戒壇碑天寶十五載

〔輿地碑目〕在雲門天衣寺天寶十五載徐浩書集古録云唐前秘書省正字萬齊融撰武部郎中徐浩書律師姓徐氏諸暨人居越州法華寺碑以天寶十五載六月立

唐禹廟碑大歷三年

〔趙氏金石録〕崔巨撰段季良行書大歷三年十一月立

唐越州開元寺律和尚塔碑大歷六年

舊在開元寺今不存碑云律師諱曇一以大歷六年十二月七月滅度於越州開元寺遷座起塔於秦望山之陽梁肅撰文載浙江通志

唐徐浩先塋記大歷九年

〔嘉泰會稽志〕大歷九年十月浩正書刻於高行先生徐師道碑陰石不存

唐會稽山南鎮永興公祠堂碣貞元元年

〔嘉泰會稽志〕貞元元年四月羊士諤撰韓杍材書韓方明篆額寶刻叢編云唐封會稽山神爲永興公貞元中奉詔禱祠作此銘

唐復禹袞冕幷修廟記元和三年

〔輿地紀勝〕崔及撰馬積正書元和三年十月立碑陰有薛苹祈雨唱和詩凡十七首寶刻類編作馬積書嘉泰會稽志及輿地碑目並云在禹廟

唐禹廟題名 元和十年

唐建南鎮碣記 元和十年

〔嘉泰會稽志〕張良祐孟簡等十一人元和十年三月二十七日祭南鎮謁禹廟畢至寺

〔趙氏金石錄〕唐孟簡撰陳構正書元和十年十月立

唐十哲贊碑 元和十年

在府學宮明倫堂久棄晤壁無有識者乾隆辛亥十月教授俞甡始搜羅出之即趙氏金石錄所謂孔子弟子贊是也後有題云元和十年十二月三日浙東觀察使越州刺史兼御史中丞孟簡置十哲者以顏回子淵爲先師制贈兗公 明皇御製贊 以下如閔損子騫贈費侯 銀青光祿大夫守侍中源乾曜贊 言偃子游贈吳侯 大中大夫守中書侍郎上柱國盧從愿贊 端木賜子貢贈黎侯 黃門侍郎兼鴻臚卿韋抗贊 冉予子我贈齊侯 右散騎常侍元行沖贊 冉雍仲弓贈薛侯 銀青光祿大夫守中書令上柱國張嘉貞贊 冉求子有贈齊侯 開府儀同三司上柱國廣平郡開國公宋璟贊 仲由子路贈衛侯 右散騎常侍上柱國陸餘慶贊 冉耕伯牛贈鄆侯 開府儀同三司上柱國梁國公姚元崇贊 曾參子輿贈成伯 禮部尚書許國公蘇頲贊 卜商子夏贈魏侯 尚書左丞上柱國裴漼贊 皆諸臣分贊碑之陰面刻張南軒手書孝經

按史記仲尼弟子列傳宰予字子我裴駰引鄭康成注曰魯人未聞其姓冉也茲稱冉予當必有據

唐禹廟題名元和十一年

〔嘉泰會稽志〕又題名二人續到同遊鄭逌元和十一年四月三日記又題奉使續到劉茂孫

按此二人應即刻在張良祐孟簡之後

唐崔詞謁禹廟詩元和十一年

〔嘉泰會稽志〕杜專正書陳章甫序釋惠通八分書開元二十載孟秋宋之問詩附元和十一年八月陳翊書

唐庾肩吾孟簡禹廟詩元和十一年

〔嘉泰會稽志〕謝楚行書元和十一年八月二十六日

唐祖先生墓志元和十四年

〔徐鉉祖先生墓志序〕門生彭汭補郡倉掾社祭齋於延慶寺夢白衣書生曰某有少文詞在此室司倉當見之寤於戶下得石方尺彷彿有賀監字以水滌之乃進士許鼎所撰祖先生墓志也其文云通和先生祖貫字尙之范陽人工詩修黃老術初賀監有攝生之妙近數百年不

死荷筊賣藥近在天台山升遐徧於人聽元和己亥先生遇之謂曰子寬中柔外可以語道後十年遇爾於小有乃授斷穀丹經吞一粟則十年不饑一日謂門人曰賀公之期至矣乃沐浴委化〔范文正公跋〕仲淹自丹陽移領會稽首途之日過邵餗逸人溪齋因話照湖事逸人曰客有自江夏寄唐人許鼎所撰祖先生墓志頗言賀監之異出而示予辭精理遠徐常侍鉉爲之别序既抵郡訪天長觀即賀公之舊居也嘆其正堂庳陋已甚乃命工度材而新之又刻徐公所序之文以廣遊人之觀採焉尚書吏部員外郎知越州軍事范仲淹述康定元年三月二十日立

唐禹穴碑 寶歷二年

〔趙氏金石錄〕鄭魴撰序元稹撰銘韓杍材行書寶歷二年九月〔嘉泰會稽志〕禹穴碑陸滂篆額寶歷景午秋九月作後有大和元年八月三日中山劉蔚續記二行在龍瑞宮又云碑陰有元稹幷僚屬十一人官位名氏幷拜禹廟詩一首末有章草一行

唐春分投簡陽明洞天幷繼作 大和三年

〔復齋碑目〕元威明白居易撰王壔分書劉蔚篆額大和三年正月十五日立在龍瑞宮

唐越州衙前總管杜義墓志 大和三年

〔嘉泰會稽志〕沙門東乂述大和三年四月二十四日葬淳熙壬寅呂氏營葬紹興府九里得此甎志攜歸諸暨

唐法華寺二十韻詩大和八年

〔集古録目〕唐越州刺史李紳撰徐浩書大和八年李紳自序云大和甲寅歲遊寺刻詩於壁詳自序所言似紳自書然以端州題名較之字體殊不類

唐越州都督府戶曹參軍齊饞墓志開成三年

〔嘉泰會稽志〕蔣環撰正書無姓名開成三年四月窆于會稽玉笥山之南原石不知所在

唐賜李褒改大中禹跡寺勒無年月

〔嘉泰會稽志〕無歲月當是大中年間碑在本寺

唐王修巳書尊勝經幢咸通十五年

〔嘉泰會稽志〕王修巳書尊勝經正書小字咸通十五年歲次甲午三月丁亥在禹跡寺

唐雲門寺畫華嚴經變相讚無年月

〔嘉泰會稽志〕馬鴻篡田琦分書無歲月

吳越錢武肅王廟碑後唐長興七年

〔嘉泰會稽志〕吳越武肅王祠在府東南四里本甚閎壯歲久墮圮今僅餘四楹有巨碑舊在廡下今乃立荒園中皮光業之詞也具載唐長興七年吳越王棄宮館後二年嗣王建廟於越按長興後唐明宗年號止於四年而崩歷閔帝淸泰帝凡三年而晉高祖卽位改元天福若不數閔帝淸泰則七年乃天福元年劉恕吳越紀年稱天福元年七月乙卯立武肅王廟於東府今攷之碑與紀年雖不同其實皆歲丁酉淸泰廢閔帝爲鄂王晉祖追貶淸泰爲庶人皆削其年號而天福改元以其年十一月則十一月以前皆長興七年矣漢高祖削晉出帝開運之號稱天福十二年亦用此比也然武肅王實以壬辰歲薨文穆王襲位壬辰蓋長興三年不得云長興七年吳越王棄宮館後二年嗣王建廟於越焉按五代史及劉恕紀年開皇紀吳越備史皆言武肅王以三年薨則碑爲誤然碑當時立光業爲其國丞相亦不應誤繆至此蓋皆不可知光業日休子也

吳越忠懿王貽書石刻

〔嘉泰會稽志〕在會稽縣南三十一里雍熙院院有吳越忠懿王在國時貽書石刻其一曰報雲門山淨名菴長老重曜今差人賚到白乳茶三十斤稜瓷香爐一隻衙香五斤金花合盛重五十兩仍支見錢一百千文足陌可親入懺保安遣此示諭不具押字付其一曰報越國雲門

山淨名菴長老重曜昨據節度使錢儀申所請爲官中入懺保安事具悉師心鏡絶塵衣珠無類脩釋氏務三之訓得淨名不二之宗洎掛錫寶坊棲眞玉筍節使素欽於景行遠有來聞國家因罄於精誠遂可其請況奇峰正聳炎景斯煩非坐非行頗勞精進煩心引領尤愧忠勤今則再賜到乳茶三十斤乳香三十斤至可領也夏熱想得平安好故茲告諭想宜知之不具押字付長老重曜此亦可略見錢氏下書境内之體

宋刻曹娥碑元祐八年

在曹娥廟碑後題云宋元祐八年正月左朝請郎充龍圖閣待制知越州軍州事蔡卞重書又一碑明嘉靖元年内宮監太監賴恩重建集李北海書

宋修南鎮廟記崇甯四年

〔萬歷會稽縣志〕崇甯四年王賨深記

宋高宗御書廣孝寺額紹興十八年

在雲門山廣孝寺前碑高丈餘題云傳忠廣孝之寺六字中間又題小字云賜傳忠廣孝寺有璽文二其一曰御書之寶其一作戊辰兩字當是高宗十八年所賜也

宋雲門寺壽聖院記紹興二十七年

〔名山勝概記〕紹興丁丑十一月十七日陸游撰康熙中僧慧雲于大路旁得一碑于荊莽中洗而視之乃宋壽聖院碑在會稽縣東四十里

宋重建華嚴寺記 慶元五年

在府治東五里華嚴寺慶元五年八月甲子中大夫寶章閣待制邑人陸游撰後有前明邑人季本題跋四行蓋嘉靖二十九年重刻本也

元刻陀囉呢經咒石幢 大德五年

在府城開元寺前臨河前後剝蝕難讀上有題記十八行亦不甚辨其大略云按會稽志及圖經所載後唐長興元年吳越武肅王奏以節度使董昌故第造寺建炎庚戌例遭煨燼致寺前河步及四圍基地皆爲居民佔住逮至元二十七年欽奉聖旨復舊基云云又有云重建法幢端爲祝延聖壽萬安皇圖鞏固民康物阜雨順風調願佛法久住世間使羣品正信不斷歲次辛丑大德五年九月庚申開元寺僧守模等衆立

元員嶠眞逸題名 皇慶元年

在禹廟窆石上題云員嶠眞逸來遊皇慶元年八月八日凡十四字作二行按夏士良圖繪寶鑑云李偶字士宏號員嶠眞逸官至集賢侍讀學士又戴表元剡源草及鐵網珊瑚俱載其名

河東太原人也

元紹興路修禹廟碑記泰定元年

〔宏治志〕泰定甲子韓性撰

元致祭南鎮昭德順應王文致和元年

致和元年廿九日行書下刻與祭記

元會稽縣儒學重建大成殿記至順元年

在會稽縣學宫至順改元安陽韓性記文林郎紹興路總管府經歷翟思温書朝散大夫同知紹興路總管府事武元特篆額會稽縣儒學教諭薛元德立石

元會稽縣重修儒學記至正五年

在會稽縣學宫承務郎江浙等處儒學副提舉李祁文承務郎紹興路總管府推官貢師泰書大中大夫秘書卿泰不華篆額至正五年龍集乙酉七月庚戌建

元重建旌忠廟記至正七年

在府治東南三里長慶寺側今名唐將軍廟甯國路儒學教授夏泰亨記郡人吕中立書太中大夫秘書卿泰不華篆額至正七年將仕郎紹興路録事司達魯花赤篤列圖將仕郎紹興路

錄事徐觀及士民李節十五人同立石

元會稽縣修學記至正二十五年

在會稽縣學宮至正二十五年九月郡士王宥記幷篆額

元稽山門甕城開路碑至正二十六年

在府城稽山門外前後剝蝕不辨有云司徒隴西公領兵按台云云後有始工於至正二十六年二月等字

元稽山書院記至正間

〔天下金石志〕至正間吳衍撰在府治南四里

補遺

會稽石碑西谿叢語云舊於會稽得一石碑論海潮陰陽依附極有理不知其誰氏

唐題禹廟寶林二詩集古錄目唐會稽令徐浩撰幷書

唐越州大雲禪師碑李邕撰幷書于奕正天下金石志云在府治

唐塗山銘柳宗元撰

唐人禹廟題名在禹陵

唐人陽明洞題名在飛來石上

唐人雲門寺題名在寺前麗句亭

唐人廣孝寺詩刻在寺前麗句亭

吳越錢武肅王書大吉二字在府城東南三十里跳山石壁上

宋雍熙院題名范純仁弟兄等在雲門寺南一里

宋楊時窆石題名在禹陵窆石上今剥蝕

宋人陽明洞題名在飛來石上

宋人廣孝寺詩刻在雲門寺前麗句亭

宋大禹陵頌諸葛興撰在會稽

宋諸陵碑凡七種在會稽縣之寶山見古今石刻碑目

宋會稽縣重建社壇記萬歷志陸游撰

宋裘氏義門留題詩石刻傅淳作序

元會稽佳山水五字石刻古今石刻碑目趙孟頫書在會稽朱宗伯園中

元禹廟碑鄧文原撰

元雲門廣孝寺記萬曆志虞集撰

元修明覺寶掌寺記會稽縣志韓性撰

經籍志

經部 見府志卷七十七

易類

易釋象五卷（宋史藝文志）曾幾撰 案幾從南渡家於越

周易講義九卷（宋史藝文志）夏休撰 案休會稽人

易訓三十卷（宋史藝文志）倪思撰 案經義考又有易說二卷 思徙會稽因家焉

讀易管見五卷（周易纂疏）宋孫嶸叟著 會稽人 咸淳丙寅倅新安刊於郡齋

繫辭舉易一卷 孫嶸叟撰

易旁注（經義考）韓信同撰 閩大紀 信同字伯循 會稽人 居甯德

大易傳稿繫詞圖解（萬歷府志）董玘撰

周易筆意十五卷（焦氏經籍志）陶廷奎撰（經義考）會稽人

周裔札記（萬歷府志）羅頎撰 紘之子

周易通解易圖說（萬歷府志）沈束著 字宗約 會稽人

文言說內外（黃氏書目）沈束撰

易學義林十卷（焦氏經籍志）顏鯨撰（經義考）鯨字應雷會稽人明史同

義經講義（李志）楊學泗撰崇禎時人

易略三卷（明史藝文志）陸夢龍著字景鄴

周易卦義二卷（明史藝文志）徐奇著字而法

兒易內儀以六卷兒易外儀十五卷（四庫書目）倪元璐撰內儀以專以大象釋經以六十四卦大象皆有以字故以爲名也

大易牀頭私録（會稽縣志）董懋策著其姪暹纂集

尺木堂學易志三卷（會稽縣志）馬權奇撰字巽倩

易經解馬權奇撰

易經存是（陶氏族譜）陶履卓撰

周易末義二卷（經義考）董期生撰會稽人字伯音

大易注（李志）童汝槐撰會稽人

讀易輯衆六卷會稽魯曾煜撰曾煜官庶吉士此其擬進之本

周易辨疑（浙江通志）會稽傅性哲敏水著

樵陽卦圖一卷會稽史積璟撰乾隆丁卯舉人官教諭

周易說五卷（會稽續志）黃度著字文叔欽定四庫書目作七卷

書類

昆命元龜說（書錄解題）倪思撰

書說七卷（書錄解題）黃度撰按（寶慶會稽續志）度會稽人書說二十卷

書辨疑一卷韓性著元史本傳

洪範八十一廓（萬歷會稽志）沈宏道撰

書解（兩浙名賢錄）沈束撰

洪範說（兩浙名賢錄）沈束撰

尙書箋注董期生著

洪範注（李志）童汝槐撰會稽人

尙書論文清徐廷槐撰

禹貢彙鈔清徐廷槐撰

詩類

詩說三十卷（寶慶會稽續志）黃度撰

詩抄（萬歷會稽志）胡純撰

詩解（兩浙名賢錄）沈束撰

詩經誌（會稽縣志）馬權奇撰

詩經內傳三十二卷外傳二十卷（會稽縣志）陸曾煜撰字章之

三家詩拾遺十卷（四庫書目）清范家相撰因王應麟詩考補其所遺併稍變其體例（皇朝文獻通考）家相字蘅洲會稽人乾隆甲戌進士官至柳州府知府

詩瀋二十卷（四庫書目）范家相撰斟酌於毛詩朱傳之間而斷以己意考證頗有可採（皇朝文獻通考）拾遺所採頗爲該博詩瀋則其伸明古義者也

春秋類

春秋素志三百一十五卷春秋麟臺獨講十一卷（宋史藝文志）夏休撰

春秋折衷十二卷（宋史藝文志）吳孜撰

春秋解（兩浙名賢錄）沈束撰

春秋貫玉四卷（明史藝文志）顏鯨撰

春秋所見所聞所傳聞三卷（明史藝文志）陸曾煜撰

春秋鞫說（經義考）倪元璐撰

麟經誌（會稽縣志）馬權奇撰

春秋經傳箋注（李志）董期生撰會稽人

春秋五傳倪元瓚撰

春秋訂傳（浙江通志）張鉞撰

禮類

周禮五官說五卷（內閣書目）黃度撰

周禮說五卷（書錄解題）宋進士會稽夏休撰不解考工記葉水心序之

周禮井田譜二十卷（書錄解題）會稽夏休撰

讀禮疑圖（聚樂堂藝文志）季本撰

周禮解（兩浙名賢錄）沈束撰

右周禮

儀禮注一卷（唐書藝文志）孔倫撰（經典釋文）倫字敬序會稽人

集注喪服經傳一卷（隋經籍志）晉盧陵太守孔倫撰

右儀禮

破禮記二十卷（宋史藝文志）夏休撰

禮經約（宏治府志）楊維禎撰

禮記箋注董期生撰

右戴禮

禮抄胡純撰

右通禮

樂類

律呂說（兩浙名賢錄）沈束撰

孝經類

廣孝經十卷（唐書藝文志）徐浩撰

孝經解（李志）陶履卓撰

四書類

論語注十七卷（七錄）虞遐撰會稽人

論語義證二十卷（宋史藝文志）倪思撰

右論語

大學辨一卷（經義考）宋倪思撰

大學解（萬歷志）一作僻解宋石𡼖撰

大學中庸講意（會稽縣志）董懋策撰

右大學

中庸集義一卷（宋史藝文志）倪思撰

中庸集解二卷中庸輯略（書錄解題）會稽石𡼖子重撰

右中庸

四書一貫錄（宏治府志）元楊維禎撰

四書標注（經義考）韓信同撰

四書正學衍說八卷（經義考）陶廷奎撰

四書發明（會稽縣志）董用時撰字公權

四書解陸夢龍撰

四書正訛（陶氏譜）陶履卓撰

四書辨疑（浙江通志）傳性哲敏水撰

四書偶見六卷清馬騆撰

四書博徵一百二十卷會稽陶及申式南撰

右四書總

五經總義類

五經鈎沉十卷（隋書經籍志）晉楊方撰案崇文總目作五卷方會稽人

五經要旨五十卷（通志藝文略）齊唐撰

經説二十卷（萬歷府志）宋曾幾撰

羣經感發十卷（會稽續志）俞亨宗撰

五經鈐鍵（宏治府志）元楊維禎撰

詩禮抄（萬歷會稽縣志）胡純撰

小學類

字原（蕭山志）陸曾煜撰

字學類正陶及申撰

右字書

詩音釋一卷（元史本傳）元韓性撰

詩經音考（宏治府志）元夏泰亨撰字叔通會稽人

右音韻

史部同上

編年類

補正三史綱目（萬曆府志）元楊維楨撰

綱目前編三卷（明史藝文志）許浩撰

綱目參同（俞志）陸曾煜撰彙諸史考定（黄氏書目）作綱目答問

紀元本末十八卷清陶及申撰

平攘錄五卷（浙江採集遺書錄）明會稽諸葛元聲撰錄隆萬兩朝平倭答平都蠻平甯夏平日本平播州之事各系以贊商濬謂其事覈而簡庶幾實錄

雜史

藝祖憲監三卷仁皇從諫錄三卷（宋史藝文志）黄度撰

詔令奏議類

經緯集十四卷（書錄解題）會稽孫沔元規撰

策論十卷（宋史藝文志）齊唐撰

諫垣集三十卷諫垣遺稿五卷（宋史藝文志）錢彥遠撰

奏議雜著一卷（會稽續志）黄度撰

胡獻簡奏議八卷臺評二卷（書録解題）會稽胡沂周伯撰

齊齋奏議三十卷掖垣繳論四卷銀臺章奏五卷諫論二卷（書録解題）倪思撰

章守誠疏稿（俞志）章守誠撰

奏議稿（萬歷府志）祁司員撰

南川奏議二卷（焦氏經籍志）陶諧撰

制誥四卷陶望齡撰

代言録五卷（黄氏書目）倪元璐撰

回奏復社疏一卷（黄氏書目）倪元珙撰

奏牘三卷講編附（尤氏藝文志）倪元璐撰

澄淮録奏疏二卷文告十卷陶式玉撰

傳記類

會稽先賢像贊四卷（唐書藝文志）賀氏撰

會稽太守像贊二卷（唐書藝文志）賀氏撰

會稽先賢像贊五卷（隋書經籍志）無撰人名

會稽先賢祠傳贊二卷（宋史藝文志）史浩撰

越殉義傳六卷清陶亦魯俞忠孫輯

右本郡傳記總類

石帆山人年譜一卷會稽周長發自撰

會稽陶氏宗譜明陶憣初纂陶望齡奭齡定陶崇道輯清陶作楫陶式玉重輯陶元藻增輯

右本郡年譜族譜之屬

富春人物志（續文獻通考）楊維禎撰

竹帛流芳（靜志居詩話）明胡溫撰載元忠臣義士幷貞烈女叙其本末系之以辭類鐃歌

五倫志古編（會稽縣志）徐奇撰

歷代名賢錄（會稽縣志）徐奇撰

名臣言行錄（會稽縣志）馬權奇撰

理學儒傳倪元瓚撰

右傳記總

盧陵王傳一卷（書録解題）唐會稽徐浩季海撰

謝皋羽年譜一卷（皇朝文獻通考）徐沁撰字埜公會稽人

右世家年譜之屬

史鈔類

三史綱目（宏治府志）楊維楨撰

通史緣起二十卷（讀書附志）會稽吳衞撰

漢史筆記（尤氏藝文志）胡粹中撰

讀史日抄（兩浙名賢録）陶大年撰

南史節略十卷（陶氏譜）陶望齡撰

簡要録（會稽縣志）陸曾煜撰

史剛十卷林辰著會稽人

右吳越

朝鮮世紀一卷（讀書敏求記）會稽吳明濟子魚撰

右列國

地理類

紹興郡志八卷　元韓性撰　元史本傳

越郡志略十卷（明史藝文志）司馬相撰相會稽人正德十六年進士刑部主事福建僉事以大獄不稱上意讁歸

紹興府志（浙江通志）康熙癸亥知府王之賓聘郡人董欽德修

會稽縣志二十八卷（浙江通志）康熙癸亥知縣呂化龍聘邑人董欽德修

右本郡山水之屬

潮候集（兩浙名賢錄）沈東撰

復鑑湖書（萬歷府志）慶元中會稽尉徐次鐸撰

右本郡海塘水利之屬

曹江孝女廟志十卷（浙江通志）康熙丁未邑人印繪張顯同輯沈志禮序（皇朝文獻通考）沈志禮撰字範先會稽人官至廣東按察使自序曰印文學君素初編張明經顯續纂俱未成志禮乃因舊重輯云

會稽九頌一卷（會稽續志）諸葛興撰九頌者大禹陵嗣王二相越王馬太守廟王右軍祠賀監祠城隍神祠曹娥祠

越郡名園記祁彪佳撰

會稽百詠一卷（嘉靖山陰志）羅紘撰

和會稽懷古詩一卷（黄氏書目）紹興府學訓導戴冠撰

廣會稽風俗賦一卷陶元藻撰

右本郡賦詠

泗洲志（萬歷會稽縣志）胡純修

崇安志（萬歷會稽縣志）胡純修

順天府志六卷（明史藝文志）沈應文撰

九江府志二十一卷陸夢龍撰

古今疆域合志倪會鼎撰

彭水縣志清陶文彬撰

河南府志一百十六卷鄢陵縣志二十一卷知府會稽施誠修

湖南永順府志知府會稽張天如撰永順本土司地舊無志天如創爲之

延平府志三十二卷陶元藻撰

同安縣志十六卷陶元藻撰

右郡邑

瀛涯勝覽一卷（黄氏書目）馬歡撰會稽人

廬山志博山志（俞志）會稽范礽撰

西湖夢尋五卷（皇朝文獻通考）張岱撰字陶菴號蝶菴居士會稽人僑寓錢塘

右山水

鵝湖書院志（俞志）會稽范礽撰

白鹿洞志（俞志）會稽范礽撰

右學校

北征錄七卷（宋史藝文志）倪思撰

宦轍遠遊記（萬歷府志）陶大年撰

明道書院紀績四卷（皇朝文獻通考）章秉法撰字程叔號惺村會稽人由諸生以軍功開墾官江甯都司

右雜紀

職官類

齊齋臺諫論二卷（書錄解題）倪思正父撰

政書類

歷代邊防六卷屯田便宜一卷（會稽續志）黄度撰

合宫嚴父書一卷（宋史藝文志）倪思撰

仁政治民書二卷（書錄解題）宋秀州司戶會稽丁銳集

明刑盡心錄二卷（書錄解題）丁銳集銳爲鄂州司理又集此書

辨太常禮官議定九章冕服一卷（内閣書目）宋景定元年夏休撰進

治河明鏡清陶師孟撰會稽人

理雷條議南人月教治河議（俞志）清董期生撰

審克編鐏于編（俞志）清會稽范礽撰官同知

目錄類

唐碑帖考四卷（浙江採集遺書錄）明會稽周錫珪撰專考唐碑

史評類

遷史刪改古書異辭十二卷（書錄解題）倪思撰

史通（續文獻通考）宋黄度撰
史義拾遺二卷宋遼金正統辨一卷（黄氏書目）楊維楨撰
歷代史鉞二百卷（萬歷府志）楊維楨撰
讀史筆記（萬歷府志）元胡粹中撰
元史評（萬歷府志）元胡粹中撰
通鑑正誤（宏治府志）胡粹中撰
孟叔子史發（浙江採集遺書錄）明會稽孟稱舜撰取古人事蹟爲論四十篇始許由終謝枋得
歷代史論（會稽縣志）徐奇撰奇又有名賢論
宋史闡幽二卷元史闡幽二卷（餘姚志）明許浩撰浩取二史可爲法戒者著論若干篇同邑謝遷爲序（明史藝文志）作三卷許浩誤許誥（浙江採集遺書錄）浩官桐城訓導
觀史雅言（會稽縣志）范櫝撰
羣史目倪元瓚撰
子部見府志卷七十八
儒家類

魏子三卷（隋書經籍志）後漢會稽魏朗撰

學苑精英三十卷（寶慶會稽續志）齊庫撰亦作精微

記善錄十卷（會稽續志）李孟傳撰

圖書管見一卷（明史藝文志）許誥撰

樵問太元論凭几論（萬歷會稽縣志）沈宏道撰

聖學宗傳習要聖學詠和篇理學存書（會稽縣志）徐奇撰

理學淵源四卷周徐彩撰

右理學

兵家類

兵略十卷（會稽續志）李光撰

兵法赤牘（尤氏藝文志）沈鍊撰

相馬經晉支遁撰

醫家類

張氏類經四十二卷（欽定四庫書目）明張介賓撰按介賓字景岳

景岳全書六十四卷（四庫書目）明張介賓撰

類經圖翼十一卷附翼四卷（浙江採集遺書錄）明會稽張介賓撰本內經素問靈樞分類纂輯詳注五行生化及經脈所在著爲圖說以志翼經之意

醫家恆言清徐廷槐撰

右醫術

本草正訛補遺（黃氏書目）徐昇泰撰字世平會稽人補綱目所未備

右本草

痘瘄一家言清徐廷槐撰

右幼科

肘後方六卷（隋志）葛洪撰梁三卷陶宏景補闕肘後百一方九卷（浙江採集遺書錄）葛仙翁肘後衞急方八卷本葛洪撰屢經後人增損有洪自序陶隱居序今本爲明嘉靖間呂顒重刊

右方書

天文算法類

窺天錄（會稽縣志）陸曾煜撰

右天文

西國七曜歷一卷刻漏規矩一卷（宋史藝文志）錢明逸撰

右算法

術數類

周占三墳緜辭（黄氏書目）連成璧撰字如白會稽人

右五行占卜

地理指迷摘錄地學摘錄清徐廷槐撰

右地理

藝術類

書譜一卷古蹟記一卷（唐書藝文志）徐浩撰

書品一卷（宋史藝文志）徐浩撰

百官鐸譜倪元璐撰

官子譜陶式玉撰

譜錄類

蟹譜（書錄解題）怪山傅肱子翼撰（四庫書目）二卷宋傅肱撰上卷多採舊文下卷肱所自記陳振孫云嘉祐四年序稱怪山者越之飛來峯也按越之怪山一名飛來峯

雜家類

梅山叢書二百卷物原二卷（明史藝文志）羅頎撰

慈山雜著（萬曆府志）徐守誠撰宏治時人

古今評録四卷（浙江採集遺書録）明會稽商維濬撰前半多論史事後半兼録二氏九流之言并見聞所及

治格會通二百七十卷倪會鼎撰

識大録二十卷識小録二十卷清周徐彩撰

類書類

百衲十卷清徐廷槐撰

恆言原始十卷周徐彩撰

虚字韻編十二卷陶元藻撰

小説家類

青雲總録（青雲新録）宋錢易撰（宋史本傳）按易先世臨安人其父倧爲胡進思所廢始居會稽

南部新書錢易撰（宋史本傳）（四庫書目）入小説家

洞微志錢易撰

會稽新録一卷（宋史藝文志）羅邵撰

經鋤堂雜志八卷（書目解題）宋倪思正甫撰

霏雪録二卷（浙江採集遺書録）會稽劉績撰皆雜説多論詩文語

復齋日記明許浩撰

竹屏偶録見聞瑣録宦轍私記（兩浙名賢録）陶大年長卿撰會稽人

稗海三百六十八卷（明史藝文志）商濬撰（黄氏書目）稗海二百七十三卷續稗海一百三十八卷商維濬撰會稽人（浙江採集遺書録）稗海共四百四十六卷明尚書會稽商濬輯自序謂取鈕氏世學樓藏本選校付梓而近世郎廷極序云是書纂於會稽鈕黄門石溪其甥商景哲雕之距今百五十年余近得其版於襄平蔣氏從而釐補凡爲種七十有四

太平廣記節要十卷（陶氏家傳）陶作楫撰

癸亥消夏録丁卯鴈南編戊辰雜編茅渚編茅渚雜編清徐廷槐笠山撰

道家類

莊子解五卷（濟生堂書目）陶望齡撰

老子解（會稽縣志）馬權奇撰

訂注參同契經傳三卷（明史藝文志）商廷試撰會稽人

南華經注八卷陶作楫撰

南華簡鈔四卷（皇朝文獻通考）徐廷槐撰字立三號笠山會稽人雍正庚戌進士

得一參五七卷（皇朝文獻通考）姜中真撰會稽人是書闡明修煉之旨所注陰符經道德經各一卷參同契三卷黄庭經悟眞篇各一卷爲書凡五故以得一參五名之

參同契注三卷悟眞篇注四卷會稽陶式玉撰

釋家類

涅槃經夾注八十卷（宋高僧傳）越州僧禮宗著姓朱氏會稽人

涅槃會疏（浙江通志）雲門釋圓澄撰

金剛三昧經注解一卷（澹生堂書目）圓澄撰

法華意語（浙江通志）釋圓澄撰

思益梵天所問經解（浙江通志）圓澄撰

楞嚴妙指十卷明工部尚書會稽王舜鼎墨池撰

楞嚴評徐廷槐撰

律宗引源二十卷（宋高僧傳）唐會稽雲門寺僧靈澈撰

發正義記十卷（宋高僧傳）唐會稽開元寺僧曇一著姓張氏

雲門湛禪師語錄八卷（經山志）圓澄著紹興人

宗鏡廣刪十卷（黄氏書目）陶望齡撰

宗門或問慨古錄一卷（澹生堂書目）圓澄撰

五燈法語二十二卷（浙江通志）釋圓澄輯

集部同上

別集類

楊方集二卷（隋書經籍志）亡（晉書本傳）字公回會稽人高涼太守梁有

虞預集十卷錄一卷（隋書經籍志）梁有亡（晉書本傳）字叔甯喜之弟所著詩賦碑誄論難數十篇

秦系詩一卷（唐書藝文志）本傳字公緒會稽人

嚴維集一卷（書錄解題）嚴維撰

元英集八卷（四庫書目）方干撰郡齋讀書志方干詩集一卷干字雄飛歙人居越

僧靈一集一卷（書錄解題）唐僧（續文獻通考）越中雲門寺律師

僧淸江詩一卷（全唐詩）會稽僧

以上唐人

金閨瀛洲西垣制集一百五十卷　錢易希白撰（宋史本傳通志）錢易集六十卷（書錄解題）有滑稽集四卷歌詩二卷

少微集三十卷　（寶慶會稽續志）齊唐著字祖之（宋史藝文志）策論十卷齊唐撰

孫沔集十卷　（宋史本傳）字元規會稽人

會稽公集一百卷　吳越武肅王五世孫勰著字穆父見李綱贈少師錢公墓誌易之孫彥遠之子

西山老人集　（萬歷府志）胡直孺撰家傳云二十四卷

茶山集八集　（四庫書目）宋曾幾撰按曾文清南渡後居禹蹟寺陸游詩學之茶山文集本三十卷

胡獻簡詞垣草四卷　（書錄解題）宋禮部尚書會稽胡沂周伯撰

以上宋人

飲冰餘味集　（萬歷會稽縣志）施鈞著字則夫

矩軒文集　（萬歷會稽縣志）元夏泰亨叔通著

以上元人

丹崖集八卷　（焦氏經籍志）唐肅著宋濂丹崖集序唐處敬名肅會稽人

竹齋集三卷續集一卷附錄一卷　（四庫書目）王冕撰竹齋集其子周編有詩無文續集駱居敬編兼載詩文行狀一卷亦居敬所附續集所收皆畫梅詩

按冕字元章會稽人

蘭坡集十二卷（嘉靖山陰志）羅紘著，字孟維，子周有梅隱稿十八卷、新有介軒稿八卷、孫頎字儀甫有核軒集

以上明初及元末遺老

郭考功文集（宋濂集）郭傳撰，字文遠，會稽人

以上明洪武時人

石軒集（宏治府志）漏瑜著，字叔瑜，會稽人，建文時人

質庵集（兩浙名賢錄）章敞著，字尚文，會稽人，進士

砥菴集（宏治府志）卲廉著，字思廉，會稽人，辛卯鄉貢

以上明永樂時人

衡軒集（宏治府志）韓琬著，字藎臣，會稽人，庚午鄉貢

竹莊集四十卷（兩浙名賢錄）章瑄著，字用輝，會稽人，丙子鄉貢

紀行集（黃氏書目）朱𥌎著，字元肅，會稽人，丙子鄉貢

以上明景泰時人

漸齋稿（宏治府志）會稽胡謐著，字廷慎，丁丑進士

以上明天順時人

董文簡集（會稽縣志）董復著字德　乙未進士

臨城集克齋稿（萬歷會稽志）章忱著字景恂戊戌進士

矩菴漫稿六卷（黃氏書目）陳鎬著會稽人丁未進士

以上明成化時人

克齋稿（萬歷府志）陶懌著字習之會稽人庚戌進士

南川漫遊稿（明詩綜）陶諧著字世和會稽人按分省人物考又有西行北上洪都中州行臺贈遺等稿丙辰進士陶氏譜莊敏公文集浙江採訪遺書錄南川稿十二卷

董玘文集六卷（明史藝文志）分省人物考中峯集六卷董玘著字文玉會稽人按焦氏經籍志文簡集二卷今本中峯選集十一卷乙丑進士

以上明宏治時人

雙溪稿（萬歷會稽志）胡純著字惟一

西湖治輿二卷（明詩綜）王瀛著字元溟會稽人

以上明正德時人

青霞集十一卷年譜一卷（四庫書目）沈鍊撰（明史藝文志）鳴劍集十六卷青霞山人集五卷（萬歷會稽志）靑霞山人集五卷鳴劍集六卷續集六卷塞垣尺牘戊戌進士浙江採訪遺書錄十六卷

屏南集十卷（明史藝文志）沈束著會稽人甲辰進士（黃氏書目）潮矦集雜體詩稿

鳴春樓集（陶大有撰字同野會稽人甲辰進士山西按察副使）

以上明嘉靖時人

世澤編十六卷（明詩綜）羅萬化著字一甫會稽人戊辰進士

以上明隆慶時人

鏡心堂集十六卷（明詩綜）陶允宜著字懋中會稽人按澹生堂書目有駕部選稿十五卷甲戌進士

徐中丞文集（會稽志）徐如翰著辛丑進士

今是堂集（會稽志）陶奭齡著字君奭癸卯鄉貢（浙江採集遺書錄）今是堂集十一卷又有喃喃錄

憨生集黔行集陸夢龍著字孟啓庚戌進士（浙江採集遺書錄）黔行錄六卷夢龍初官廣西提學僉事時作

以上明萬歷時人

倪文貞集十七卷續編三卷奏疏十二卷講編四卷詩集四卷（四庫書目）倪元璐撰（明史藝文志）奏牘三卷詩文集十七卷

以上明崇禎時人

竹笑軒吟草（浙江通志）李因著字是菴

以上閨秀

樸園集〔兩浙名賢外錄〕釋元澍著字天鏡住靈隱

以上釋子

詠風軒詩文集三十卷〔俞志〕董期生戒山撰官淮南知府康熙癸酉舉人

約莫齋文集問山集〔浙江通志〕傅揆重叙之撰

望舒樓集八卷〔浙江通志〕錢霍去病著

魯齋文集二十卷花隱居詩稿十二卷〔陶氏家譜〕松茂道陶作楫撰

歷游草〔越風〕山東提學道唐孱堯撰

學村園稿〔越風〕董瑒撰

蘿村詩集〔越風〕羅坤宏載撰諸生康熙己未召試鴻博

綠蘿山房文集二十四卷詩集三十三卷〔皇朝文獻通考〕胡浚撰字希張號竹岩康熙庚子舉人

浮筠草〔越風〕俞式玉撰字徵仲

亦言集任俠撰諸生

施蓮溪詩鈔施敞撰康熙己卯舉人

摩雲草金臺草錦江集武夷集方壺哀思草陶文彬撰

海槎集金虞廷撰康熙乙酉舉人

補山詩存金以成撰康熙戊戌進士官編修知兗州府

幾山文選二十卷名山藏詩稿周徐彩粹存撰康熙庚子舉人

玉屏山房集章大來撰諸生

白坡詩選章琦撰明經

秋塍文鈔十二卷三州詩鈔四卷（皇朝文獻通考）魯曾煜撰字啓人號秋塍康熙辛丑進士改庶吉士乞養親歸（浙江遺書錄）三州者杭州汴州廣州也

會心樓文集（浙江通志）張鉞撰

鶴泉詩集章鍾撰諸生

王雨林詩王汝霖撰雍正癸卯舉人

夏大田詩夏兆豐撰雍正癸卯舉人

燭溪剩言范鑄撰

十三樓詩集王錫衮撰諸生

山暉堂集孟士楷撰字孔木

蘭皐詩選丁鶴撰官訓導

竹中巢詩草王鶴齡撰官訓導

筍莊詩鈔孟駿藥山撰明經

青琳堂詩鈔韓咸撰

墨汀文鈔十卷詩六卷徐廷槐笠山撰雍正庚戌進士

西洲類稿宋祖昱斌貽撰諸生

章勉成詩章全人撰

彭麓詩鈔成達可撰諸生

質園詩集三十二卷〔皇朝文獻通考〕商盤撰字蒼雨又號寶意雍正庚戌進士官編修改授同知終元江府知府

籠鵝館詩稿王汝爲志宣撰

囂囂集宗逢時與偕撰

曙林詩意陶愈隆夢黎撰雍正癸卯進士官臨海令

錦水詩集黃輅乘殷撰雍正間武進士

東岬山樵集章兆曾撰官澄海令

節霞詩存　俞忠孫祖臣撰

密林詩集　章本成撰

書帶草堂集　鄭錫雲叟撰

學易軒詩稿　羅世芳撰乾隆丙辰庶常

鶴泉詩草　丁煌撰布衣

栗齋詩存　史積琦撰乾隆丙辰進士由編修改御史

繡墨軒集　傅調梅撰

港山存稿　俞永思鶴峯撰

筠厂詩文集十卷　陶及申撰

泊鷗山房集十八卷珠江集二卷　陶元藻撰

午莊賦草　陶廷珍撰

以上清

朝鮮詩選四卷〔黃氏書目〕吳明濟著字子魚

越風三十卷　商盤劉文蔚同輯

評定唐詩楷十卷陶元藻撰

右詩

古文章十六卷（書錄解題）宋石公輔編與孫巨源所輯古文相出入而稍多亦有史傳中抄出者首卷爲武王丹書其末蔡琰十八拍也館閣書目又有漢魏文章二卷集宋玉以下八十八首

文章粹金二卷周徐彩撰

右文

詠睢堂詩草（越風）商景徽上虞徐咸清室撰

綠窗集（越風）商采諸生羅蓴青室撰

環梅小住遺草（越風）胡雲英撰

曇花一現集（越風）商可撰

以上閨秀

高雲集（浙江通志）會稽平陽寺釋元宏石庭著

直木堂詩集七卷（皇朝文獻通考）釋本晝撰字天岳號寒泉子居平陽寺李鄴嗣序曰天岳詩非有人作序幾不知爲曲彔座上人也

以上釋子

詞曲類

碧山樂府二卷（歷代詩餘）王沂孫著字聖與一名花外集

羅村詞二卷（瑤華集）羅坤著字宏載

總集類

會稽掇英續集十卷（內閣書目）主簿黃康弼編次

明西江詩選十卷（百川書志）韓揚選編

綏安存雅三卷（浙江通志）章全人勉成輯

詩文箋注類

昌谷詩正謬（俞志）清董期生撰

李長吉詩注曾益撰王漁洋集

溫飛卿詩注曾益撰王漁洋集

詩文評類

李長吉詩評（俞志）徐渭董懋策同著

第一輯第二本

乾隆府志隸屬府城之部
李評府志屬於山陰之部
康熙會稽志校誤補遺

李越縵堂嘉慶山陰縣志評改本
又屬於會稽之部
道光會稽志稿校誤補遺

紹興縣志資料

李生翁題

中華民國二十六年二月

紹興縣修志委員會印

紹興縣志資料第一輯

屬於府城之部目錄

衙署見府志卷七建置志

府治〔嘉泰志〕據臥龍山之東麓是爲鎭東軍節度（原註）唐志越州舊號義勝軍後改爲威勝軍乾甯三年曰鎭東軍郎子城之東以爲軍門榜曰鎭東軍（原註）吳郎中說書參政王公綯立居府治之東東嚮大河卽舊經所謂簞醪河也橋曰府橋橋之北曰惠風亭（原註）今爲公庫酒肆直惠風亭北曰東亭今曰蓬萊館（原註）古以爲餞客之地唐人如宋考功輩有東亭詩史魏公改築因更今名然邦人猶謂之府東亭由軍門而西百二十三步折而北曰譙門（原註）榜賜大都督紹興府亦吳郎中說書楊文公皇祐中於此題東望詩云越山長青水長白越人長家山水國建炎二年翟公巽始製漏器篆名其上直譙門曰儀門（原註）或云其下卽謝夷吾墓夷吾知時將亂戒子孫懸棺葬焉直儀門曰設廳（原註）紹興元年九月高宗駐蹕會稽以州治爲行宮會當郊祀之歲乃行明堂大禮卽以設廳爲明堂前期下詔有曰朕將采宗祀明堂尊用皇祐二年四月詔書合祭天地並配祖宗蓋以太祖太宗配上帝一時緜蕝之儀實在此地也舊經云昔太元中謝輶爲郡守掘郡廳柱下深八尺得古銅罍可容數斗封題作越王字甚分明是今隸書輶以范蠡厭勝之術遂埋之今不識處廳西壁有顏魯公書康希銑斷碑王荊公集吳長文新得顏魯公壞碑詩云魯公之書既絕倫歲久更爲時所珍王平甫詩云吳卿獲此喜驚坐朝昏把玩過明珠是也設廳之後曰蓬萊閣（原註）元微之州宅詩云我是玉皇香案吏謫居猶得住蓬萊蓬萊之名取此故錢公輔詩云蓬萊謫居香案吏此語昔自微之始後人慷慨慕前修高閣雄名由此起程給事公闢爲守時秦少游猶未第來客焉數登蓬萊賦詩有次公闢韻云林聲槭槭動秋風共躡丹梯上臥龍路隔西陵三兩水門臨南鎭一千峯湖吞碧落詩爭發塔湧青冥畫幾重非是登高能賦客可憐猿鶴自相容張伯玉州宅詩序云越守王工部至和中新葺蓬萊閣成畫圖來乞詩工部乃王逵也設廳之東爲便廳（原註）元微之誇州宅詩云四面常時對屏陣一家終日在樓臺又云繞郭煙嵐新雨後滿山樓閣上燈初便廳之後

曰使宅（原註）建炎四年車駕再幸越州以州宅充行宮紹興元年移蹕臨安賜行宮充本府治所使宅之前曰清思堂（原註）張伯玉清思堂晝坐詩云白雲無事不肯去幽鳥有時還自來熙甯間趙清獻公亦有題清思堂詩今堂乃壓於便廳重屋之後略無所見以前人題詠考之恐非今處便廳之東曰靑隱軒（原註）政和間王公仲嶷作直靑隱軒之北曰招山閣閣之下曰棣蕚堂（原註）洪內翰邁所名且自爲記初內翰兄文惠公嘗守越取綸告中語名之閣之東爲複道以陟山麓曰采菊少北有亭曰晚對便廳之東少下爲府僉廳（原註）唐崔元翰判曹食堂壁記云越號中府連帥監六郡督諸軍設官之制劇曹皆二人紀綱之職亦分爲兩以統其事食堂之制陋而不稱太子少師皇甫公來臨是邦始更而廣之後二歲御史大夫崔公又爲之備食器增食物云按題名越帥皇甫溫崔昭也蓋大歷九年至十一年儀門之外兩廊爲吏舍儀門之西南嚮列署五爲安撫使僉廳（原註）唐吳蛻鎮東軍監軍使院記曰元帥彭城王平難帝命兼而鎮之上將軍汝南周公監護之乃命軍吏揆日經始累月工畢重門列楹顯敞豐博東廂西序窈窕深邃越城之中稱爲一絕時天復元年辛酉爲設廚爲省馬院爲甲仗庫爲公使錢庫公使錢庫之西北爲公使酒庫廳之兩廊爲複屋曰走馬閣東廊爲使宅之便門西廊曰架閣庫西廊之西曰軍資庫直軍資庫北曰清白堂（范文正公清白堂記）府署據臥龍山南之北上有蓬萊閣閣之西有涼堂堂之西有巖巖之下獲廢井泉清而色白淵然丈餘引不可竭因署其堂曰清白堂又建亭其側曰清白亭時康定元年二月也紹興初高宗回蹕越州昭慈聖獻皇后崩于西殿西殿卽今清白堂也清白堂之西曰賢牧堂（原註）以記攷之當是清白亭之故址越人卽以建范文正公祠堂者也其後史文惠公以趙清獻公並祀至方侍郎滋又以丞相朱忠靖公趙忠簡公參政張公守內翰翟公汝文配焉賢牧堂之西北曰極覽亭（原註）淳熙七年參政李公彥穎建極覽亭西南曰白涼館白涼館西南曰城隍廟由蓬萊閣而北少西焉經井儀堂故址（原註）錢公輔有井儀堂記登臥龍山絕頂

曰望海亭〔原註〕沈立越州圖序云刺史之居蓬萊閣望海亭東齋西園皆燕樂之最者舊經飛翼樓在州西三里高一十五丈范蠡所築以壓強吳也今望海亭卽其遺址飛翼亦作龍翼輿地志云重山有大夫種墓後潮水穴山失其尸今山西缺處是也故元微之望海亭詩云嵌空古墓失文種嵴兀怪石疑防風是也刁約記云祥符末州將高公紳植五桂於亭前易其名曰五桂後四十五年予假守訪舊迹亭與桂俱廢乃廣故基縱橫增四丈餘而亭始葺以元微之嘗有此亭詩復名曰望海時嘉祐辛丑仲冬既望由蓬萊閣而西曰崇善王廟〔原註〕卧龍山神祠也梁貞明三年吳越武肅王奏立直使宅之北曰望僊亭〔原註〕紹熙甲寅趙侍郎不流所建南依巖石北望梅山及海際諸山望仙者以梅福嘗隱故名之使宅之東北曰觀風堂〔原註〕曹徽歙泳所建由觀風堂而北少東爲曰觀德亭〔原註〕王尚書希呂所建習射于此始曰堵如王給事信爲守書今額改焉或云卽越王臺故址舊經云越王臺在種山東北唐李公垂詩云越王臺上少晴煙竇鞏詩云鷓鴣飛上越王臺由觀德亭而西歷桃蹊梅塢出使宅之北南走城隍廟下爲西園便門〔寶慶續志〕乾寗中董昌卽廳堂爲宮殿錢鏐爲節度乃撤而新之〔嘉泰志〕紹興元年駐蹕會稽改越州爲紹興府二年移蹕臨安詔復府治〔又云〕州宅自錢鏐再建壞而復修不知其幾嘉定十五年守汪綱悉治新之〔宏治志〕元以府治爲路廨至正中以路廨爲江南行御史臺而遷路廨於宋提刑司〔嘉靖浙江通志〕明洪武二年復以御史臺爲府治〔萬歷志〕廳事久且蠹敗宏治十一年知府游興新之嘉靖元年火知府南大吉修復之堂舊額曰公正於是改爲親民〔俞志〕府堂萬歷二十一年圮知府劉庚修之甫二年燬復建國朝康熙八年知府張三異修二十八年知府李鐸重修更名豐樂堂後漸傾頹五十二年知府俞卿

重建更名又新堂（俞卿建大堂記）越大堂久圮余因其舊基而新之儀門兩廡仍舊增修大門易以洞門堅固壯麗再構文昌閣以衛風氣堂後逼于山建九楹護之爲川堂東偏別構二堂以前廳事爲三堂次第修整大堂額曰又新川堂曰思補二堂曰學古經始於癸巳五月告竣於甲午六月入後爲思補堂思補之東爲學古堂思補之後磴道而上爲松風閣舊鎮越堂基也（鎮越堂宋汪綱創建）由儀門內東行爲知府宅有宅門有三門有堂由堂之東廡繞出爲陶月軒後爲書室三重由磴道折而上爲翼龍亭後轉而東爲大觀堂又新之左爲泰積庫接堂爲軒下爲月臺爲甬道東西爲吏解外爲儀門西爲總捕同知署東爲水利通判宅迤南爲經歷司爲照磨所正南爲大門疊石爲臺架重樓其上外爲照屏分爲石磴東西二道街南爲文昌樓東爲鎮東閣（乾隆五十七年府署册）府頭門（即古譙門）南嚮上建大樓形勢雄麗新題榜曰保障越中由頭門而進曰儀門由儀門而進曰大堂（即舊設廳）榜曰公正堂（康熙己亥前守俞卿改曰又新後張廷杜仍名公正）由儀門而東折而北爲宅門宅門內曰二堂（即舊便廳）榜曰清白堂（舒甯安舊題）堂屏門六扇鐫刻范文正清白堂記隸書清白堂西爲內廳榜曰照春堂（本名思補）堂後新構書室四間一縱三橫曰味禪居縱屋東西牖橫屋南北牖縱屋連屬照春若過廊然北牖高梧一株翠竹百竿芭蕉雜花環蒔階砌照春堂又西折而北上歷階數十級爲翼雲亭又西爲箭道舊有松風閣今尚存（案嘉泰志云設廳之後爲蓬萊閣今松風閣正當設廳後疑即蓬萊閣基也）清白堂後爲內宅清白堂東屋七間四間南嚮三間北嚮中隔小院爲

東書房又東爲大觀樓東南望鎭東閣面秦望諸峯照春堂之前屋九間别爲一院爲西書房繞而東卽淸白堂前也乾隆五十七年知府李亨特重修

分守寧紹台同知署在府治西〔萬歷志〕府西迫高崖崖上舊爲同知宅有外門有廳有寢嘉靖中通判吳成器建旣去遂改爲同知宅〔俞志〕明淸軍總捕廳爲同知聽政之所在寶珠橋廢一門存焉同知宅由府儀門進知府治事出入以扇掩而過體不雅稱乃於儀門外開門爲路國朝康熙四十七年移駐餘姚縣梁湖地方兼轄甯波紹興台州三府接壤之處以事至府則仍居舊廨

督糧水利通判署在府治東〔萬歷志〕通判北廳在府署之東多植木犀宋施宿名曰桂堂通判南廳有壽樂堂太子中舍張次山建又有世綵堂通判史文卿建通判東廳乃員外置舊寓武憲廳紹興中王十朋來作民事堂嘉定十七年顏耆仲又葺路鈐廳居之〔俞志〕明管糧通判宅今改爲知府署而水利通判宅在其南由儀門外東進西南爲土地祠北爲關帝廟中爲路路盡爲宅門東向又進爲二門乃南向中爲堂爲後堂案乾隆辛巳白山和錦題其堂曰敬愼堂

試院在倉橋之西明察院署俗稱新司〔舊志〕明稱布政分司爲南司按察分司爲北司察

院係嘉靖間所創故稱新司康熙二年爲提督署更葺之後建威遠樓七間制甚偉五十七年知府俞卿重修中爲大堂東西爲文場前爲儀門大門門東西爲府縣官候廳爲鼓亭後有樓曰威遠有池有橋傍有地一區至今稱小教場

經歷署　在府治東

照磨署　在府治東

司獄署　在府治南半里

學校見府志卷二十

府學〔一統志〕在府治東南宋嘉祐中遷建〔嘉泰志〕學在府南五里三十六步教授直舍在學之東〔戴新志〕府學自唐時置于城北隅至五代而廢宋嘉祐中始遷南隅望花橋〔齊賢良唐上成度支書〕東南方國禹會爲大歲籍貢舉僅百餘人學校不修生徒挑達比年二千石未遑斯制誠因農隙考制度庀工徒新先儒之宮東南士子豈不佩執事訓以風鄉黨乎〔萬歷志〕以時攷之成度支悅守越天聖六年以迄九年也賢良前以進士起家首率其里人裒緡錢得二十餘萬欲市書入學以講肄之所未完故以此書諷之方是時學校雖不廢其陋已甚慶歷四年詔諸路州府軍監各立學越大州其奉承詔令宜也今驗諸故府載籍文書則無所見按沈少卿紳撰越帥沈公生祠記云嘉祐六年吳興沈公大興學教新其宮居而尊勸之又張侍郎伯玉撰新學記云始州將渤海刁侯擇地卜築繼以紫微吳興沈侯勇爲之又易地于杭凡三年君侯至而成之今以題名參訂渤海刁侯乃景純也以嘉祐五年至吳興沈侯乃文通也以嘉祐六年至君侯乃章伯鎮也以治平二年至伯玉踵文通後以嘉祐八年至明年徙郡去而伯鎮繼之蓋伯玉二年于此經理繕造亦有勞焉第落成不及其在官之日爾又按吳監簿事實云監簿名孜嘉祐治平間捨宅爲學君子以爲

賢于賀監一等今學相傳乃監簿之故居也然則章伯鎮所成之學宮即監簿所捨宅爾以歲月計之正合伯玉記不自書其功謙也然不及監簿捨宅則闕文爾孔子殿嘉祐六年建先乎此者未詳沈遯撰永福寺大像贊嘉祐六年長興公來治是州大治學宮取寶積舊殿爲孔子殿按太守題名碑長興公即沈文通也今學即宋舊址正統成化間知府白玉吉惠重修葺之移教授及一訓導宅于西北其後置學倉移膳堂射圃于東即舊倉址建鄉賢祠廟堂齋舍爲之一新而舊制亦變易盡矣宏治中參政周木知府游興復更加營構萬歷九年知府傅寵移名宦祠入焉前爲儒學門與欞星門並入爲集賢門右爲戟門戟門後爲泮池爲廟門又後爲大成殿東爲土地祠明倫堂直大成殿後傍列日新時習興賢達道四齋後爲稽古閣其東爲啓聖祠又爲膳堂直稽古閣後北山巓上爲敬一亭明倫堂之西爲教授宅文廟東西廡後爲號舍五十餘間教授宅前門與土地祠東西相直出前門即爲西號舍俱在集賢門内集賢門之東爲名宦祠過戟門西爲鄉賢祠後隔泮池遙相並焉訓導宅四一在鄉賢祠後一在名宦祠東一在名宦祠後一又在後而前爲綠鰲池又前爲宰牲房適隔二宅之中其東爲射圃有亭曰射圃亭倉在教授宅西北久廢〔俞志〕學宫自宋迄明雖代有修葺然歷歲久頹敗殊甚今所存惟戟門廟門大成殿明倫堂稽古閣名宦鄉賢祠

而朽蠹不堪康熙六年里紳朱懋文重建明倫堂宏敞堅固其大成殿等處旋修旋圮六年知府夏霖修之五十年知府張三異與朱懋文重修二十一年里紳姚啓聖四十九年耆儒朱洪謐兩修之補葺而已五十七年知府俞卿盡易其舊大加興作期年而功成壯麗完密稱浙中諸庠第一焉（知府俞卿碑記）（節錄）越州府學廟制甲浙中忠孝賢達之士出自學宮者史不絕書顧歲久廟圮有廢莫興余承乏守士七年之內頗多脩葺不惜勞怨漸已著有成效各邑學宮時加增補府學艱于費巨遲而未敢輕舉每逢朔望祭日覩其規制紊謬椽桷將傾恆與同官瞻顧而不忍去用興工于戊戌四月告成于十二月若文明坊儒星門大門二門明倫堂啓聖祠鄉賢名宦祠學宮頭二門則朽缺而添修者若聖殿兩廡祭器祭品庫兩廊房兩齋房月臺甬道內河磡內石橋土地祠吳公祠更衣廳皆全毀而復建者工匠日給不短材料現購無虧技無浮巧財不冒破人樂趨事士各輸誠宏廠周圍奕奕然眞文廟大觀哉餘姚令高君錫爵助巨木六根山陰令王君國樑會稽令姚君協于部署周詳儒學訓導沈禔出納謹愼司獄官李邦鎭督工勤敏稽查措辦則廩生朱翼贊姜坤馮士圭張道馮錫曾等例得並勒于石工料捐助各項另扁列後（新增事實）乾隆十八年知府舒甯安同知湯大賓修葺有碑至五十六年閒殿閣敗壞祠宇學舍俱傾圮知府李亨特倡捐修建學宮煥然一新（李亨特重修紹興府學碑記）府學在山陰縣東南偩三里郡志云越州學唐時置于城北隅至五代而廢宋嘉祐中始遷南隅沈少卿紳撰越帥沈公生祠記云嘉祐六年吳興沈公大興學校新其宮居而尊勸之又張侍郎伯玉撰新學記云始州將渤海刁侯擇地卜築繼以紫微吳典沈侯勇爲之凡三年君侯至而成之刁侯景純也沈侯文通也君侯謂章伯鎭也又案吳監簿事實云監簿名孜嘉祐治平間捨宅爲學君子以爲賢于賀監一等今學相傳乃監簿之故居也東南方國禹會爲大七百餘祀遞興遞衰謹牧養民而風德化紀綱人紀有司之責也國朝康熙間前守俞卿大修之乾隆十八年知府舒甯安同知湯大賓又修之自是以來文物鼎盛上年春亨特奉命來守是邦始下車入學釋菜展謁殿廡周眡禮器廟貌黝闇榱題崩壞爰諮爰度工豐費巨迺首捐俸錢六十萬召教諭訓導而

告之曰斯學不可不修也是余之責也君子喻于義小人喻于利人有禮則安無禮則危聖人之訓也厚于利而背乎義以危其身以及其子孫而不齒于人毋寧薄于利以取其義以安其身以處其子孫而有聞于人乎然則有能尊崇聖人之居以盡力于興賢校士之地是亦聖人之徒也于是餘姚楊生椿聞之來捐錢千二百緡實始諏吉告廟迺命攻木之工攻金之工設色之工刮摩之工摶埴之工發黽惡治墄礎承華榱文崇墉塗丹漆備畫績門曰櫺星閣曰尊經堂曰明倫橋曰圜橋祠曰名宦咸新之焉迺增設禮器簨簴東面西面大鼓大磬大琴大瑟簫一管一柷敔一工成將釋奠于先聖先師爰額月日于殿棟祠成于乾隆五十六年五月廡工始五十五年九月訖五十六年六月殿工始五十五年八月訖五十六年七月閣用重建月朔蒇事計共縻白金六千四百兩有奇督工官照磨杜鴻緯例得晉乾隆五十六年太歲辛亥七月甲戌朔日天德月德青龍反支日知府李亨特記

戟門三座官河橋在戟門內

文廟門即櫺星門在官河橋後一座三間

泮池在文廟門內

大成門三間在泮池後

大成殿五間殿前階級三層有石欄有月臺有甬道舊名孔子殿乾隆十六年有碑上懸萬世師表生民未有與天地參三額

明倫堂五間在大成殿後

尊經閣七間在明倫堂後舊名稽古閣乾隆五十六年知府李亨特重建

敬一亭今廢

儒學門在戟門東
泮橋在儒學門內
文昌閣三間在大成門東旁雍正六年建有碑
崇聖祠三間在文昌閣後有頭門一間二門三間
東謁聖門在櫺星門東旁
西謁聖門在櫺星門西旁
官廳三間在櫺星門東旁
茶房一間在官廳東旁
名宦祠三間在櫺星門西旁與官廳相對
東朝房三間又名宰牲房在大成門東旁
東廡九間在東朝房東旁
西朝房三間在大成門西旁
西廡九間在西朝房西旁
東廚在大成殿東旁

東齋房在東廚後
禮門一間在東廚東
西庫在大成殿西旁與東廚對
西齋房三間在西庫後
鄉賢祠三間在名宦祠西
土地祠在訓導署東正殿三間頭門一間
教授署在鄉賢祠後大門三間大堂三間講堂三間額曰半齋知府李亨特題西書房三間東書房三間左
右廂東首住房三間西首住房三間廚房二間乾隆五十六年知府李亨特重建
訓導署在櫺星門東
綠鰲池在訓導署東
已上乾隆五十七年學宫册
學官　紹興府學教授一員復設訓導一員
學額　紹興府學額進二十五名廪生四十名增生四十名一年一貢
學田　〔嘉泰志〕故丞相魏國史公鎮越之明年實乾道戊子始捐已帑置良田歲取其贏給

助鄉里賢士大夫之後貧無以爲喪葬嫁遣者附於學而以義名爲規畫十許條劖諸石凡有請而應給與給而舉事多寡遲速皆有程覈實委之鄉官錢糧屬之縣主簿米斂散則隨鄉俗出納則均省計歲稔及給助有餘則就復增置教授學職亦與其事然雖養士不許移用府帥前後繼而成之蓋非一人所以久而不廢也總之會稽山陰餘姚三縣共湖水田二千七十一畝有奇地三十六畝有奇山篠地一百一十六畝有奇殯岡六十四畝有奇蕩一畝二角五十一步屋一十六間

府學田〔萬歷志〕明嘉靖十五年陶侍郎諧學記云太守楊公墾田一區以贍諸生後復增置今共田一百八十三畝六分二釐一毫〔俞志〕國朝康熙間實在會稽田一百有五畝六分三釐四毫〔乾隆五十七年〕核實〔學册〕共學田七十八畝二分六釐二毫捐置山陰縣三十四都五圖學田七畝六分七釐六毫以上田畝除納糧外不拘荒歉佃納租錢三千文又會稽縣八都二圖學田六畝三分四毫以上田畝除納糧外不拘荒歉佃納租錢三千文康熙二十四年耆民沈頓之義捐山陰縣十四都二圖學田二十四畝六釐六毫以上湖中山沙田照田士厚薄議租每年除納糧外不拘荒歉各佃共納租米五石五斗康熙五十九年知府俞卿追出山陰縣下五圖學田四十畝一分八釐以上田畝除納糧外不拘荒歉每畝納租錢三錢俱作每年底賑給貧生之費今充修學應用遞年造册報銷

龍山書院〔新增事實〕乾隆間山陰縣知縣莊文進撤桂屏庵創建設修脯田二十三畝二分有奇又乾隆四十八年紳士孫游孫渭等撥上村庵水竹庵桂屏庵等處田共四十八畝

二分有奇以充膏火又乾隆五十七年孫連玉續捐田十畝三分有奇

舊稽山書院〔俞志〕在府城臥龍山西岡宋朱晦庵嘗司本郡常平事講學倡多士三衢馬天驥建祠祀之其後九江吴革因請爲稽山書院歲久堙廢明正德間知縣張煥改建於故址之西嘉靖三年知府南大吉增建明德堂尊經閣後爲瑞泉精舍齋廬庖湢咸備試八邑諸生選其尤者升於書院月給廩餼（明王守仁有尊經閣記）明萬歷七年奉例毀書院遂爲吴氏所佃吴尚書兑持之不遽毀十年知府蕭良榦來始復而修之改名朱文公祠又即瑞泉精舍址建一堂題曰仕學所（明張元忭有朱文公祠記蕭良榦有仕學所記）〔乾隆五十七年會稽縣册〕共稽山書院田十五畝四分四釐五毫

府城内社學〔萬歷志〕一在如坻倉西嘉靖四年知府南大吉即倉之隙地爲之其後知府洪珠創古小學於捨子橋下乃更其地爲射圃後改爲察院一在謝公橋南亦洪所建即越王廟故址一在西光坊越王廟西

壇廟　見府志卷三十六祠祀志

社稷壇〔萬歷志〕宋時在城南二百九十步元遷昌安門今在迎恩門外數百步運河之南
山陰會稽之祭附焉地隸山陰

里社壇　鄉厲壇　知府南大吉曰昔予在總角時日從鄉里諸小兒遊明星皎月之夕弗夜分弗歸寢也外戶不閉而牛羊亦優游以休當是時春祈秋報之禮里皆以時而舉品物儀文甚修而人未嘗言貧既而從我先大夫宦遊宛鄧宛鄧之俗猶吾鄉也後七年歸至鄉里見夫閭巷蕭條已非昔日既乃登仕版遊四方者又九年再歸鄉里則見景象寥落少壯老弱僕僕然昔日祈報之禮蕩然盡廢社壇就荒穢而莫之或跡矣三尺之童皆就農務而貧不能免日未及入戶已堅閉而猶致夫寇也回首昔時每撫心太息乃今又分符來守茲土茲土之俗其不如昔時者亦猶夫吾鄉也里社鄉厲之壇荒廢過半而莫之有考是可為長歎息者夫守一邑則以一邑為一家守一郡則以一郡為一家吾家日就衰頹而吾子弟之貧乃至是焉惻然而傷惕然而警焦然而思吾不能已于懷矣

府城隍廟〔嘉泰志〕城隍顯甯廟在子城內臥龍山之西南自昔紀載皆云神姓龐諱玉按唐書忠義傳實龐堅四世祖也京兆涇陽人魁梧有力明兵法仕隋為監門直閣李密據洛口寖逼東都玉以關中銳兵屬王世充擊之百戰不衄煬帝崩乃率萬騎歸唐時唐室新造諸將起于行伍高祖以玉隋之舊臣久宿衞習朝廷制度拜領軍武衞二大將軍俾為諸將模檴秦王尤所親倚常從征伐薛舉寇涇州拔高墌舉死子仁杲勢益張秦王命梁實營淺水原賊將宗羅睺攻之甚力玉於是奮擊士卒殊死戰秦王以勁兵擣其背羅睺大敗遂擒

仁杲平隴西尋爲越州總管威望甚著盜不敢犯其境武德二年召還巴山獠叛除梁州都督悉討平之〔原注〕越州題名記與新唐書所載先後不同詳見馬萬頃所述王傳召爲監門大將軍卒太宗爲輟朝贈工部尚書幽州都督初王鎮越惠澤在民既卒邦人追懷之祠以爲城隍神梁開平二年吳越武肅王上其事封崇福侯五代會要作開平元年紹興元年詔以駐蹕會稽踰年妖祲不作行殿載寧城隍崇福侯廟賜額顯甯封昭祐公三十年顯仁皇后靈駕渡江無虞加號忠順乾道五年加號孚應八年加號顯惠淳熙三年封忠應王後又加號昭順靈濟孚祐郡人奉祀甚謹以九月十二日爲神生日享薦尤盛〔明王誼詩〕懸巖幾轉路如梯闌楯憑虛俯澗湄高閣迥臨飛鳥上層城半繞臥龍西雲籠疊嶂修蛾偃烟瀉遙空匹練低無限夕陽憑遠景重來看我向年題〔謝遷詩〕迤邐岡巒隔市塵嵯峨臺殿集高真天低象緯先分曙地接蓬萊獨貯春大府建牙森棨戟仙壇衮石足荆榛滿前多景真奇絕老眼于今又一新

倉帝廟〔採訪事實〕先是縣義學附祀先賢言子祠言裔安生覬覦屢控不休方伯張公若震詳院以山陰爲紹郡首邑士子願赴肄業者較盛於昔義學未便與言子祠混雜乾隆四年知縣劉宴乃移於倉帝廟內案乾隆五十四年知縣莊文進又移建龍山書院于桂屏里

崇善王廟〔嘉泰志〕在府衙蓬萊閣西

鮑府君廟〔萬歷志〕舊在陽堂山

旗纛神廟〔萬歷志〕明洪武初征南副將軍廖永忠建在紹興衛西南陬後移於會稽縣東

南法濟里

保寧王廟〔嘉泰志〕在府東南四里二百八十六步

金龍四大王廟 節錄〔山陰王岵浣雲集〕祖達死爲神建炎時率冥兵驅北騎咸淳七年疏請立廟封廣應侯有孫綱紀統皆爲神王其第四孫也度宗甲戌秋大雨天目山崩嘆曰天目臨安主山也主山崩宋其殆乎遂不仕及帝㬎亡誓曰吾生不能報宋死若有知必展此志夜起作詩赴苕溪死苕水忽漲高至丈餘若憑其怒氣者土人異之立廟金龍山天啓四年蘇茂相督漕水涸舟不前王降言爲我請封當以水報蘇具疏祝畢洪波浩蕩萬檣飛渡得旨勅封護國濟運金龍四大王

案廟係萬歷四十二年建由康熙十九年總督姚啓聖立水神廟額故俗稱水神廟云

祠 見府志卷三十七

名宦祠〔萬歷志〕在府縣學有司春秋祭府名宦祠舊在紫金街弓張局之右山陰附焉會稽祠於五雲書院明隆慶元年知縣莊國禎始移會稽名宦入縣學萬歷九年知府傅寵又移府及山陰名宦入府縣學由是九祠皆在學〔乾隆五十七年學册〕名宦祠祀六十二人〔漢〕會稽郡都尉任延會稽郡太守第五倫會稽郡太守張霸會稽郡太守牟平劉寵〔晉〕會稽內史諸葛恢撫軍將軍會稽內史王舒散騎常侍左將軍會稽內史謝元〔南北朝〕宋鎮東將軍會稽郡太守加都督蔡興宗宋會稽郡太守褚淡之〔唐〕越州刺史姚元之浙東觀察使楊於陵浙東觀察使王式〔宋〕吏部員外郎知越州蔣堂吏部員外郎知越州范仲淹資政殿學士右諫議大夫知越州趙抃給事中充集賢殿修撰知越州程師孟大中大夫充徽猷閣待制知越州劉韐顯謨閣學士中奉大夫知越州翟汝文資政殿學士左中大夫知紹興府張守朝奉郎直龍圖閣知越州傅崧卿寶文殿學士朝奉大夫知紹興府綦崇禮檢校少傅奉國軍節度使兩浙東路安撫制置大使知紹興府趙鼎左朝奉大夫充集英殿修撰知紹興府吳芾朝請大夫直龍圖閣知紹興府邱密直秘閣提舉浙東常平事朱熹龍圖閣學士大中大夫知紹興府王希呂煥章閣學士宣奉大夫知紹興府洪邁朝議大夫集英殿修撰知紹興府王信直龍圖閣知紹興府沈作賓朝奉大夫直秘閣兩浙東路提點刑獄公事寶謨閣待制知紹興府汪綱資政殿學士知紹興府浙東安撫使魏了翁資政殿學士大中大夫知紹興府吳潛浙東安撫使常楙通判越州曾鞏僉書越州判官陳睦僉判越州王十朋通判紹興府黃震〔明〕紹興府知府唐鐸紹興府知府李慶紹興府知府羅以禮紹興府知府彭誼紹興府知府戴琥紹興府知府南大吉紹興府知府湯紹恩紹興府知府李僑紹興府知府蕭良幹紹興府知府梅守德紹興府知府張魯唯紹興府知府許如蘭同知黃璧推官毛伯溫紹興府推官陳讓紹興府推官關永傑紹興府知府王期昇〔國朝〕浙江巡撫都察院朱昌祚浙江巡撫都察院范承謨浙江按察使司陸任湖廣總督楊宗仁浙江巡撫徐元夢紹興府知府施肇元紹興府知府張三異紹興府知府許宏勳紹興府知府李鐸

鄉賢祠〔萬歷志〕亦在府縣　有司春秋祭〔乾隆五十七年學册〕鄉賢祠祀四百五十三人〔漢〕南昌尉梅福高士嚴光尚書僕射鍾離意尚書太尉鄭宏合浦太守孟嘗河南郡太守魏朗徵士王充大中大夫義行陳囂義行戴就西鄉侯太僕朱儁〔吳〕侍御史虞翻魏中散大夫稽康〔晉〕光祿大夫穆公賀循餘不亭侯會稽內史孔愉散騎常侍晉安男孔坦吳興太守孔嚴永安伯光祿大夫丁潭右光祿大夫內史王羲之太傅廬陵郡公謝安康樂獻武公左將軍散騎常侍會稽內史謝元黃門侍郎王徽之中書令王獻之高士虞喜平康侯著作郎虞預侍中忠節稽紹吳國內史忠節張茂孝子中郎將夏方處士謝敷高梁郡太守楊方處士夏統高士戴逵徵士孔沉司徒主簿王宏之武昌侯侍中光祿大夫開府儀同三司孝烈虞潭〔南北朝〕〔宋〕孝子贈天水郡顯親都尉賈恩孝子郭原平孝子海虞令何子平司徒掾謝惠連處士戴顒處士朱百年〔齊〕南郡太守孔稚圭〔梁〕五經博士賀瑒尚書左丞賀琛丞相荆州刺史忠節王琳太府卿忠節張嵊〔陳〕東中郎建安王諮議虞寄〔唐〕宏文館學士永興文獻公虞世南秘書監賀知章處士張萬和孝子博士許伯會〔宋〕太子太師祁國正獻公杜衍監簿捨宅爲學基吳孜龍圖閣直學士錢勰徽猷閣待制尹焞贈刑部尚書石待旦吏部侍郎顧臨中大夫知亳州陸佃國子監祭酒姚勔資政殿學士李光知衡州王琰直顯謨閣潛時浦江令義行黃汝楫兵部侍郎忠節陳過庭團練使忠節董公健太師文安縣開國男徽猷待制姚舜明都官員外郎張宇發文安開國侯兵部尚書石公弼處士石公揆兵部尚書宋延祖禮部尚書餘姚縣開國子謚獻簡胡沂山陰縣開國男戶工二部尚書王佐山陰縣開國子寶文閣待制陸游司農丞溫州通判忠節曾惪知婺州陳槖江山令姚宏姚憲樞密編修姚寬建康僉判貝欽世國子司業王逑孝子蔡定進士黃開太常主簿石墩監察御史俞浙判邵武軍孫應時孝子錫文修少師端明殿學士吏部尚書謚定肅王希呂直寶謨閣福建提舉常平李孟傳禮部尚書煥章閣學士知隆興州黃度都官員外郎唐閱江東提刑直寶文閣王厚之知永嘉瑞安福清忠節趙良坦冢宰金紫光祿大夫莫叔光贈會稽縣開國伯王夢龍平章軍國重事王爚戶部侍郎劉漢弼直寶謨閣兩浙運使吏部郎官劉漢傳處士劉漢儀狀元右文殿修撰莫子純贈通直郎忠節張愻義行陳祖義行陳雷太學國子錄許褭太常少卿知臨安府孫子秀江西提刑忠節唐震稽山書院山長吳親處士忠節陳非熊保陵義士唐珏刑部侍郎徐希端明殿學士兵部尚書胡義元祐發解張堅贈衛尉卿黃振司法參軍楊欽靖江節度使追封中山王楊賢義士朱光

殉難勅贈迪功郎何雲中順大夫知秦州通州改守德安張定諸暨學正鄭元亨〔元〕江西行省員外郎王艮賜謚莊節先生韓性江西儒學提舉楊維楨孝子暨石明三孝子石永壽孝子丁祥一隱士黃奇孫隱士吳雄青州推官劉子華松江路儒學司訓胡存道處士王冕紹興路儒學教諭俞漢義士吳宗元義士方鎰紹興路總管兼府治中驍騎尉追贈山陰縣子方鐵〔明〕大理評事顧觀都察院左都御史韓宜可翰林院編修饒州守葉砥知漳郡錢古訓刑部侍郎劉季篪太常卿姚友直孝子劉謙探花翰林院編修劉謂孝子劉謹河南按察使朱仲安御史知杞縣黃鄰大理寺少卿呂升孝子貴溪教諭邵濂孝子授江陰主簿呂升南吏部尚書魏驥國子助教錢宰應奉翰林文字唐肅福建按察司僉事謝肅徵士劉履處士鎦績處士駱象賢處士羅頎贈光祿少卿朱節孝子劉璽處士張璨處士范璣授無爲州知州忠節董會南兵部侍郎劉棟右都御史忠節陳性善孝子胡剛吏部侍郎章敞江西督學僉事王鈺工科給事中楊誠大理卿徐初江西布政使參議胡智右都御史王暹河南左布政使甄完知東阿縣貝秉彝交阯按察司副使忠節殷旦通政使提督居庸白洋等關忠節謝澤孝子趙紳國子監祭酒司馬恂陝西按察使呂昌知道州徐琦兵部左侍郎俞欽行太僕寺少卿章瑄廣東布政使參政胡謐貴州左布政使唐彬甯國府知府沈性高州郡守曹謙贈廣東按察使忠節毛吉吏科給事中王淵僉都御史巡撫延綏丁川雲南布政使薛綱河南按察司副使陳壯太子太傅加少傅武英殿大學士謝遷南工部尚書張嵿兵部尚書何鑑刑部尚書韓邦問賜玉刑部一品尚書王鑑之南吏部尚書封新建伯王華南吏部尚書黃珣南工部尚書陳雍兵部侍郎呂獻進階朝議大夫江西左參議張以宏桂林府知府張景琦湖廣按察副使俞振才尚寶司卿俞振英河南右布政使陸淵之雲南府知府董復知保德州周山太常少卿潘府吏部左侍郎贈禮部尚書董玘贈兵部尚書陶諧工部尚書何詔大理卿葛浩中丞胡東臯都御史宋冕太僕卿胡鐸贈刑部員外郎董祖慶贈太子少保興府長史張景明山東參議徐守誠吏科給事中吳蘜廣東參議陶懌知成都府費愚廣西參議牧相新建伯南京兵部尚書王守仁巡撫江西都察院右副都御史忠節孫燧孝子陳士俊山西布政使司參政葛木贈南工部尚書魏有本右副都御史巡撫湖廣車純應天巡撫陳克宅江西按察司提學僉事汪應軫河南道御史提督廣東學政蕭鳴鳳御史巡按河南俞集工科給事中周祚刑部尚書顧遂南工部郎中徐愛御史長沙太守季本旌孝贈都督同知孫堪尚寶司正卿孫墀光祿寺少卿前裕州同知郁采處士徐文彪吏部郎中王畿卿賓庠生劉檮贈光祿少卿張逵南禮部尚書孫陞右都御史督撫雲南呂光洵刑部

尚書翁溥贈禮部尚書陳陞贈總督漕運南工部侍郎龔輝狀元吏部侍郎諸大綬吏部右侍郎陶大臨廣西巡撫陶大順贈光祿少卿葉經韶州守陳紹贈光祿寺少卿忠愍沈鍊刑科
給事中沈束南通政司參議徐學詩江西道御史贈太僕卿潘壯太僕少卿周如砥刑部尚書何鰲刑部主事茅宰泰州守朱公節兵部尚書翁大立江西巡撫都御史周如斗贈武英
殿大學士呂改高士陳鶴南京提學御史湖廣副使閒人銓陝西右布政使祁清贈太僕寺正卿殉難王變禮部尚書陶承學兵部尚書趙錦漢陽府同知張天衢南京冢宰潘晟贈太
子太保吏部尚書孫鑨陝西行太僕寺卿贈太子少保禮部尚書兼翰林院學士姜子羔巡撫應天都察院右副都御史王元敬兵部尚書吳兌左副都御史張岳贈太子太保吏部尚
書陳有年湖廣按察司副使駱問禮刑部左侍郎邵陞狀元禮部尚書羅萬化太保文華殿大學士朱賡山西左布政使鄒學柱光祿寺少卿周應中鎮原令李槃狀元春坊諭德張元
忭山西左布政使章守誠南兵部尚書孫鑛廣西按察司副使范可奇贈兵部車駕司主事劉焀陝西左布政使陳性學刑部主事魯錦禮部郎中知江西贛州府事特贈光祿寺少卿
賜祭累贈太子少保禮部尚書姜鏡江西參政何繼高漳州府判呂繼懷贈陝西道御史陸璋福建參政王以寧工部尚書贈少保諡恭簡王舜鼎兵部尚書喩安性京兆尹陸夢祖贈
工部侍郎王三才六合縣知縣沈綰陝西兵備僉事贈太僕寺卿劉永基太子太保禮部尚書姜逢元山東巡撫李懋芳河南道御史董子行資治尹戶部侍郎周汝登國子監祭酒陶
望齡肇慶府推官陸濟甯州知州陶奭齡瓊州府知府倪涷陝西固原道贈太僕寺卿諡忠烈陸夢龍左都御史劉宗周處士葛曉戶部尚書諡文貞倪元璐九江兵備僉事王思任貢
生何育仁監察御史贈太僕寺卿黃尊素贈中憲大夫太僕寺少卿劉竟中河南道御史祁彪佳光祿寺寺丞倪元珙鄉進士何國輔國子監助教陳箴言狀元左春坊左庶子余煌左
副都御史忠節施邦耀御史忠節俞志虞翰林院侍讀學士贈禮部侍郎周鳳翔處士韓振強陝西長安知縣吳從義處士金輅太常寺少卿金蘭貴州按察司副使王經雲南按察司
副使吳便翰林院侍讀唐之淳知興化府朱袞贈工部郎中隱士王碩京衞武學訓導陶廷奎武英殿大學士贈少保呂本福建按察使司馬相進階通奉大夫正治卿江西右布政使
張一坤陝西布政使參政馮景隆南雄府同知陳翰英知淮安府范櫰贈歙縣知縣鄭遂池州府知府祁司員封順天府府丞朱東陽知柳州府鄭舜臣贈丹徒縣知縣徐敬江西巡撫
張元冲廣東布政使王泮邵武守司馬祉通政司右通政朱敬循江西按察司副使錢櫝通政司右參政胡朝臣贈江西布政司右參政劉堅大理寺少卿商爲正贈南兵部尚書商維

河尙寶司少卿朱調元湖廣按察司副使張泰禎江西按察司副使葉雲礽貴州按察司副使徐應箕知銅仁府加太僕少卿殉難朱啓元處士陳雲器大理府知府諸萬里贈廣東韶州府同知陳季濟廣東布政使贈太常正卿林紹明贈太僕少卿姚祖壽贈南平縣知縣張汝爲南城縣知縣倪鏜贈安福縣知縣倪應蘄韶州府通判朱貞元光州判贈知縣王洲孝子蔡天福贈文林郎朱敉鳳陽府通判范紹裘太學生周養浩婺川縣知縣蔡國齡右副都御史魯元龍寶應縣知縣余堪遠兵備廣東僉事陳鵠陳堯言華亭縣巡檢章自孝南刑部郎中魯誠贈按察使忠節章尙絅邵武府同知諸燮禮部侍郎陳復河東運鹽使周鈍大理寺丞章正宸湖廣道御史姚會嘉浙江道御史何臺贈太子少保兵部尙書吳烏原任雲南按察司副使吳石訓導沈樘贈南兵部侍郎劉澤韓府長史童谷朝列大夫湖廣布政司參議商周初太湖縣知縣金應元山東道御史凌宗太僕寺少卿馮應鳳知泉州府葉信吏部尙書陳毅兵部郎中廣東參議王綱廣東布政司參議胡恩太學生董懋策太子太保兵部尙書王業浩陝西參政徐如翰廣東雷州府知府朱敬衡江西按察司錢鶴贈刑部員外郎王允升荊州府同知前諸暨儒學訓導郭日孜政和縣典史郭斯垕沛縣知縣馮謙工部主事孫述可南雄府同知陳翰英澧州知州鄭欽孝子陳于朝忠臣周國璘忠臣吳凱忠臣張鵬翼忠臣周于德刑部主事魏宗杲監察御史蔣文旭殉難生員傅日炯（國朝）兵部尙書總督漕運沈文奎予告禮部尙書太子少保胡兆龍湖廣糧儲參政吳執中巡撫甘肅寧夏都察院僉都御史張尙贈湖廣按察司僉事忠節王之鼎贈工部郎中周方蘇贈宮詹周維屏贈通議大夫魯元錫贈禮部尙書胡一言贈按察使僉事忠節酈允昌中議大夫董士毅贈中憲大夫前工部主事姜天樞清遠縣知縣嚴允立贈巡撫都察院僉都御史張建璧封太子少保禮部侍郎胡拱樞太子少保福建總督姚啓聖通政司使周之夔刑部尙書胡昇猷封山東提學僉事唐允思山東提學僉事唐賡堯封翰林院庶吉士魯元昊贈翰林院庶吉士余維河南道監察御史余縉封河南輝縣知縣秦長春庠生楊學泗中憲大夫奉天府府丞姜希轍贈國子監助教王龍光贈湖廣道御史何治仁湖廣道御史何嘉祐贈翰林院編修陳新翰林院編修陳至言鄉飲賓閆人炳封懷遠將軍尤溪縣知縣虞敬道贈松江府知府趙自成都督僉事韓大能高士倪會鼎贈吏部文選司郎中沈以庠贈安慶府知府何曾槀鄉賓馮士章庠生胡嶽庠生贈奉直大夫朱洪謚遺獻黃宗羲贈禮部郎中胡廷贊孝子贈中憲大夫張錦儒林郎孝子莫之永贈翰林院編修傳性哲贈廣西思縣知縣呂興道贈奉政大夫陶師孟隱士魯簡隱士劉汋廣信府同知范仍封洪洞縣知縣朱鼎祚江左名

儒傳易贈潛江縣主簿殉難章啓周贈奉直大夫戶部主事章光世贈通議大夫魯晉贈奉政大夫儀封縣知縣陳三益提督雲南學政陳必成金山衞巡檢章自孝晉贈太子太保賜祀賢良祠謚恭惠何熠孝子胡惟宏孝子謝宗岳贈龍虎將軍上護軍湖廣掌印都司宣德仁孝子生員趙璧孝子趙氏璧孝子樓墨林孝子樓永叔義七侯選州同郭元宰孝子周茂樞孝子張瑞虬

越王祠〔宏治志〕郡有二所一在府西北一在會稽縣東南十二里〔唐呂溫詩〕丈夫可殺不可羞如何送我海西頭十年撫養十年教二十年閒死却休〔山陰蔡宗兗記〕西淙洪公牧越三年志在敦正祀典昭假百神以赫顯靈以協天地以康民俗索春秋越王而祠祭之則郡乘不登父老莫識久矣喟然嘆曰越王越民之始祖也吏茲土而可聽民之忘其祖乎禮有可以義起者其在斯祠乎東溪約齋聞之咸慨然曰是眞可以義起者時有詔沙汰僧道郡城西郭有光相寺適頽圮寺僧恩琦告興復西淙諭寺僧曰朝廷沙汰而汝等顯崇佛教於義安乎佛法未入之先此卽越王之地越王之地宜立越王之祠事佛者滿城而事越王者曾無一人今吾將移爾奉越王香火能事越王卽事佛也諸公各捐貲飭財約齋時復程督不數月甃築斲堅百度堅緻塑越王像於殿中蠡種稽同翼侍左右春秋薦食光彩煥溢巋然鼎立於域中矣暨西淙考績京師東溪約齋相與謀曰欲永其祠必顯諸衆復樹石碶于祠前表之曰畏天保國百姓觀者載道忻忻然知越王之爲我祖瞻事香火者蓋惟日不足矣人曰句踐始也違忠言而敗中也聽忠言而興終也忌忠良而殺之其賢與功果無瑕乎予曰在史氏當正其辭在後人惟思其澤孟子嘗稱之爲智者又曰畏天者保其國則古之人亦未嘗以過而掩德西淙洪郡牧珠也東溪孔郡丞廷訓也約齋李推守逢也繼至協相之者則林郡判文卿江郡判軾劉山陰昌王會稽教也民庶與力斯祠者亦附見於左

徵愛祠〔萬歷志〕嘉靖三十一年知府梅守德卽大節祠改創原注大節祠原祀愍孝蔡公定唐將軍琦通判曾公志今唐蔡各祀于原祠而曾附蔡祠並祀

王右軍祠〔省志〕康熙五十七年知府俞卿修〔吳萊謁祠詩〕小立天地窄前登萬山阻越王采蕺處秋綠空榛楛古祠復何人遺像寄

梵宇柳老題扇橋荷香弄鵝浦典午當衰亂神州渺淮楚經略欲馳兵保障期安堵姦温多大志誕浩却浪許護軍曾參綜牋疏極心膂廟謨不可勝野戰徒爭武內外未協和英雄豈豪舉泗口聊進屯譙城遽奔沮事勢日趨異朝廷孰撐拄去官寧忤違誓墓獨酸苦父子但法書功勳總塵土青緗每收拾縑素筆餘圖譜草隸俱入妙雲龍競掀舞崔蔡須抗行羊般豈儔伍梟鷺或有識野鶩紛難數平生破布被謾以指畫肚起扣放墨池長鯤戰夜雨

司馬温公祠

〔宏治志〕景泰間伋九世孫廷芳奏行有司重修〔省志〕康熙五十四年知府俞卿修

愍孝祠

〔宋王十朋詩〕我昔嘗讀黃絹碑長歎越國無男兒孰知種山山下水千載有此一段奇嗚呼哀哉蔡孝子風烈遠過曬與恢乃翁白首困縲紲半年不脫兒心悲請身荷一械代父罪或甘黥涅居軍壓況遇軍興擊卒叛身先士卒死不辭當時非無賢太守孝子抱志終不施人間無路可赴愬投命河伯祈天知自爲銘誌及訟牒欲訴以魂贖以屍情哀意切語不怨孝與忠厚俱天資臨河更效結纓死顚沛於禮曾無虧父脫纍囚子願畢身在九泉甘若飴名聞九重獲旌表賜廟愍孝風羣黎奚爲祠宇乃如許兩楹破屋河之湄未聞設誄有度尚絕好更欠邯鄲詞我來贊幕欽孝烈顧瞻廟貌成吁嘻他年太史作佳傳願於紙尾書我詩

劉太守祠

〔明王華碑〕漢劉寵爲會稽太守及被徵去山陰有五六老叟自若邪山谷間出人賫百錢以送漢史傳其事不過曰簡除煩苛禁察非法又曰犬不夜吠民不見吏而已此外別無赫赫之功今去數千百年寵猶廟食茲土百姓猶歌思不忘正德戊辰夏六月刑部郎中劉君元瑞擢守吾郡僅五十日輒罷官去百姓徬徨如失父母乃日會聚于神祠佛宇祈禱卜筮謀所以留侯者而不可得則相與聯名列狀赴愬于部使者以求復侯之官不可得則又相與罷市易肆捐己貲將不遠數千里走京師以聞於天子以求復侯之官卒不可得則又相與扶攜老稚塡郭溢衢追送至數十里外侯數停舟麾謝衆猶擁遏不忍舍去道路觀者莫不嘖嘖稱歎以爲數百年來之所未見世嘗言今之人不古若卽侯之去任視寵之去會稽豈相遠耶或謂侯之在郡僅五十日而止卽其五十日之所設施雖有良法美意亦豈能家至而戶到雖吾夫子妙綏來動和之化其相魯亦必誅少正卯禮却萊

兵三月而民始歌誦之侯在吾郡直廉恭儉約弗擾於民而已耳而吾民視侯乃有千百年固結之愛使侯久於其任得以究其設施則民之愛戴思慕又不知何底極也且寵之去被徵歸朝侯之去任被黜歸田其榮辱懸殊也而百姓之送侯者所至千百成羣不止五六老叟謂今人之不古若豈其然耶侯既去郡百姓思之不置則又相與謀肖侯之像立祠于臥龍山麓葢將尸祝而俎豆之祠既成余遂爲之記侯名麟南京人由宏治丙辰進士起家至今百姓稱爲新劉云

五賢祠〔俞志〕在臥龍山府署上康熙二十八年知府李鐸建以祀漢太守劉寵明知府湯紹恩號二賢祠舊時郡大堂後淸白泉之左有文范祠祀文種范蠡亦李鐸所修久之盡圮乃移文范於二賢祀內額曰四賢後又增入李鐸而名之曰五賢祠祠後倚山峭壁數仞鐫龍湫二大字壁下有水一泓頗汙濁蓋潦水也案祠今廢惟石尚存

言子祠〔俞志〕在武勳橋側舊爲愚人創長生敎康熙五十三年知府俞卿逐之乃改飾其門宇以祀子游額曰言子祠歲久漸頽康熙六十一年俞卿盡易而新之大門饗堂後樓軒廠宏壯成大廈焉

陽明先生祠山陰縣志作王文成祠〔俞志〕一在餘姚縣龍泉山歲久摧落康熙五十七年知府俞卿重葺〔南巡盛典〕乾隆十六年今上翠華南幸遣胡寶瑔致祭御書祠額〔禮部右侍郎提督浙江學政朱珪碑文〕乾隆五十有二年丁未春三月珪按試紹興有王文成公九世孫增生昆泰昆潮等請曰文成公葬山陰花街之洪溪湛甘泉誌其墓乾隆十六年今上南巡諭祭賜額曰名世眞才而墓石歲久無存求補文以揭之珪惟公以眞儒再匡明社所謂立德立言立功者惟公備之其本末載于明史著錄于文集各家言其姓名照灼人耳目何待于表抑世之小儒

或有問于公者以講學稍有異同耳竊謂自孔子集百聖之大成六經四科廣大精微至矣由漢以來華離割裂朱子起而救之以存心致知為慎獨切己之學沿元迄明記問蕪而身心晦陽明先生少負異稟蹶與中葉從憂患生死中深造有得于致良知之旨貫體用合知行不動聲色而安天下于反手自禹周孔孟以來一人而已嘗言曰平山中寇易平心中寇難若先生者拔本塞源恢廓儒道之疆域眞所謂豪傑之士也世之疑之者曷足齒乎先生諱守仁字伯安海日公華長子浙之餘姚人遷居山陰宏治己未進士官兵部主事疏論劉瑾廷杖貶龍場驛丞臥石槨中悟良知之學起官至巡撫南贛汀漳平宸濠加兵部尚書封新建伯再起總制平廣西思田諸賊以疾歸卒於南安年五十有七贈新建侯謚文成神宗十二年從祀孔廟公配諸繼張子正憲正億正億嗣爵曾孫先通死甲申之難銘曰岱陽泗西天鍾宜尼洙江上海環靈會稽陽明篤生婁兼南贛大冶百鍊元精純汞良知慎獨其源不二匡世扶傾大厦巍巍彼哉桂萼叔孫臧倉公之德功月輪日光珪幼秉教斤斤其明公其迪我無終冥行名世眞才皇哉天表洪溪淙淙碣此墓道〔跋〕王文成公爲有明一代大儒今上南巡會稽賜祭賜額丁未歲學臺朱石君侍郎從公九世孫昆潮昆泰之請作墓表梁山舟侍講書之越五載未刻也予守是邦之明年既以春秋行祭禮復訪公之裔勒斯文于石俾鄉大夫鄉先生有所觀感焉乾隆五十七年壬子三月三日知紹興府事鐵嶺李亨特立石敬識

清涼母祠〔萬歷志〕在龜山下旁有捨子橋

范蠡祠〔山陰縣志〕前職方調越別駕姑蘇馬承學所立下有冷然池池前立范文正香火院坊

張文恭祠〔山陰縣志〕去縣三十步〔舊浙江通志〕在山陰縣右明萬歷間建

忠義節孝祠〔省志〕雍正四年知縣張崇高周我觀奉文建案道光會稽縣志稿周我觀作張我觀山陰縣志無此一條

陳公祠〔俞志〕在永福寺側祀明禮部侍郎陳性善

錢王祠山陰會稽舊志俱作錢武肅王祠〔嘉泰志〕在府南四里三百二十六步〔萬歷志〕在府治東南五里元時鞠爲蔬圃洪武初十四世孫錢宰始請旨勑建耑祠有司春秋祭嘉靖十六年裔孫錢士元德洪等又請巡按御史周公汵堂卽命知府湯紹恩恢復重建

唐府僉廳〔名勝志〕蓬萊閣之東唐大歷中皇甫温建御史大夫崔元翰爲記後唐天復間改建安撫僉廳即鎮東軍監軍使院宅也

吳越王東府〔吳越備史〕唐乾寧三年武肅王平董昌改威勝軍爲鎮東軍拜武肅鎮海鎮東軍節度遂有越州之地梁開平二年陞爲大都督府謂之東府周廣順元年大元帥吳越國王即越州東府築宮室治園囿花卉山石池塘亭苑〔嘉泰會稽志〕臥龍山之東麓是爲鎮東軍節度即子城之東爲軍門榜曰鎮東軍東向大河即舊經所謂籠籞河也是即府治〔吳蛻鎮東軍使院記〕元帥彭城王平難帝命兼而鎮之上將軍汝南周公監護之乃命軍吏揆日經始累月工畢重門列楹軒敞豐博東廂西序窈窕深邃越城之中稱爲一絕時天復元年也

宋行宮〔中興小歷〕高宗以越州治爲行宮〔嘉泰會稽志〕紹興元年九月高宗駐蹕會稽以州治爲行宮會當郊祀乃行明堂大禮即以設廳爲明堂

宋福王府〔萬歷會稽縣志〕在東府坊宋嘉定十七年理宗即位以同母弟與芮奉榮王祀開府山陰蕺山之南府東大池其臺沼也

宋提刑司治〔輿地紀勝〕在府治之東前臨運河與蓬萊閣相望

宋提舉司治〔輿地紀勝〕在府衙東一里紹興末以賜皇姪恩平郡王璩而遷倉司於鎮東門外尋以新衙改賜恩平而司復還其舊今治所是也

宋通判廳〔嘉泰會稽志〕北廳在府東六十步南廳在府南六十四步東廳在府東南八十五步

宋路鈐轄廨〔嘉泰會稽志〕在府東北一里二百五十五步

宋曹官廨〔嘉泰會稽志〕簽書節度判官廨在府治西南二百七十步觀察判官廨在府治南二百六十步觀察推官廨在府治東北一里錄事參軍廨在府治西南宣詔亭下司理參軍廨在府治南獄在焉司戶參軍廨在府治東南一里司法參軍廨在府治東南二里

宋倉庫〔嘉泰會稽志〕苗米倉在府衙東二百步如坻倉在府衙東北一里支鹽倉在府衙東二里常平倉在府衙東二百步夏麥倉在府衙南二百步受納糯米倉在西門外一里都稅務在府衙東一里九十步都酒務在府衙南一百二步比較務在府衙南一百步和旨庫在府衙東二百六十步激賞庫在府衙東二里十步公使庫軍資庫甲仗庫並在府衙架閣庫在府衙設廳北常平茶鹽庫在府衙西經總制庫移用庫五分錢庫並在通判北廳激賞

錢庫在府衙西囘易庫在府城東北醋庫在府城東造袋局在府東北提舉司惠民局在府東湯浦紙局新林紙局楓橋紙局三界紙局合同場都物料場在府衙南子城內受納稅場在府衙內抽解竹木場在府橋收糴糯米場在迎恩門外受給場在府城東二十五里排岸司在城南卧龍坊都作院在府衙南省馬上院省馬下院替火隊並在府衙西

元錄事司治〔宏治志〕元時以府治爲路廨别置錄事司於府治東十五步

望同臺〔寶慶續志〕云府廨舊有望月臺汪綱建〔舊志〕在府治後鎮越堂之前未詳何人所建惟王梅溪有詩傳之郡守汪綱復其舊名今廢〔王十朋望月臺詩〕明珠遥吐卧龍頭漸覺清光萬里浮人望使君如望月要須如鏡莫如鉤

賢牧堂〔嘉泰會稽志〕在府廨即清白堂故址越人建以祀范文正公後史文惠公增趙清獻後又增丞相朱忠靖公勝非趙忠簡公鼎及參政張公守內翰翟公汝文〔寶慶會稽續志〕嘉定中守吳格又增史忠定爲七人

清思堂〔輿地紀勝〕在使宅前〔嘉泰會稽志〕按張伯玉清思堂晝坐詩白雲無事不肯去幽鳥有時還自來今堂在重屋之後略無所見以前人題詠考之恐非今處

逍遥堂〔嘉泰會稽志〕在府治張伯玉寓興詩云旌麾千騎長風月一堂深即此

棣蕚堂〔輿地紀勝〕在州宅洪内翰邁所名以兄文惠公嘗守越取論語中語名之

觀風堂〔方輿勝覽〕在使宅東紹興中曹泳建

清白堂〔宋范仲淹清白堂記〕會稽府署據臥龍山之南足北上上有蓬萊閣閣之西有涼堂堂之西有巖焉巖之下有地方數丈密蔓深叢莽然就荒一日命役徒闢之中獲廢井即呼工出其泥滓觀其好惡曰嘉泉擇高年吏問廢之由不知也乃扃而澄之三日而後汲視其泉清而色白味之甚甘淵然丈餘綆不可竭當大暑時飲之若餌白雪咀輕冰凜如也當嚴冬時若遇愛日得陽春溫如也其或雨作雲蒸醇醇而渾蓋山澤通氣應於名源矣又引嘉賓以建溪日鑄臥龍雲門之茗試之則甘液華滋悅人襟靈觀夫大易之象初則井道未通泥而不食弗治也終則井道大成收而弗幕有功也其斯之謂乎又曰井德之地蓋言所守不遷矣井以辨義蓋言所施不私矣聖人畫井之象以明君子之道焉予愛其清白而有德義爲官師之規因署其堂曰清白堂又構亭於其側曰清白亭庶幾居斯堂登斯亭而無忝其名哉寶元二年月日記〔王十朋清白堂詩〕鑱清地古思劉寵泉白堂虛憶范公印綬紛紛會稽守誰能無愧二賢風

鎮越堂〔舊志〕宋嘉定辛巳九月郡守汪綱建〔汪綱鎮越堂杜記〕嘉定辛巳予自憲移帥於此築一堂以鎮越名之地高而爽堂奥而明秦望諸山皆欣然領會有效奇獻秀之勢又創行廊四十間於兩翼聯屬蓬萊且幷與閣一新之山川朝拱氣象環合而斯堂之勝獨擅于越中矣

雲壑堂〔寶慶會稽續志〕汪綱建〔宏治志〕堂前有喬松甚古

壽樂堂〔嘉泰會稽志〕在通判南廳熙甯中簽書判官太子中舍張次山建即簽判舊廨之南堂也〔蘇軾越州張中舍壽樂堂詩〕青山偃蹇如高人常時不肯入官府高人自與山有素不待招邀滿庭戶臥龍蟠屈半東州萬室鱗鱗枕其股背之不見與無同狐裘反衣無乃魯張君眼力覷天奥能遣荊棘化堂宇持頤宴坐不出門收攬奇秀得十五才多事少厭閑寂臥看雲烟變風雨筍如玉筯椹如簪強飲且爲山作主不憂兒輩知此樂但恐造

物怪多取春濃睡足午窗明想見新茶如潑乳

民事堂〔嘉泰會稽志〕在通判東廳王十朋簽判日創〔宋王十朋民事堂賦并序〕堂名民事志天語也某備員越幕歲將期顧惟不才曹然無補日以敗官曠職爲憂所幸黃堂主人甚賢同僚皆士君子朝夕講論無非民事之要者因爲之賦以志其一二云繄越幕有下僚兮名所寓曰民事之堂誦天語之丁寧兮銜聖恩而不敢忘唉民脂以飽妻子兮猶雀鼠之偸太倉苟不民事之是思兮又將奚逭虛天殃嗟會稽之大府兮罹薦歲之凶荒颶風作於孟秋兮雨浸淫而異常天吳怒而江濤沸溢兮飄廬舍而壞堤防桼盛害而歲大祲兮民餓踣而流亡射的黑而米斛千兮擷蓼花而爲糧痛瀕海之蚩蚩兮葬江魚之腹腸予嘗告其故於前使君兮請敷奏於巖廊顧幕中平日之巧辨兮人酒斬其爲狂會伯魯之傳召兮達民瘼於九重予殆有類於輦者兮亦何恨夫言之不庸洪惟當宁之至仁兮視赤子其如傷蠲常賦而救天菑兮出內帑之所藏哀東州之無告兮惠吾民以腿黃左公孝而右孟博兮相與協贊其惟良先撫字而後催科兮正今日之所當寬公私之積負兮以俟乎歲之豐穰省訟牒之煩苛兮抑蠹政之豪強節無用之浮費兮俾斯民之小康茲政事之所急兮敢不忠告虖黃堂至若鑑湖利及九千頃兮日侵削而就荒歲和買無慮十萬縑兮曾無一分錢之不償榷酤之利半奪於有力兮財賦浸以荒涼兼幷之弊熾於大族兮編氓餒於糟糠茲又越中之巨害兮姑略言其大綱若夫民事之在天下兮固不足以知其詳有一言以盡之兮曰生之而不傷擇守令兮去姦贓愼弗擾兮如牧羊茲畝畝之惓惓兮願入告於天王

世綵堂〔寶慶會稽續志〕在通判南廳倅史文卿創

桂堂〔嘉泰會稽志〕在通判北廳便廳之南吳興施宿所建今袁尚書起巖書扁

盡心堂　和樂堂〔寶慶會稽續志〕在提刑司宣和元年並蔡佃建

澄清堂〔寶慶會稽續志〕在提刑司淳熙中倪思作堂記

棣華堂〔寶慶會稽續志〕在提刑司淳熙中芮煇建以其兄曄於乾道中嘗莅是職

飛翼樓〔輿地紀勝〕世號鼓吹樓

新樓〔舊志〕在府治唐時建〔於越新編〕在使宅南〔唐白居易和微之新樓北園偶集〕聞君新樓宴下對北園花主人既賢豪賓客皆才華初筵日未高中飲景已斜天地爲幕席富貴如泥沙稽劉陶阮徒不足置齒牙臥甕鄙畢卓落帽嗤孟嘉芳草供枕藉亂鶯助喧嘩醉得道路鄉狂海無津涯一歲春又盡百年期不賖同醉君勿辭獨醒古所嗟銷愁若沃雪破悶如割瓜稱觴豈爲壽此樂無以加歌聲凝貫珠舞袖飄亂麻相公謂四座今日非自誇有童善吹笙有婢彈琵琶十指纖若筝雙環鬒如鵶履舄起交雜杯盤散紛拏歸去勿擁遏倒載逃難遮明日宴東武後日游若耶豈獨相公樂謳歌千萬家

滿桂樓 杜鵑樓〔寶慶會稽續志〕在府廨俱唐建其蹟已不可考〔李紳滿桂樓詩幷序〕架樓城西南臨眺于外盡見湖山別開外扉通杜鵑樓不啓重扃清夜可以開宴因以滿桂爲名也爲憐湖水通宵望不學樊川却月樓唯待素規澄滿鏡莫看纖魄挂如鉤卷簾方影侵紅燭繞竹斜輝透碧流蕭瑟晚風聞木落此時何異洞庭秋又杜鵑樓詩幷序七年冬所造自西軒延架城隅樓前植杜鵑因以爲名杜鵑如火千房拆丹檻低看晚景中繇豔向人啼宿露落英飄砌怨春風早梅昔待佳人折好月誰將老子同唯有此花隨越鳥一聲啼處滿山紅

披雲樓〔寶慶會稽續志〕府廨有披雲望雲二樓俱唐時建〔齊唐披雲樓詩〕元和文物盛羣賢曾借蓬萊住列仙畫入簾櫳烟外寺鑑搖臺榭水中天

蓬萊閣〔宋張伯玉蓬萊閣醉歸詩〕蓬萊閣上醉歸時猶索芳樽步步隨啼鳥似來留翠佩傍人爲笑整花枝腰間半掛黃金印頭上斜欹白接䍦拍手向他賓從道使君未老勿扶持〔王十朋詩〕祖龍車轍遍塵寰只道蓬萊在海間空上望秦山上望不知此處是神山

鎮東閣〔章大來鎮東閣記〕原鎮東閣之名原於五代時錢鏐鎮東之軍門又始於舊子城之鎮東門蓋府署據臥龍山之東麓是爲鎮東軍節度即于城之東以爲東門榜曰鎮東軍書之者吳郎中悅立之者王參政綯也至子城鎮東之門則始于隋開皇時楊素先是宋明帝時蔡興宗爲鎮東將軍又先是晉穆帝時王彪之爲會稽內史鎮東將軍蓋鎮東之名由來久矣考郡自夏至今爲會稽爲越爲會稽郡爲荆國吳國爲會稽國爲越州爲吳總管府爲浙東道爲浙東總管府爲節度觀察使署爲義勝軍威勝軍爲鎮東軍爲吳越國後爲紹興府元爲路明復爲府其中凡幾經分合改復而閣之垂名歷千餘年不可易謂非魯殿靈光也哉

秦望閣〔寶慶會稽續志〕府廨常衙廳之上爲秦望閣不知作於何時趙抃嘗有詩熙甯前已有之矣

清涼閣〔寶慶會稽續志〕在府廨棣蕚堂下守洪邁重修改爲招山閣〔宏治志〕閣後廊廡名雲近廊宋守趙彥倓建

延桂閣〔於越新編〕在府署清思堂側宋趙彥倓建

競秀閣〔浙江通志〕王十朋有州宅競秀閣詩

曲水閣〔宏治志〕在府廨〔王十朋曲水閣詩〕王謝蘭亭久寂寥茂林修竹自蕭條蔣侯近代風流守曲水流觴意亦高〔注〕太守蔣堂建今爲飛蓋堂

稽山閣〔輿地紀勝〕在府治臥龍山東隅〔寶慶會稽續志〕有程大昌賦刻於梁間

星宿閣〔舊志〕在臥龍山麓城隍廟西偏前列梅嶺諸峯遠望數十里田疇碁置鱗次屋舍星錯綠樹迷烟清流紆迴護之小舟浮水面如落葉人行隱隱盡郡城西南之勝〔明蕭鳴鳳詩〕層

樓敞虛牖羣峯翠堪拾獨臥春宵静乍暝秋風入溪雲忽成雨幽竇泉色急夢過天台巔足
下星辰濕〔張佳允越中諸公招飲星宿閣詩〕飛閣擁岩嶢丹梯荷見要人占星宿聚地受
海雲朝萬井憑欄得長空寓目遙江湖曾霸越封甸已歸堯拍掌山陰道移尊北斗杓張筵
成玳瑁高論各瓊瑤客自東南美臺堪夏暑銷淡煙催落日醉語散清霄不盡蘭亭路貪看
秦望標羣公似有
意雲壑擬相招

紫翠閣〔山陰縣舊志〕在臥龍山

望海亭

〔唐元稹酬鄭從事四年九日晏望海亭次用舊韵〕海亭樹木何蘢葱寒光透坼秋
玲瓏湖山四面爭氣色曠望不與人間同一拳墩伏東武小兩山鬭構秦望雄嵌空
古墓失文種突兀怪石疑防風舟舡駢比有宗侶水雲滃泱無始終雪花布徧稻隴白日脚
插入秋波紅興餘望劇酒四坐歌聲舞豔煙霞中酒酣從事歌送我歌云此樂難再逢良時
年少猶美健使君況是頭白翁我聞此曲深歎息唧唧不異秋草蟲憶年十五學構廈有意
蓋覆天下窮安知四十虛富貴朱紫束縛心志空妝梳妓女上樓榭止欲歡樂微茫躬雖有無
趣尚慕賢聖幸有心目知西東欲將滑甘柔藏府已被鬱噎衝喉嚨君今勸我酒太醉醉語
不復能冲融勸君莫學虛富貴不是賢人難變通〔唐元稹酬周從事望海亭見寄詩〕年老
無流輩行希足躋羅熱時憐水近高處見山多衣袖長堪舞喉嚨轉解歌不辭狂復醉人世
有風波〔張繼詩〕江城昨夜雪如花郢客登樓望霽華夏禹壇前曾聚玉西施浦上更飛沙
簾櫳向晚寒風度睥睨初晴落景斜數處微明銷不盡湖山青映越人家〔明董玘序〕越望
亭存古也亭初名飛翼樓句踐時范蠡所建後人葺之名望海亭正德間猶餘石柱者四前
守曳而仆之迹遂泯篤齋湯侯自德安以能治劇來蒞茲土踰年乃及斯亭不浹旬而亭屹
然以完更名越望以龍山爲一郡之望又前與秦望山相值也蓋昔之稱勝概者必於深山
窮谷如所謂羅浮天台衡嶽廬阜乃皆在乎僻陋之鄉人跡所罕能至惟金陵錢塘二都會
號爲盛麗然其占形勝治亭榭者亦必於郊野之外而好事者後得以爲己功未有直治城
挾闤闠不踰庭闃而湖山林壑之美煙雲潮汐之變人物居邑之繁一寓目而盡得之偏行
天下無踰此亭顧傾圮湮沒於榛莽間且千餘年前後爲守者不知其幾莫或詢及至侯而
一旦復之遂冠絶於他邦傳曰賢者之興而愚者之廢非此類也夫〔謝丕詩〕小亭著向臥
龍尖東越爭傳勝事添八面奇靈環海嶽四時作息見閭閻星河烱烱仙蹤隔逕路蕭蕭吏

隱兼欲撥莓苔尋舊跡重教杜石聳遐瞻（季本詩）遠連滄海近連山萬里蓬萊指顧間曾共蒭蕘穿曲徑忽聞歌吹出重關勝遊惟有仙軿到清宴常乘吏事閒城外平疇看不盡酒酣還與一憑欄（李鐸碑記）環紹皆山而領袖羣山者宛委也越城內多名山而屏障府署者臥龍也龍山之巔有亭舊名越望以覽全越之勝湖山煙火囊括星羅歲己巳恭遇聖駕南巡至越登斯亭以觀形勝因更臥龍爲興龍蓋取易飛龍在天聖作物睹之象也越明年庚午秋七月二十四日風雨連朝龍山之陽山陰縣署後有聲若雷火光烱爍蛟龍隱現騰空而起公廨民房暨龍山草木俱無恙此所謂龍興者乎因更越望爲鎮越亭恭題萬壽無疆四字懸之於亭爲式廓其規模丹雘其榱棟念是亭藉龍山而聳峙則亭以山重龍山藉斯亭以駐蹕則山以亭重龍山與亭之獲邀聖眷非觀也爲民也則山與亭又皆藉民以重也是爲記

希范亭（名勝志）清白堂遺址有清泉一泓上有希范亭因范仲淹以掘廢井而得泉也

晚對亭（嘉泰會稽志）府廨招山閣之東（寶慶會稽續志）洪邁建

極覽亭（嘉泰會稽志）在府廨賢牧堂之西北淳熙七年參政李彥穎建

秋風亭（寶慶會稽續志）在觀風堂側嘉定十五年汪綱建（汪綱秋風亭柱記）秋風亭辛稼軒曾賦詞膾炙人口今廢久矣予即舊基面東爲亭當必有高人勝士如宋玉張翰者來游其間游目騁懷幸爲我留毋遽起思歸之興云

多稼亭（寶慶會稽續志）在府廨嘉定十年王補之修

近民亭（嘉泰會稽志）臥龍山之西舊有小茅亭名近民嘉定十五年汪綱即其遺址移越王臺於此其下爲燕春雲根四面屏障步鰲拂雲並汪綱建

望仙亭（嘉泰會稽志）直使宅之北紹興甲寅趙侍郎不流建以梅福常隱此故名

清閟亭〔寶慶會稽續志〕在提刑司疊石爲巖洞冠以亭

滌秀亭　冷香亭　逍遥游亭〔寶慶會稽續志〕通判北廳有小圃頗幽雅嘉定甲戌袁申儒臨池作亭名滌秀又於梅林中作亭名冷香又一亭曰逍遥游因曾子固倅越劉貢父送以詩云君爲逍遥游亭名本此

會稽圖畫亭〔寶慶會稽續志〕在通判北廳臥龍齋旁盡眺湖山之勝嘉定癸未沈繹作

海溜亭〔萬曆志〕郡齋舊有海溜亭因唐李紳詩著名〔李紳詩〕海溜花早開繁蕊花照晴霞破碧烟高近紫霄疑菡萏迥依江月半嬋娟懷芳不作翻風豔別蕚猶含泣露妍搖落舊叢雲水隔不堪行坐數流年

西亭〔嘉泰會稽志〕在州治西北〔孫逖宴越府陳法曹西亭詩〕公府西巖下紅亭開白雲雩梅初度臘烟竹稍迎曛水木涵層景簾櫳引霽氛江南逼歸思春雁不堪聞

東園〔名勝志〕府署臥龍山東麓

兼山亭〔范其鑄記〕康熙庚申春郡侯王公朱輅皂蓋來守越郡舉凡政之有裨於士民爲之立綱陳紀振衰起弊百度聿新風俗丕變八邑之人咸知有更生之慶而共沐公之德化於無窮也因於吏治之餘般然復古思郡城之內介處西隅之蕺山之巔有亭翼然先賢之所建今僅留其遺蹟而窗宇棟楹無復有存焉者公於是愀然念之以爲故老相傳茲亭有係於文明之運學校振興俊乂輩出科名接踵代不乏人而乃傾圮久廢殆非所以明教化歌譽髦此守土者之責而亦爲此邦士大夫之羞爰于辛酉夏先爲捐俸以示倡率庀材鳩工塗垣飾墉越明年季春上巳而亭於是乎落成仍其名曰兼山亭甚盛舉也昔之亭湮於蔓草零露今之亭覩爲鳥革翬飛于以望江山之秀麗瞻民庶之殷繁不僅快心意娛耳

目以爲登臨適觀已也吾思公甫下車輒網羅名彥而拔最者更爲都人士所推許且是亭之建適屆賓興登賢書捷南宮列中秘指不勝屈皆我公樂業之至意爲能相與以有成也猗歟休哉回顧四境之中苻靖息桴鼓不驚賣刀買犢桑麻遍野相率雍和共安樂利優游爲太平之民者而不知誰之功夫於越爲霸國之餘業生聚教訓不難沼強吳而雄天下然則登斯亭也念霸圖之猶在景先烈之可思烟火萬家閭里相錯瘡痍未起今則甦之流離未復今則歸之汙萊未闢今則除之禾稼未成今則藝之追蹤渤海繼美潁川而俾召父杜母之歌洋溢於龍山鑑水浣江天姥之間豈不盛哉夫郡城八山山陰則居其六昔郡守何公有之越望亭之修而郭外之蘭亭處千巖萬壑間許公於是而增葺之俾曲水流觴風景宛在則是役也有關文教不後來居上哉〔又詩〕一峯高峙冠東華此際登山興轉賒雲滿千家映雉堞風吹萬戶漾桑麻雕梁新構承朝日畫棟重開噪晚鴉越國千巖仍在望風流刺史蹟堪誇〔唐彪詩〕戟亭重峙使君遊畫棟巍峨起越州烟雨城頭迷翠靄湖山鏡裏入清秋當年剩有珠林在此地曾經翠筆浮何幸追隨分講席右軍猶見舊風流〔朱彝尊登蕺山亭子詩〕石磴層層上憑高四望同君王遺蹟在寂寞古亭空綠水人家外青林島嶼中昔年生聚日辛苦舊江東

府河

附　見府志卷十四水利志

府河〔浙江通志〕在府東一里跨山會界其縱者自江橋南至植利門北至昌安水門其橫者自都泗門至西郭門中間支河甚多皆通舟楫〔萬歷志〕府河向爲市民所侵漸淤隘嘉靖四年知府南大吉疏闢之〔王守仁記〕越人舟楫爲輿馬濱河而廛者皆巨室也日規月築水道淤隘蓄洩既亡旱澇頻仍商旅日爭於途至有鬬而死者矣南子乃決阻障復舊防去豪商之壅削勢家之侵失利之徒胥怨交謗從而謠之曰南守瞿瞿實破我廬瞿瞿南守使我奔走人曰吾守其厲民歟何其謗者之多也陽明子曰遲之吾未聞以佚道使民而或有怨之者也既而舟楫通利行旅歡呼絡繹是秋大旱江湖龜坼越之人收穫輸載如常明年大水民居免於墊溺遠近稱忭又從而歌之曰相彼人矣昔揭以曳矣今歌以楫兮旱之熇矣微南侯兮吾其焦矣霪其彌月矣微南侯兮吾其魚鼈矣我輸我穫矣我游我息矣長渠之活活矣維南侯之流澤矣人曰信哉陽明子之言未聞以

佚道使民而或有怨之者也紀其事於石以貽來者河之在市皆壅窄甚大弗利於舟南公擬盡斥廬舍以廣河計所斥率六尺許而豪右嚮侵爲世業者輒共譁以爲大不便會罷官而止其後知縣張鑑稍濬學河民亦便之〔季本記〕會稽儒學南北東界水水自植利門入北流經隆興橋東折爲南渠又自隆興橋北流過通市橋東折爲北渠皆會於東雙橋北流入海渠近市廛久無濬治北渠漸就淺隘僅通小舟南渠由儒學泮池至軍器局西則民間埭而爲池淤而爲圃東亦如之故道盡失嘉靖丙申邑諸生上復渠議於諸司咸報曰可而豪右各便其私八持一說或曰軍器局故福果廢寺地寺本北向臨北渠局之南門寺後趾也今廢渠當由局西南折而東直接毛家漊以合北渠水於東雙橋之南觀毛家漊現存形迹似一故道也或曰當由局南東折而北直接邱家宅池以入北渠而復東流以合東雙橋南之水觀邱家宅池現在形蹟似亦一故道也然自元以來埋沒已久故老無復能知的處故當時議者惟據局西有三池東有四池如貫珠然謂故道宜在此乃遂因七池之勢橫貫珠局中而曲折以達於毛家漊議遂定而功則未興也會南充張侯鑑來尹吾邑乃竣其事〔一山陰縣志〕崇禎癸酉邑人御史金蘭相視淤淺白於有司捐資倡諸紳士分董其役逾月而水道盡通舟楫無阻〔俞志〕郡城中河道錯若繪畫自通渠至委巷無不有水環之民居相雜日投穢惡以淤障水道一月不雨則驟涸船載貨物用力百倍入夏尤艱苦康熙五十一年冬知府俞卿諭民濬之至明年如故蓋令民掘土僅取土數簣峙之兩岸及水漲慣於舟運復擠之河中故輒濬輒湮乃下令毋許仍前故事其深必三尺其廣必極兩岸始於各城門鱗次遞進以一里爲程其起止處俱築土壩功畢開壩引水舟載岸上土投城外深淵其挑掘督之兩河居民至空地無室廬者知府出俸銀僱人疏之其載土之舟則借之鄉間每

都出若干艘每艘出舟子一人蓋城河者四方所共往來故城鄉各均其役不一月工竣又市民居貨者架水閣於河上爲便房密室康熙五十四年知府俞卿下令盡撤之琢石碑二一立於府儀門一立於江橋張神祠〔知府俞卿禁碑〕爲永禁官河造閣復水利以培地脈事照得越郡城河從鑑湖南入直進江橋分流別滄號爲七紘固四達交通發祥毓秀爲闔郡利益也自居民不遵古道始於跨河布跳繼而因跳搆閣一人作倆比戶效尤致令通津暗塞水漲則上礙船篷水淺則下壅汙泥損傷風脈阻滯商民積弊相沿莫此爲甚本府蒞任即捐俸疏河及確訪水閣情弊更逐處親勘隨經出示曉諭限期拆卸不數日而障開天見復還古制遠近同聲稱快即造閣人戶亦無不輸誠悅服茲據通郡紳衿耆老船戶人等各具呈詞公籲立碑垂久事關地方利弊合行永禁爲此仰郡屬居民知悉當念河道猶人身血脈淤滯成病疏通則健水利既復從此文運光昌財源豐裕實一邦之福非特官斯土者之厚幸也倘日後仍有自私圖便佔河架閣等弊許隣佑總甲指名報官以憑按律究治若扶同容隱察出並罪各宜永遵毋得玩視〔巴陵韓矩毀水閣記〕越郡有城河者七郡中以七紘名之固濬深而流清者也居人乃架閣其上日積月累而河淤士民有識者每以其事上長吏欲毀閣以窮疏濬吏畏難不舉我公至謂城心有河猶人身有血脈也血脈凝滯衆疾作厥惟投劑通其滯於是召諸父老曰爾越文明舊盛勝國猶二百七十年取巍科登公輔者踵相接至於今少衰矣實茲河之淤塞故爾河在五行居其二水與土相生者也水土生生之義虧地氣塞而文明晦是不可不急以濬架閣者幾何家速毀爾閣毀之實所以成之也爾民其敬聽毋梗一下令河無餘閣雖勢家莫敢後焉舉百年難爲之事不動聲色而爲之公之恩威素洽于人心人以是畏而服之也昔袁恭靖欲疏濠李覺山云此民事城東西非君家物也胡爲急于袁云民事即己事公事更切於家事卒旦夕督課而成之公之心與古人同哉且除道成梁亦王政之所經營也又不徒在乎形家者言矣日久禁弛復有架閣於河者乾隆五十七年正月知府李亨特復出示拆毀〔知府李亨特示〕爲申明禁令立限拆毀私占官河水閣事粤考志乘內載紹郡城河自南門受水直進江橋分流別滄四達交通仍流瀉于昌安門山會二縣于此分界商賈輻輳市民惡其地狹架水閣于河上舟行幾不見日月或時傾汚穢溅人往來者苦之又形家言茲河爲郡城血

脈淤塞不通故閭閻凋瘵文明晦而科甲衰康熙五十四年俞前守下令盡撤之并鐫石碑二一立府儀門一立江橋張神祠日後仍有占河架閣等弊許隣佑總甲報官按律究治扶同容隱一體科罪以昭永禁等因迄今越年已久市民復蹈前轍仍架水閣致使通衢黑暗汚穢淋漓水皆臭惡泥汚壅積甚有婦女踞坐閣上或當閣曝曬褻衣穢物舟行其下恬不知恥且兩岸相接設遇祝融不戒必致延災尤爲大害更查設有平矮石條木橋以圖行走自便不顧下礙舟楫亦于河道不便均應拆禁茲本府委員查得自張神祠起至南門止共計水閣七十四座石條四座木橋八座本應卽行拏究姑先申明禁令立限拆毁爲此示仰該市居民等知悉立將所架水閣石條木橋各自拆毁限二十日內拆竣以憑委員查勘倘敢抗違除委員帶匠押拆外仍將本人嚴拏按強占律治罪斷不稍寬各宜凜遵毋違

探定府河現在水則　二水中分水深七尺山陰筆飛坊會稽永昌坊　利濟橋深八尺　水澄橋深六尺二寸巷口深五尺橋南深四尺　大善寺深三尺五寸寺南深三尺　倉街口深二尺五寸　烏龍廟口深四尺五寸　縣西橋深一尺五寸橋南深二尺五寸　軒亭口深二尺二寸山陰南和坊　富民坊口深四尺五寸　清道橋深三尺東府坊止界　橋南深一尺六寸　通水橋深一尺六寸橋南深二尺七寸　隆興橋深二尺六寸　蕙蘭橋深三尺　市門閣深二尺一寸　木瓜橋深二尺　觀橋深二尺五寸　大雲橋深三尺四寸　雲西寺深五尺寺南深三尺　大慶橋深三尺　景甯橋深三尺五寸　捨子橋深二尺五寸　上望廟深二尺五寸　太平橋深二尺六寸山陰縣下植坊　毓秀橋深二尺四寸山陰縣上植坊　新興橋深三尺　鮑家橋深三尺八寸　望花橋深三尺三寸　南秀橋深四尺七寸　南門深五尺六寸

碑刻 見府志卷七十六金石志二

〔一〕宋眞宗御製至聖文宣王贊幷加號詔 大中祥符五年

在府學宮行書橫列刻後有題云大中祥符元年十月二十四日東封禮畢十一月一日車駕幸曲阜縣謁奠先聖文宣王命刑部尚書温仲舒等分奠七十二弟子先儒禮畢幸孔林是日詔先聖加號至聖文宣王御製贊又詔吏部尚書張齊賢等次日以太牢致祭詔兗公顏子進封兗國公十哲閔子以下進封公曾子以下進封侯先儒左邱明已下進封伯五年八月二十二日奉勅諸道州府軍監各於至聖文宣王廟刻御製贊幷詔

〔二〕宋張南軒手書孝經石刻 熙甯五年

在府學宮即十哲贊碑之陰橫列刻中闕十二行後題云熙甯□子八月壬寅書付姪慥收時寓□之廢寺居東齋南軒題廿五字按神宗熙甯元年是戊申十一年戊午即改元元豐此云□子當是五年壬子也

〔三〕宋杭州惠因院賢首教記 元祐元年

在府學宮二門北向朝散大夫提舉杭州洞霄宮護軍永興縣開國男食邑三百戶賜紫金魚袋章衡記承事郎監杭州都酒務兼權市舶司唐之問書奉議郎簽書昭慶軍節度判官廳公

事賜緋魚袋文勛篆額資政殿學士太中大夫知杭州軍事兼管內勸農使充兩浙西路兵馬鈐轄兼提舉兵馬巡檢公事輕車都尉河南郡開國侯蒲宗孟立石按是碑不應在學宮當是石工利其碑石自杭州移至此耳正面刻順治十年修學記

〔四〕宋徽宗御書辟雍詔 崇甯四年

在府學宮大成殿後壁上刻徽宗御書辟雍詔十四行世所謂瘦金體者是也下刻辟雍詔後序十八行承議郎試大司成兼侍講武騎尉保寧縣開國男食邑三百戶賜紫金魚袋薛昂奉旨撰幷書司空尚書左僕射兼門下侍郎上柱國衛國公食邑六千八百戶食實封二千戶蔡京奉勅題額崇寧四年十二月二十日建又有何昌言强淵明汪獬余深蔣靜吳絪及朱登季夑倪直王□□等十人官爵姓名

〔五〕宋越州新學碑 政和元年

在府學宮二門西側朝奉郎守尚書度支郎中知越州軍州事兼管內隄堰橋道勸農提點銀場兩浙東路屯駐駐泊兵馬鈐轄護軍借紫張伯玉撰文奉議郎監在城稅務張勸書按越州新學成於治平元年夏四月至政和元年十月將仕郎充州學教授陸友諒重立石

〔六〕宋刻孔子像幷贊 宣和六年

在府學宮大成殿宣和間山陰姚禹錫刻之上有内相毛友撰象贊云偉哉巍巍堂堂人中之龍蓋千萬世凜然如生夫豈劍佩之飾丹青之容於戲天不得不高地不得不厚父子不得不親君臣不得不尊人物鬼神各由其道无是焉將化爲禽獸賊亂者匪夫人之功也耶

〔七〕宋吳履齋先生存悔齋十二箴淳熙十六年

在府學宫明倫堂字大二寸餘凡十二行下題云淳熙已酉季冬望日郡博士邵□復及學士宋申甫丁應龍等七人同立石

〔八〕宋紹興府修學記紹熙二年

在府學宫中奉大夫提舉建寧府武夷山冲祐觀陸游記朝請大夫主管建寧府武夷山冲祐觀詹騤書并隸額碑云紹熙二年九月癸酉爲給事中括蒼王君信來爲是邦增修學宫所立全文載浙江通志

〔九〕宋紹興府進士題名記慶元二年

在府學宫慶元二年十一月朝議大夫權兩浙西路提點刑獄公事袁說友記并額慶元丙辰臘月承議郎添差權通判紹興軍府兼管内勸農事王介書題云題名舊刻始于慶歷前此記不詳其鄉里故雖祁公亦不復書教授劉君庶請於府帥待制侍郎單公夔礲舊石而增修之

自大中祥符元年姚曄牓杜衍起至政和五年何㮚牓傅崧卿等凡一百四十一人

〔十〕宋紹興府新置二莊記 嘉定八年

在府學宮明倫堂嘉定八年□□□□記曾槃書前後磨滅殆盡按浙江通志葉適撰

〔十一〕宋紹興府修學記殘碑 年月闕

與二莊記一碑兩面年月姓名俱闕惟存上半截

〔十二〕宋鎮越記 嘉定十五年

在府治蓬萊閣下嘉定辛巳之明年郡守汪綱記今不存

〔十三〕宋紹興府進士題名二 紹定四年

在府學宮明倫堂自政和八年嘉王牓諸葛行敏起至紹定四年慶壽科王傑等凡二百四十九人

〔十四〕宋紹興府進士題名三 紹定五年

在府學宮明倫堂自紹定五年徐元杰牓起至咸淳十年王龍鐸牓周汝暨等凡一百三十三人上有紹興府府學教授繆蟾題記廿一字

〔十五〕宋紹興府學整復貲錢牓 淳祐八年

在府學宮頭門側年月上有紹興府印信其下又刻學正劉致堯等申文箚子

〔十六〕宋理宗御書府學二大字寶祐元年

在府學宮大成殿字旁有御書之寶及癸丑兩印璽下有戴登雲謝表小字六十九行其末云寶祐元年十一月日廸功郎特差□紹興府學□□臣戴登雲數字其下糢糊不辨又有鄉貢進士免解進士等名凡七人

〔十七〕宋紹興府建小學田記景定三年

在府學宮紹興府學教授陳景行記通判紹興軍府事留夢炎題額景定三年學生漕貢進士司計朱發等爲太師厚齋先生增置小學田所立

〔十八〕元世祖諭旨至元二十五年

在府學宮大成殿正書十二行至元二十五年十一月立上有蒙古字十餘行如本文之數

〔十九〕元世祖諭旨至元三十一年

在府學宮大成殿正書十八行至元三十一年七月立上有蒙古字二十九行

〔二十〕元刻陀羅呢經咒石幢大德五年

在府城開元寺前臨河前後剝蝕難讀上有題記十八行亦不甚辨其大略云按會稽志及圖

經所載後唐長興元年吳越武肅王奏以節度使董昌故第造寺建炎庚戌例遭煨燼致寺前河步及四圍基地皆爲居民佔住逮至元二十七年欽奉聖旨復舊基云云又有云重建法幢端爲祝延聖壽萬安皇圖鞏固民康物阜雨順風調願佛法久住世間使羣品正信不斷歲次辛丑大德五年九月庚申開元寺僧守模等衆立

〔廿一〕元紹興路增置義田之記大德八年

在府學宮頭門側懷遠大將軍潭州安撫副使曾綱撰集賢直學士朝列大夫行江浙等處儒學提舉趙孟頫書少中大夫浙東海右道肅政廉訪使梁國華篆額大德八年四月日記爲汴梁劉侯來總府事增置義田所立按職官志劉侯名偰元貞元年爲紹興路總管

〔廿二〕元成宗加孔子號詔書大德十三年

在府學宮大成殿大德十三年七月詔下又有至大年月題字十一行及紹興路總管姓名小字一行俱糢糊不甚辨

〔廿三〕元重修大成殿記至治元年

在府學宮大成殿安陽韓姓記爲部使者何約總管胡元重修大成殿所立

〔廿四〕元臨海王烈婦碑至治間

在府學宮二門西側永嘉李孝光記亞中大夫紹興路□□□□總管泰不華篆書其略云烈婦夫家臨海人至元十三年世祖率師南下婦之舅姑與夫俱被執師中有千夫將見王美麗乃盡殺其舅姑與夫而欲私於王婦憤痛欲死不得自念當汚乃佯爲服衰以尋死所而千夫置守者朝暮隨之至明年春師還挈行至剡水上過上淸風嶺守者懈之婦仰天竊嘆曰我知所以死矣乃齧指血寫詩上石南嚮痛哭自投崖下而死至治間邑丞徐端爲起石祠樹碑祠中以彰其烈外又有康里巙巙書淸風篇七古一首刻於碑陰

〔廿五〕元刻至聖文宣王像 泰定二年

在府學宮大成殿按此像刻於泰定二年乙丑暮春句章周耘依孔氏家廟所藏本重摹者也作弁服坐像像下有記三十七行後又有國子監學生王時及紹興路總管王□名

〔廿六〕元紹興路總管宋文瓚去思碑 至正二年

在府學宮奉政大夫江浙等處儒學提舉黃溍撰文前江西等處行中書省管勾承發架閣庫趙宜浩書紹興路總管府推官申屠駉篆額文瓚字子章南陽裕州人至元五年爲紹興路總管累擢臺省踐歷中外績用甚著至正二年三月越郡士民立石

〔廿七〕元紹興路總管府推官趙叔遜去思碑 至正八年

在府治二門郡士李節撰文呂中立書通議大夫禮部尙書領會同館事泰不華篆額後有教授教諭山長稅司提領副司路吏録事達魯花赤總管府經歷及各寺院僧道等名

〔廿八〕元紹興路重修儒學記至正十五年

在府學宫二門左側中奉大夫前翰林侍講學士知制誥同修國史同知經筵事黄溍撰文嘉議大夫監察御史月魯不花書丹翰林待制朝請大夫申屠駉篆額其略云達魯花赤太中大夫名九十字子陽以至正十三年三月來領郡事時中原俶擾淮夷繹騷詔名江浙分省宰臣駐軍池陽以遏其奔軼分省檄公預行以十四年還自池陽至十五年三月始修學宫訖工於是年之十二月後有宣武將軍同知紹興路總管府事迭里迷失奉議大夫紹興路總管府治中搭的迷失海牙武略將軍紹興路總管府判官燕帖木兒承德郎紹興路總管府推官姜獻臣承事郎紹興路總管府經歷韓欽祖提控案牘兼照磨承發架閣樊恭學正王綸學録李允及郡士王良輸夏泰亨楊淵富處善韓旻等同立石

〔廿九〕元御史大夫康里慶童勉勵學校記至正廿一年

在府學宫紹興路儒學教諭朱鐔撰文承務郎江南諸道行御史臺監察御史李觀書朝請大夫行御史臺經歷伯顔篆額慶童字明德至正中任江浙諸道行臺御史

李越縵先生嘉慶山陰縣志評改本

目錄首卷　第一頁

評云　此志在近時已爲佳志但其取孟子土地人民政事語劈分三類既非著書之體而職官何與於人民寺觀冢墓豈得謂非土地書籍碑刻藝文又於政事何涉支離配合如腐生作時文强立柱意是大謬也

土地志

獨石軒卷七　古跡

尙書改侍郎

人民志

鄉賢一卷十三

案賀道力傳當附其兄道養說見後術藝傳卷中孔述睿下增王叔文吳程下增徐鉉徐鍇南唐

慈銘案二徐爲山陰人明見陸游南唐書以其父爲南塘司馬卒官遂家廣陵欽定全唐文於二徐下皆系以越州山陰人宋史於鉉下系以揚州其疏謬多若此　又案鉉雖入宋受官而鍇實卒於南唐贈謚曰文鉉之官位事蹟亦顯著於李氏之世是當系之南唐爲限

斷之法

孔愉 卷十三 鄉賢

末句後歷尚書左右僕射下添加特進卒四字世說新語注引續晉陽秋

陸軫 卷十三 鄉賢

此可附見其孫佃傳

陸佃 卷十三 鄉賢

字農師下添祖父軫官至吏部郎中直昭文館知越州又知睦州致仕佃二十三字

徐允讓 卷十三 鄉賢

徐允讓保越録作徐本道　末附注引萬歷府志允讓項里人案此亦見保越録

王儼 卷十四 鄉賢

案此等寥寥無事蹟且無他書可證者以舊志既有不敢竟删則當以類附入或别爲一傳

總敘之

薛德明 卷十四 鄉賢

宋尚書昂九世孫七字删　案薛昂即所稱薛乞兒者其人不足道且本非越人其官爲參

知政事亦非尙書

蔡庸卷十四　鄉賢

此等但存其名足矣

陳性善卷十四　鄉賢

徙其家於邊下添宏光中贈禮部尙書謚忠節十一字

金濂卷十四　鄉賢

案金濂永樂十六年進士景泰時由刑部尙書調戶部加太子少保卒追封沭陽伯謚榮襄明史有傳然濂爲南直隸山陽人今之江蘇淮安府山陽縣也故封沭陽伯未有言其爲紹興山陰人者此蓋修府志時有不學之人偶閱甘肅通志忽見金濂傳有山陽人三字誤以陽爲陰遂妄採入志傳而人亦無覺之者縣志承而用之可笑如是

丁能卷十四　鄉賢

此等亦當總爲一傳

高閏卷十四　鄉賢

時都御史李秉子瑗坐贓竟按如法數語下　案李襄敏賢者何以有此

錢輪卷十四 鄉賢
授潼川州牧改授潼川知州
陳倫卷十四 鄉賢
以母老憚歷險遠改母老憚遠行
張景明卷十四 鄉賢
終明之世以庶僚贈大學士者景明一人而巳
吳蕣卷十四 鄉賢
嘗以事劾天官卿改嘗以事劾吏部尚書某 竟中傷之改竟被中傷
何詔卷十四 鄉賢
工部尚書上當有南京二字
費愚卷十四 鄉賢
廷評改大理評事
朱節卷十四 鄉賢
案節爲陽明弟子明史附錢德洪傳

蔡宗兗 卷十四 鄉賢

案蔡宗兗明史作葉宗兗正德十二年進士亦王文成弟子附錢德洪傳

潘壯 卷十四 鄉賢

楊邃庵改楊一淸王陽明改王守仁蕭子雝改蕭鳴鳳皆當書名

金椿 卷十四 鄉賢

轉永州通判句轉改謫

金應暘 卷十四 鄉賢

父椿下添見前傳三字瓊州知府四字删

金聯芳 卷十四 鄉賢

此當於蘭傳中見其名而已 菣工醫稚慕恬澹荃敦厚性成與兄有同志云皆非體

漏坦之 卷十四 鄉賢

此當於思任傳末附及之曰縣人漏坦之字仲容思任之師也嗜學善屬文以布衣終

陳鵠 卷十四 鄉賢

內艱改母喪

陳[火奎]卷十四　鄉賢

邑庠生改諸生　遂不食餼四字刪

張汝霖卷十四　鄉賢

案張岱三不朽圖贊云字雨若蓋有兩字也　案汝懋名麗附逆閹案此傳當削之

王思任卷十四　鄉賢

工部主事下添歷擢員外郎中出爲江西僉事十二字

李銳卷十四　鄉賢

此當於元豐傳中見其名位而已　昭信校尉是何官　歸僅置田數十畝以都司歸而置田數十畝何足記

陸夢祖卷十四　鄉賢

邵武書廚何以爲邵武書廚　封昭勇將軍此亦必無之事

時有楊少宰養病金山少宰之稱亦非體且何以不著其名　南京兆非體當作應天府尹

胡楫卷十四　鄉賢

金吾非體當作錦衣

張汝撰卷十四　鄉賢

舉子下添喻思恂三字　徧丐貸萬里添自言貸貿萬里　放歸上添今字需罔不給上添
所字捷南宮入翰苑矣改成進士入翰林矣　蜀士下喻思恂三字删

錢象坤 卷十四 鄉賢

傳後加注象坤孫鳳覽字子瑞崇禎末以官生入仕至刑部主事鼎革後讞崇禎太子獄獨上疏證其非僞與故明晉王及大學士謝陞爭甚力下獄被誅南都聞詔贈太僕卿謚忠毅見明季南略

姜效乾 卷十四 鄉賢

案姜鏡餘姚人官禮部郎中　廣陵倅蓋揚州通判也此非志體蓋沿其家傳之文不知改正耳此志往往多有不能徧舉　遷某藩相蓋卽王府長史也不得云相　末句孫之琦壬戌進士案壬戌在明爲天啓二年在國朝爲康熙二十一年選舉表俱無之琦名攷前明進士碑錄姜鏡爲萬歷十一年癸未進士之琦爲鏡曾孫不得於天啓壬戌卽能登第

王揚德 卷十四 鄉賢

總鎮非體

陸夢龍 卷十四 鄉賢

顏色如生下添詔贈太僕寺卿謚忠烈九字　案夢龍戰沒事聞莊烈帝詔贈太僕寺卿謚忠烈見徐秉義忠烈紀實及越殉義傳今明史但云贈太僕卿

王業浩 卷十四 鄉賢

字士完下添尙書華之裔五字　疏劾魏忠賢及崔呈秀登台鉉獨以爲不可下案此兩事皆不可信業浩素與東林左當魏閹時雖不與孩兒義孫之列而初以調停移宮之疏與賈繼春同落職至天啓四年十二月以給事中陳熙昌薦與許宏綱唐世濟等十二人俱准次第推用五年四月以給事中蘇兆先薦准復原官十二月疏劾太僕少卿馬孟禎給事中方有度副使韓萬象等六年二月擢掌河南道御史時擬王心一爲正竟用業浩以其參曹于汴易應昌也崇禎元年正月逆黨御史楊維垣上疏力詆鄒黨趙黨孫黨熊黨以徐大化王業浩魏應嘉爲正人以上皆見李清三垣筆記吳應箕兩朝剝復錄文秉烈皇小識及明史等書則業浩之爲人可知矣其名雖不入逆案而文秉先撥志始列之逆案漏網中謂其同劉徽袁鯨朋謀推轂崔呈秀之枚卜又參馬孟禎韓萬象方有度以致皆被削奪則此志所云者妄也至其削籍之故則先撥志始言之甚詳謂業浩與孫杰吳淳夫霍維華盧承欽等合謀推崔呈秀入相欲攻去吏部尙書王紹徽于是袁鯨劉徽各疏劾紹徽紹徽廉知其狀遂於辨疏中發鯨等陰謀衆懼忠賢

知之寢其事業浩閉門不出呈秀疑其翻局以它事斥逐爲民剝復錄中亦載業浩合謀事

劉永基　卷十四　鄉賢

及得他氏詮解句删　不辭益有所悟益改遂　母王下淑人二字删　補贛縣改起知贛縣案此謚忠毅三字疑誤永基以監司卒官安得有謚

吳大斌　卷十四　鄉賢

孔帥改孔有德

劉竟中　卷十四　鄉賢

戊午至天下士十九字删　案施鳳來閹黨之宰相也此何足述

王應遴　卷十四　鄉賢

甲申殉節案此四字可疑李鐸紹興府志僅言其卒於京邸即死亦當在刑拷之列非殉節者

丁乾學　卷十四　鄉賢

時魏忠賢竊柄下一段改乾學以天啓四年典江西試發策引汪直劉瑾語刺忠賢忠賢大怒矯旨降三級調外復矯稱駕帖差緹騎逮訊指揮僉事高守謙等聚毆之乾學創甚遂卒

崇禎初案乾學未聞有上疏事蓋即由試策事附會之今據明史及紀事本末諸書改案乾學被緹騎猝入其家亂毆致死未嘗逮訊亦未嘗贈謚且其官止檢討安得贈禮部尚書此皆妄造不足信　案乾學宏光時贈侍讀學士明史及諸野史皆同惟李清南渡錄云甲申十二月丙子再贈侍讀學士丁乾學禮部右侍郎仍命與謚廕一子然謚竟寢据此則當時未有謚也文忠之謚明世亦不輕授

姜應奎　吳文龍卷十四　鄉賢

此等皆當總立一傳　甯紹台至三院十字删　表其廬上添督撫二字

唐欽卷十四　鄉賢

此等皆於書籍門見其名字可矣

章大吉卷十四　鄉賢

此等著作可笑書籍門存其目己爲不必况立傳耶

蔣宏濟卷十四　鄉賢

慷慨任俠改素以任俠名　知縣徐貞明知其賢下添後以尚寶卿督治直隸水田十一字

子一玖上卒之日三字删　下方髫至學醫八字删

包楩卷十四　鄉賢

此可刪　臨江府經歷上添官字

周懋穀卷十四　鄉賢

此當附其父洪謨傳

何騰蛟卷十四　鄉賢

案文烈明史及諸野史多作忠烈惟永秝實錄作文忠瞿忠宣集作文節　官其子文瑞僉都御史下添領父兵擢兵部侍郎大兵克桂林與瞿式耜等同死二十字案領父兵云云據王夫之永秝實錄

增　賜專謚忠誠句賜字下添騰蛟二字

朱兆柏卷十四　鄉賢

貲參酌焉句酌改決

張明昌卷十四　鄉賢

屢試不售四字刪

祁豸佳卷十四

案此當立熊佳傳而附豸佳

余增雍卷十四　鄉賢

案此當附後余增遠傳

何國輔卷十四　鄉賢

舉天啓丁卯鄉試句鄉試上添武字　與劉蕺山主證人社八字删　此必附會或在受業之列耳

胡良臣卷十四　鄉賢

此當附見其子懋宣傳懋宣傳在下卷　廣四十八孝書名甚可笑何足記耶

包希聖卷十四　鄉賢

此當删　歷任鴻臚寺通政司何官耶明制官王府長史者遷轉悉停故皆終身不徙官惟袁宗皐張景明以興府長史世宗入立宗皐驟擢至大學士景明入京旋卒亦贈大學士此外無聞者景帝以郕王立故長史儀銘等多顯用是志所云必由其家傳附會而云俱有聲云不避權貴何所見耶

劉壃卷十四　鄉賢

此宜并其父謙等同爲一傳

周方蘇卷十四　鄉賢

族姪黄門姪改子洪謨

姜天樞卷十四　鄉賢

字紫環下添禮部尚書逢元子七字

胡士諤卷十四　鄉賢

旋里日倘作跛態　不辭改倘病跛焉

錢以敬卷十四　鄉賢

授雲南府通判上添選字　署新興州篆句署下添知字篆字删　當道改有司　事載宫

諭余煌記中改諭德余煌記其事

朱光熙卷十四　鄉賢

嗚咽廢飲食改絶食

黄鼎元卷十四　鄉賢

特陞湖廣掌印都指揮使司句指揮使三字當删去　加都督府銜句府下有奪字都督府何官須

補載

周崇禮卷十四　鄉賢

奉孀母至孝句孀字删（但云事母則必孀矣）

金應元 卷十四 鄉賢

太湖知縣上添官字

李廷孚 卷十四 鄉賢

判官改州判

張汝嘉 卷十四 鄉賢

熹宗朝歲薦壬戌廷試第一改熹宗時以歲貢生廷試第一

茹鳴盛 卷十四 鄉賢

北直隸改順天 已而寇至死之改寇至城陷死之

陳潛夫 卷十四 鄉賢

全祖望鮚埼亭外集謂陳公錢塘産非越人也今其後人尚居杭

魯元錫 卷十四 鄉賢

删 意氣激昂四字删 賊尋釋下添之字 中翰改中書舍人

唐九經 卷十四 鄉賢

此亦可疑明制各省督學以部郎科道外授布按兩司官者爲之非推知所得與亦非御史所得薦且督學八閩亦不辭　擢淮州府推官監藩鎮軍事改爲淮安府推官監軍事

劉穆卷十四　鄉賢

募兵五百民句民改人　開府晉爵不辭此蓋加右都督耳其封何爵侯考　幼隨穆任江南水師營參將當作幼隨穆在江南水師營　及父穆父字刪

王貽杰卷十四　鄉賢

授江西都使司同知句使字衍

王紹美卷十四　鄉賢

不爲表暴四字刪

吳從義卷十四　鄉賢

以諸生劾魏忠賢下添遂有聲三字

徐世儒卷十四　鄉賢

此等皆一無事實何足載　多行善事此等皆浮辭　官西蜀何官耶　力興文教四字旁抹

胡若琦卷十四　鄉賢

刪

倪文道卷十四鄉賢

化州同知上添官字

單一貫卷十四鄉賢

大飢上添歲字　倪鴻寶改倪元璐

劉匡之卷十四鄉賢

聖學改縣學

賞奇璧卷十四鄉賢

庚辰歲廷試五字刪添十五年特開徵辟科奇璧十字案崇禎開徵辟科在十五年壬午非

庚辰　特賜進士出身句特字刪

姚遠卷十四鄉賢

家不甚富性好施改家粗給而好施　有飢戶某家素温至是絶炊改有富人某者家中落

至絶炊　遠密有餽遺當作遠密餽遺之　人益多其有隱德云改人兩賢之

沈懋庸卷十四鄉賢

讀書務舉大意不沾沾章句之末十三字删

張景華卷十四　鄉賢

此當附見其子陛傳陛傳在下卷

朱炯卷十四　鄉賢

此等皆當類聚爲一傳

倪復卷十四　鄉賢

事孀母極孝句孀字删

馬維墍卷十四　鄉賢

貢監改貢生

錢元宰卷十四　鄉賢

授蘄州倅改授蘄州州判　値檜惠瑞三藩就封句檜改桂藩改王封改國下三藩亦改三王

劉三達卷十四　鄉賢

此亦當删其希陶集收入書籍門附見姓名而已　落落自喜此等皆浮辭

姚逵 卷十四 鄉賢

此等皆當删必不得已則以類入附傳而已

沈景修 卷十四 鄉賢

此當見之書籍門

何嗣義 卷十四 鄉賢

此與前之姚逵姚祖振父子及後之陸一桂俞毓等皆當以類附傳之 性不樂豪華改性恬靜

何治仁 卷十四 鄉賢

古虞改上虞

葉茂蘭 卷十四 鄉賢

此當删 入成均俗稱 登賢書俗稱 陶養二字旁抹

陸一桂 卷十四 鄉賢

此亦當入附傳

俞毓 卷十四 鄉賢

此當見之書籍門

傳列斗　姚允觀卷十四鄉賢

此類皆當見之書籍門

劉昌卷十四鄉賢

此及下王鑾柯國楩蕭熼諸彦僑何嘉琳孫泓唐大烇屠景俊陳士俊姚宏吴朝俊施光顯

陸偉等皆當於一傳中總括之

袁自立卷十四鄉賢

父貰參皮島改其父販蔘於皮島　死於鋒鏑改死焉　逆舍主改逆旅主人　心疑至之

乃七字删下嚙指血逐骨加滴見血滲焉改嚙指血滴骨見血滲焉　始便附舟句便改得

柯國楩卷十四鄉賢

嘗穢上添爲字　鼻衂如注四字删

蕭熼卷十四鄉賢

未辨安危不通

諸彦僑卷十四鄉賢

京邸上慷慨好施念父耄年在九字刪改彥僑常侍父　不克奉養卽束裝抵父所十字刪

此何足述

唐大烇 卷十四 鄉賢

德藩典儀上添官字　因母積病未瘳改因母久病

史宗垣 卷十四 鄉賢

司馬改同知

姚宏 卷十四 鄉賢

此類皆當立一傳類敘之

陸偉 卷十四 鄉賢

刪

王朝㸁 卷十四 鄉賢

年十四至諸書十字此亦足紀耶改以太學生考　衡藩相改衡府長史

張耀芳 卷十四 鄉賢

欠庫銀欠改負　撫軍上添巡字

周有鳳 卷十四 鄉賢

評左韻言書名已屬可笑本不宜收即欲見之載入書籍可矣

李安世 卷十四 鄉賢

安世下添字泰若三字 案是科進士吾越有兩李安世一山陰人一餘姚人 案乾隆府志選舉志癸未進士李安世山陰人尙寶司卿鄉賢傳李磐字用甫餘姚人萬歷庚辰進士官湖廣承天府推官陝西鎮原縣知縣子安世字泰若先以舉人爲泗州學正癸未舉進士即歸布衣疏食然則此志云云乃餘姚之李安世也全謝山鮚埼亭外集跋崇禎十六年進士錄有云會稽余增遠山陰金廷韶餘姚李安世皆固守殘山賸水之節以終其身是此志收入者誤也但進士題名錄是科確有一山陰之李安世而其人無考府志稱官尙寶司卿亦可疑璽卿爲京堂淸秩癸未次年即明亡國朝順治初即裁此官安世或仕魯監國時所授而諸野史中絕不載及當再考

余增遠 卷十四 鄉賢

年六十五卒下添鄉人私謚孝節先生八字 案忠節公煌籍會稽

王自超 卷十四 鄉賢

案予安爲工部尙書恭簡公舜鼎之子恭簡會稽人 案柳潭巳汚僞命且所傳僅時文耳
不必立傳

俞璧卷十四 鄉賢
授黟縣句授改知

何育仁卷十四 鄉賢
育仁可附前何宏仁傳

王先通卷十四 鄉賢
案先通當宏光時在附祀武臣之列明史及諸野史皆謂其被賊拷死而南京諸勳戚爲之
朦混請卹則此所稱殉節之烈必妄也業太亦無言其死節者

朱壽宜卷十四 鄉賢
案壽宜可附上朱少師爕元傳

劉光世卷十四 鄉賢
恥言勢利四字删 于頴時爲分守道非知府

張楞卷十四 鄉賢

此宜與下張梯并爲一傳

鄭遵謙卷十四　鄉賢

案遵謙時封義興伯入海後晉爲侯

姜廷梧卷十四　鄉賢

案一洪餘姚人萬歷丙辰進士崇禎時官至太僕卿唐王時擢戶部尚書野史言其奉唐王命赴贛至木櫛庵投江死而明史不載

張尙卷十五　鄉賢

教授西山人多從之八字删

姜希轍卷十五　鄉賢

世居郡城下添明禮部尚書逢元孫八字　由廩貢生教授新昌縣學遷國子博士案新昌學無教授國朝亦未有以廩貢生爲國子監博士者蓋由新昌訓導遷國子監典簿耳

潘朝選卷十五　鄉賢

所至悉著謹愼改所至有淸愼稱　恢復改與平　各著偉績四字旁抹

張星卷十五　鄉賢

順治上添國朝二字　任滁和道下添甚有聲三字　交章合薦改交薦之　聲望赫然四字刪

張陛卷十五　鄉賢

邑廩生三字刪添父景華貢生病篤時謂其妻董曰吾世家子足衣食而不永年先人之澤將衰矣汝當勗吾子力爲善董誌其言斂葬貧者修圮路焚貸券贖難民悉力行之陛少補諸生六十三字　鬻產得米千餘石前卷其父景華傳言得米五百石　抵廣東改補官廣東　視四會縣事視改署

陳理卷十五　鄉賢

理宜附其子允恭傳　孔兵之亂改孔有德亂　救釋被掠婦女救改理

吳拱宸卷十五　鄉賢

刪

胡明憲卷十五　鄉賢

此可附入下胡昇猷傳　相繼逝世改相繼卒　視嫂如母句視改事　順治丁亥進士六字可去

朱鼎新卷十五鄉賢

授秘書院何官國初亦無經濟王左藩又是何官

金朝聘卷十五鄉賢

儼若神明四字不通當刪

王士驥卷十五鄉賢

當事偶有囑託不徇所請飛章糾參立置之法改當事有請託者立飛章糾參置之法

胡兆龍卷十五鄉賢

擢兵馬使句使改司明及國朝皆有兵馬司正副指揮拱樞蓋擢兵馬司副指揮也若兵馬使則維闖賊有之　案蔣良騏東華錄載順治十五年二月刑部左侍郎杜立德劾內院學士胡兆龍罔上行私甲午中一弟兆麟今科中一弟兆鳳都中有一龍當道麟鳳齊諧之謠旋吏部察議言杜立德參款不實應免立德官遇赦免是年十二月以受督撫餽遺革學士胡兆龍尙書銜並所加之級仍留任考國初止設祕書宏文國史三院有大學士及學士侍讀侍講學士等官至是年七月始去內三院改爲殿閣大學士設立翰林院兆龍蓋以內院學士加尙書銜者今志乘或言兆龍爲吏部侍郎或言爲吏部尙書皆非也此志亦未明晰

范仍卷十五 鄉賢

誠守改告郡守 謫選改後選

祝紹烶卷十五 鄉賢

刪

胡昇猷卷十五 鄉賢

字允大下添父明憲字澄宇有孝行兄弟不析爨者數世及兩兄相繼卒事嫂如母撫從子如子年八十七卒妻李氏父爲錦衣衛官以非辜論死李伏闕訟寃得免昇猷六十字

王之鼎卷十五 鄉賢

不屈以殉改不屈死 任山東陵縣句任改知 遷徐州牧改遷知徐州徐州此時尚未爲府故沿俗稱牧然非紀載體

王重光卷十五 鄉賢

初倅浙東鹽運改官浙東鹽運通判 兵部尚書下添兄士璘字夏卿有志行因其母疏食終身未嘗近酒肉焉二十二字

吳執忠卷十五 鄉賢

字匪公下添漢軍正紅旗人六字

胡鶴翥卷十五　鄉賢

投誠下添賊字　遂嚴束改遂奉約束

周國奎卷十五　鄉賢

張承恩上添總鎮二字下補鎮江至總兵八字删　譚太固山改固山譚太　用國奎爲前部句奪爲字　制府改總督　提升延平副將奪升字　案此時總督當是李率泰

李宗卷十五　鄉賢

李宗名字見復社姓名錄　字伯因下添懋芳子三字　明末諸生改明時爲諸生　時逆閹改魏忠賢　以抒憤遡父侍御七字删　亟取稿删潤之句亟字删　未遂不果仕下當增平字秩南云云見下

馮肇楷卷十五　鄉賢

此等何足傳自來郡縣蕪雜濫登相沿爲例此志稍爲矜慎然亦瞻徇多略删抹之以見體裁

韓大能卷十五　鄉賢

此等皆宜依類立一傳連次之

傳臚卷十五 鄉賢

特命來京下添引見二字

王慶章卷十五 鄉賢

授少參改歷官至布政使參議稱布政使參議爲少參此沿明代俗稱也不宜入之紀載文字

童欽承卷十五 鄉賢

遂平上添寇禍二字歷任改入官

柴雲耀卷十五 鄉賢

刪

吳興祚卷十五 鄉賢

字伯成下漢軍正紅旗人句改父執中見前傳案此漢軍正紅旗人六字宜遂於前吳執中傳而此處只宜云父執中見前傳

徐緘卷十五 鄉賢

祁彪佳上中丞二字刪 彪佳死不接與宣城施閏章交最相得改及入國朝名益重宣城施

閏章等皆推重之嘗著讀書説有歲星堂集嘗字刪有改及

趙廣生卷十五　鄉賢

趙廣生集六卷宜存之書籍門而下注其字及爲忠介弟子此史法也

胡心尹卷十五　鄉賢

胡心尹及下馮肇楠章尙絅宋時化濮奎聞在上盛守甯等皆稱歷官有賢聲而無一事可紀宜於陳濟美傳下類敍其姓名及所仕之官而已

秦長春卷十五　鄉賢

子宗游下康熙至如其官十八字刪

朱用礪卷十五　鄉賢

此宜附之前明朱少師傳下或見之於選舉表末不必立傳

唐賡堯卷十五　鄉賢

字載歌下添父允思見前傳賡堯成九字

馮宗浣卷十五　鄉賢

刪

李平卷十五　鄉賢

既無一事附之其父宗傳可矣不必特立

傳爾申 卷十五 鄉賢

家在魯墟東西村改爾申家在魯墟墟有東西村　有鄰舍孀婦戴氏改其鄰有孀婦戴氏

者　哭甚哀上添一日二字

張國勳 卷十五 鄉賢

因樂清衛要授以城守改因授都司守樂清

金日璉 卷十五 鄉賢

刪　於本府縣改於府縣官　上守城八議於朱守憲改又上守城八議於知府朱某

秦廣漢　姜明作 卷十五 鄉賢

刪

朱用調　祁曜徵　何嘉瑋　趙美新 卷十五 賢鄉

此等皆宜於書籍門內見其名字而已

徐沁 卷十五 鄉賢

此可附張岱傳

周大受　盛時驥　陳毅倫　金璐卷十五　鄉賢

删　猶聚徒講學句猶字删　盛傳貢科二字旁抹

祝紹爊卷十五　鄉賢

删

呂興道卷十五　鄉賢

無倦容改如一日　經魁改舉人

沈季昇卷十五　鄉賢

惜季昇早卒句惜字不通删

何光紳卷十五　鄉賢

有輕裘緩帶風改有儒將風

許大信卷十五　鄉賢

删

濮萬邦卷十五　鄉賢

删

盛守甯 卷十五 鄉賢

凡有好施之傳而無顯蹟可紀及凡置義田設義塾而無他表見者總爲一傳連綴之

李元豐 沈禩 卷十五 鄉賢

删 最好排解四字旁抹 沈傳昆季二字旁抹

吳雲翔 卷十五 鄉賢

巡司改巡檢 不甘從逆四字删 妻金氏至亦卒九字删

胡一治 卷十五 鄉賢

案通判加正一品恐亦事所必無

薛維泗 卷十五 鄉賢

删 争與結納四字旁抹 聲名大起四字旁抹

余立政 卷十五 鄉賢

删

屠一鴻 卷十五 鄉賢

删 子仕祿不成句 都閫二字旁抹

孟繼美卷十五　鄉賢

既由國家得官何以云與化府幕蓋經歷照磨等官也明人流俗稱此等官爲幕以同於古之幕職耳國朝則曰首領官矣

嚴爾介卷十五　鄉賢

刪

章天寵卷十五　鄉賢

委都司銜改誌功授都司銜

王化秀　余允麒　曹九成卷十五　鄉賢

刪

陸天祐卷十五　鄉賢

刪

陳大綬卷十五　鄉賢

刪

諸美舉三字旁抹

王士璘卷十五　鄉賢

士璘可附重光傳中

朱之烜 張培卷十五 鄉賢

删 秋曹從事者蓋刑部書吏也

吳三壽 王應魁卷十五 鄉賢

删

王光美 鍾萬傑 鍾鎬 沈選卷十五 鄉賢

删

姚啓聖卷十五 鄉賢

自幼力學句自字删

姚祖振卷十五 鄉賢

删 末經魁二字加抹

謝昌明 錢廷枚 祁震雷卷十五 鄉賢

删

楊德浩卷十五 鄉賢

凡刲股稱孝子理宜於一傳中連敘之　哀毀如成人五字旁抹

胡懋新　卷十五　鄉賢

此當立胡懋宣傳而以懋新附之　當改作胡懋宣字純懋光祿卿文靜之曾孫也父良臣字冀明九歲通五經從周汝登陶望齡遊著有四書詩經直義諸書懋宣成康熙丁未進士未卒於京師下添兄懋新亦通經六字　原文胡懋新字敬懋博通經學著有說漁澄心堂初刻諸書此等書名皆不雅不必載

周文英　卷十五　鄉賢

父國奎下從張承恩至副將十五字改見前傳

徐晉　卷十五　鄉賢

删

包萬策　卷十五　鄉賢

宜附見於書籍門

姚儀　卷十五　鄉賢

末事載閩頌彙編幷全祖望傳十一字此宜附注

王大道卷十五 鄉賢

王慶元當附下林鼎新傳 端方仁厚四字旁抹

林鼎新卷十五 鄉賢

末句下添時有王慶元者挺身至賊所諭以禍福賊遂降事聞授守備二十三字

潘錫金 余允鵾 沈寅范 薛昌卷十五 鄉賢

删 余傳國朝無錫衣衛官此豈明人耶

曹琦卷十五 鄉賢

食餼改爲諸生 悉還所付改琦悉還所付焉 無絲毫染指五字删

戴泰征卷十五 鄉賢

删

張文選卷十五 鄉賢

奉檄假西安府銜句西安二字删 贈陝西慶陽府經歴句陝西慶陽四字删 案假府銜者有矣未有假西安府銜者贈府經歴者有矣未有贈慶陽府經歴者蓋皆不可信今姑以意去其西安等字而已

楊賓卷十五　鄉賢

案春華姜宸英爲作墓誌見湛園集及西溟文鈔

諸來章卷十五　鄉賢

删

聞士琦卷十五　鄉賢

赤城與至下赤城十七字删

秦宗游卷十五　鄉賢

知輝縣有惠政改見前傳

楊之范　金步瀛卷十五　鄉賢

删

俞鳳章卷十五　鄉賢

改補山東下添運判二字　復以改以復

張慧才卷十五　鄉賢

删

向璿卷十五 鄉賢

向璿國史儒林有傳亦見江藩宋學淵源録 以前朝勳職世居三江所改其先世在明以

軍功世襲三江衛千戶璿

田軒來卷十五 鄉賢

順天鄉試上添爲字

陳廷綸卷十五 鄉賢

庠生改諸生

黄逵卷十五 鄉賢

此等亦只宜入附傳 蘇學改蘇州府

諸朗 傳日卷十五 鄉賢

諸朗傳日等皆宜於書籍門中附見之

李光昭卷十五 鄉賢

李光昭亦宜附見書籍志

朱洪謐卷十五 鄉賢

邑郡改郡縣　兩庠改學宮　聖宮改工所

盛文美卷十五　鄉賢

刪

楊恢元　王鼎卷十五　鄉賢

刪

周鑲卷十五　鄉賢

延至晉命課諸子改延之課諸子　就商改與論　視其力至請豁免改鑲視其力貧乏及

牽連者言於巡撫悉請豁免

金以成卷十五　鄉賢

以成亦僅宜附見書籍志

胡國楷卷十五　鄉賢

大宗伯改尚書　奏歸下添刑部二字

傅汝翼卷十五　鄉賢

此亦只宜附之童鈺等傳

陳簫 朱霖 鍾之樞卷十五 鄉賢

陳簫朱霖鍾之樞等皆宜於總傳類敍之

周開捷卷十五 鄉賢

父文傑改祖國奎 官松潘總兵改皆見前傳父文傑 赴蜀改從文英至蜀 遂從戎三

字删 文傑嘗宰上父字删

夏兆豐卷十五 鄉賢

兆豐亦只宜附見書籍門

趙獻猷卷十五 賢鄉

周一日上母字衍

高啓夔卷十五 鄉賢

不近内句近改入

潘用槐 潘景義卷十五 鄉賢

二潘皆宜入總傳

吴一默卷十五 鄉賢

横行村落改結黨擾村落　立散其徒改立解散之

施繩武卷十五　鄉賢

四老下添人字

錢師義卷十五　鄉賢

爲主下添云字

韓彦卷十五　鄉賢

瘋疾改風疾

何百鈞卷十五　鄉賢

當得廣文改以積貲當得訓導

何嘉珝卷十五　鄉賢

嘉珝亦宜見之書籍門或總立一傳凡有著作而生平稍可考者皆類敘之

朱乾學卷十五　鄉賢

此宜附入總傳

王元愷　劉正誼　劉鳴玉　沈冰壺　王冠雲卷十五　鄉賢

自王元愷至王冠雲皆宜於童鈺傳附叙之

金士芳卷十五　鄉賢

此宜附注書籍下

孫大夏卷十五　鄉賢

此亦宜於書籍門存其所著書目而附其略

金傳世卷十五　鄉賢

青藤上添明徐渭之四字

朱霞　王瀛　吴起鳳　王武彬卷十五　鄉賢

四人皆宜附見書籍門

史義遵卷十五　鄉賢

嘗他出至遂免三十九字此不足紀删　與沈改與妻沈

王濬卷十五　鄉賢

昔靈均至采石十九字删

王煜卷十五　鄉賢

次孿生煒改弟煒　字句雯下添同乳生三字　煜占南陽籍句占誤作古

田福茂　鍾夢熊　陳學敬　朱雷　徐燮均　徐銜 卷十五 鄉賢

自田福茂至徐銜皆宜附敍一傳中　徐銜傳母年八十逝句逝改卒

吳鳳翥 卷十五 鄉賢

案茹敦和集中有鳳翥傳載其著述甚多宜採入

余廷戔 卷十五 鄉賢

宜附見書籍門

馮啓宗　史謙 卷十五 鄉賢

二人宜見下陳聖傳傳末　任臺灣府句任改爲　奉旨賞給改詔給史傳同

孫毓敏 卷十五 鄉賢

此宜附入總傳

鄉賢四 卷十六

原文　案以前各傳有補無刪凡舊志所登今皆仍舊仍之者或之也夫志爲官牘非私書也文有定體非小說也事必斷制非類林也貴乃鴻稱非訣具也然而知者希矣　評曰此

數語頗簡當可見作者之出於不得已　目錄中陳允恭孫紹曾傳王露周大楓吳壽昌諸

人皆加圈識下傳同

又評曰此下人物更蕪穢雜廁删不勝删大率以村學究爲博學以賣菜傭爲盛德以鋼臭

雜流爲名宦以長平之殤爲殉節而已

陳允恭卷十六 鄉賢

任編修時主試江右改官編修時典江西試　所保舉官改所舉薦者　廣東鹽運使副使

上使字衍

孫紹曾卷十六 鄉賢

以建儲奏改以奏請建儲

傳王霻卷十六 鄉賢

傳王霻宜附其弟王露傳

傳王露卷十六 鄉賢

字睛溪下添號玉笥三字資明敏改幼警敏　竟無恙下平居二字删與昆弟改與兄　進

士上添弟字　案王露家居後嘗薦舉博學鴻詞科被格後高宗南巡王露迎駕以年逾八

十加官中允

王霦卷十六　鄉賢

霦誤作霖

吳𥲤文卷十六　鄉賢

宜附其子璜傳

周大樞卷十六　鄉賢

存吾春軒集下添弟大榜字虎木優貢生亦有名嘗入兩湖總督幕十九字并删去下周大榜字虎木至爲上賓嘗三十二字與下卽席成晴川閣至有半半稿文集合爲一傳

卷十六末總評云

是志出歙縣朱蒼崖比部之手較有條理列傳亦多所裁節較乾隆季年紹興府志似爲過之但其中失考濫收俱多不免固由邑人牽掣不能無所瞻徇而蒼崖史學本疏於古文義法未能深解惟諸傳不區列儒林文苑忠節孝義等目自爲有識耳暇日偶取筆訂立之或塗乙之亂後家中無一書亦無可借略就見聞所及以誌一二將來修志者或有所取也列傳不分門類固善而事之宜類敍人之宜附見者須總立一傳以揩之方免夌雜斷爛之病

此志往往有片語數字亦自爲一傳撇綴若帳簿者蓋未知總括之法同治六年丁卯正月

李慈銘附記

賀道養 卷十八 術藝

删 案此出南史儒林賀瑒傳梁書瑒傳中不載其事最荒幻無理道養乃儒者精於春秋唐人左傳正義中兩引其說宜入列傳中而删此一事

政事志

田賦 卷二十三 末第十六頁

覆以刮竹句刮竹據鹽法志紹興府志當作剖竹

唐秦望山法華寺碑重刻本 卷二十七 碑刻

顧炎武金石文字記卷六載諸碑別體字秦望山法華寺碑烔誠作炯誠則烔字當依原碑作炯

靈濟廟碑 卷二十八 藝文

湯公先於康熙四十一年壬午賜封號曰靈濟至雍正三年始封甯江伯乃云爵神以侯雲持文之不覈往往如此

寓山園記 卷二十八 藝文

永興者蕭山也蕭山以錢清鎭與山陰接界自錢清至梅墅尙四十里乃云自永興達梅墅幾三十餘里已謬矣又云爲越郡從入道蕭山獨非屬越郡乎此皆是癡人說夢明人文字不辨方隅不識今古往往如是 梅墅亦非越郡從入道 揖讓羅立 四字亦不安 卜築 二字不通 蓋所稱寓山也 句又不通 性情於山水 五字亦不通 計維梯榮 不成句 暫乞歸假 俱不成句 或謂香山綠野皆功成耄及 香山何功之成綠野何耄之及 勳名表著四字旁抹 謝太傅已茂見於前事矣 茂字不通 東山以太傅名峴山以羊杜著 峴山似無杜姓事且云東山以太傅著太傅但屬謝姓乎羊姓者不亦似有太傅乎

青藤書屋賦 卷二十八 藝文

徐文長本無足深取青藤書屋略誌其蹟可矣此賦旣甚拙劣其題其文皆不足存削之爲得 前旣載董無休青藤書屋記亦足以傳文長矣乃又載此惡賦何耶 有藤翼翼至萏植十二字旁抹 人殊聖僞四字旁抹 亭覩二字旁抹 散花雨之飄零句旁抹 荷標濂水至京兆走馬於章臺二十五字 難得如此典博 諳循至附焉十二字旁抹 辟易二字旁抹奚必海上之三珠句旁抹

藝文下 卷二十八

評曰凡志乘詩詞必取其關係山川地理人物古蹟者載之否則古今共傳之作或其人其集俱不經見而詩甚工且足驗風物者間登一二以存其人此志通例也

采薇篇 卷二十八 藝文

刪

莊八兒

此詩甚拙不足以傳當爲别譔一詩　自經至昧長理十五字旁抹　荀女江郎二語案世說所載江虨事乃諸葛恢女若後漢書列女傳所載荀爽女采握刀拒嫁則終以死殉之此二語亦誤

鍾介伯秀才招游禹陵南鎮泛舟溯若耶溪樵風涇而返疊用坡公岐亭韻二首 卷二十八 藝文

清容詩本染倉山惡派槪乏高奇尤病粗獷此二詩既無關風土又非佳篇刪之爲當屢沛句旁抹　胥績二字旁抹　邈矣句旁抹　莞然句旁抹

冬青行 明李東陽 卷二十八 藝文

刪　欽宗梓宫何時南返明代人不讀書往往如此

蕺南篇爲時君 卷二十八 藝文

删 時君句上加乙 接得突 扉臨戶敞浮光華 七字亦拙甚

飛來山登應天塔遂謁朱文懿公祠

遺疏猶能比尸諫句比誤作此

興教寺 卷二十八 藝文

佛壇誤作佛檀

蕺山看梅 卷二十八 藝文

删

柯亭懷古 卷二十八 藝文

删 雲夢竹三字旁抹 舊琯句旁抹

清涼寺 卷二十八 藝文

删 金銀開世界 旁抹 棟宇自齊梁 難爲他調得轉

宿天衣寺 卷二十八 藝文

删 域中句旁抹 洗襟煩三字旁抹

紅橋卷二十八 藝文

刪 多士句及下跋扈二句皆旁抹

陸郎渡卷二十八 藝文

此題當別作一詩存之 名高句旁抹 民謳句旁抹

三月訪沈雲崖卷二十八 藝文

刪

大塢尖卷二十八 藝文

刪 諸山俯視憑憑字旁抹 其靈二句旁抹

快閣卷二十八 藝文

刪 耶溪水到除除字旁抹 道上句旁抹

六陵懷古卷二十八 藝文

刪

寓園卷二十八 藝文

刪

榴花書屋卷二十八　藝文

删　迴淸塵三字旁抹　丹闕重三字旁抹　彩毫新三字旁抹

晚過鏡𦊨至沈南塘龍湫山房夜話

删

梅子眞丹井卷二十八　藝文

删　未他年句旁抹

山陰潘烈女卷二十八　藝文

第二首删　詩亦甚拙姑存一首可矣　豈必魴三字旁抹

游蘭亭卷二十八　藝文

删

禹陵二十四韻卷二十八　藝文

删　石鈕之鈕字旁加乙　身自句旁抹　微臣句旁抹

羅井懷古詩幷序卷二十八　藝文

删　吁可悲也已五字旁抹　與弟虬三字旁抹　唐懿宗至不第十三字旁抹

一派俱是癡人說夢此亦可謂不知有羅江東者矣仙於至仙去十字旁抹

梅山 卷二十八 藝文

删

榴花書屋 卷二十八 藝文

删

四十初度同弇山先生游柯山 卷二十八 藝文

删

吼山雲石 卷二十八 藝文

删 吼來句旁抹

漁父詞 卷二十八 藝文

此非爲山陰作何以入之

續鷓鴣天詞并序 卷二十八 藝文

删

附錄

傅仲辰卷十六　鄉賢

先心儒公以累試不第寄籍順天改名維屏歷官浙江王家岡場鹽大使山東蒲台批驗所大使志中均漏載六世孫以禮誌

胡懋新卷十五　鄉賢

案澄心堂初刻當作證心堂集斂族有刻本李先生蓋疑爲四書文耳胡道南附注

黄鼎元卷十四　鄉賢

案張應鰲三江所志載黄鼎元傳向璿撰云崇禎十四年二月流賊張獻忠寇漢江特陞湖廣掌印都指揮使司加都督銜一級考明史職官志都指揮使司都指揮使一人正二品又都指揮使及同知僉事常以一人統司事曰掌印又五軍都督府每府左右都督正一品鼎元以二品加一品銜故曰加一級也縣志就向傳删節之而於都督下衍一府字故李先生疑爲都督府下尚有官名也沈復生附注

蒓客先生所評改之山陰縣志既付剞劂而復以先生所評改之紹興府志之屬于山陰之部者逮之庶成完璧然府縣二志本文間有異同知先生當時各隨本書增刪未求一律苟讀者不窺府志則無由質确因拈府志之異于縣志而有關于評改語者錄之使讀者略知梗概云

李蒓客先生紹興府志評改屬於山陰之部

地理志

查浦 紹興府志卷六山川 山陰縣志卷四水

府志評改案查浦卽查瀆水經注作柤塘

柯水 紹興府志卷六山川 山陰縣志卷四水

府志評改案水經注之柯水卽漢書地理志上虞之柯水今之曹娥江也柯橋下柯水出於柯山乃小谿耳

選舉志

韓銑 紹興府志卷三十 山陰縣志卷十 進士

府志評改案韓銑當作韓說見後漢書方術傳並無韓銑其人

陸佃 府志卷三十一 山陰縣志卷十 進士

府志評改案宋紹興府學進士題名碑陸佃爲第三人

董懋中 紹興府志卷三十一 山陰縣志卷十 進士

府志評改案懋中閹黨入逆案第五等照不謹例閒住

張汝懋紹興府志卷三十一山陰縣志卷十 進士

府志評改案汝懋閹黨入逆案第四等坐徒三年納贖爲民

孫杰紹興府志卷三十一山陰縣志卷十 進士

府志評改案孫杰閹黨入逆案第四等坐徒三年納贖爲民

陳爾翼紹興府志卷三十一山陰縣志卷十 進士

府志評改案爾翼閹黨入逆案第四等坐徒納贖爲民

李安世紹興府志卷三十一山陰縣志卷十 進士

府志評改案碑録山陰李安世在二甲七十五名餘姚李安世在三甲八十名考舉人科分中無山陰李安世名

章雲鷺紹興府志卷三十一山陰縣志卷十 進士

府志評改案順治十八年搢紳録國子監祭酒章雲鷺字紫儀順天宛平籍浙江山陰人丁亥

順治九年壬辰科鄒忠倚榜原注金鋐紹興府志卷三十一山陰縣志卷十 進士

府志評改案順治十八年搢紳録廣東分守嶺西道參政金鋐字亦庵順天宛平籍山陰人

壬辰是此公必當補入

康熙十五年丙辰科彭定求榜原注胡忠正紹興府志卷三十一山陰縣志卷十 進士

府志評改案碑錄三甲五十八名胡忠正順天宛平人

李登瀛紹興府志卷三十一山陰縣志卷十 進士

府志評改慈銘謹案先六世祖諱登瀛字俊升號天山學行政績甚著當日修此志時先高叔祖中書公先曾伯祖銅梁公先曾王父孝廉公緣公遺令不許爲碑志傳狀故未申請立傳實此志之缺事也但公實爲河閒滄州籍而碑錄作河間府河間縣人未詳其故

金以成紹興府志卷三十一山陰縣志卷十 進士

府志評改案金以成爲二甲一名

乾隆七年壬戌科金甡榜紹興府志卷三十一山陰縣志卷十 進士

府志評改慈銘案是科有山陰人徐浩居夏履橋乾隆庚寅年官山西冀甯道嘗於家置義莊休甯戴東原氏作山陰義莊序見東原集卷十一言其父禮部公由進士歷官内外浩成乾隆壬戌進士成父志置義田義學云浩字飛山見戴氏年譜

童鳳山紹興府志卷三十一山陰縣志卷十 進士

府志評改少詹事下添吏部侍郎四字

平恕紹興府志卷三十一山陰縣志卷十 進士

府志評改案平恕二甲一名 少詹事下添吏部侍郎四字

李堯棟紹興府志卷三十一山陰縣志卷十 進士

府志評改知府下添雲南江蘇湖南巡撫八字

柴模紹興府志卷三十一山陰縣志卷十 進士

府志評改庶吉士下添內閣中書直軍機處八字

史致光紹興府志卷三十一山陰縣志卷十 進士

府志評改狀元下添雲貴總督左都御史八字

茅豫紹興府志卷三十一山陰縣志卷十 進士

府志評改主事下添御史知府四字

楊夢符紹興府志卷三十一山陰縣志卷十 進士

府志評改主事下添刑部郎中四字

顧德慶紹興府志卷三十一山陰縣志卷十 進士

府志評改山陰人下添侍郎二字

祁承㸁紹興府志卷三十三山陰縣志卷十　舉人

府志評改添清之孫三字

李平紹興府志卷三十三山陰縣志卷十　舉人

府志評改添懋芳孫三字

胡兆麟紹興府志卷三十三山陰縣志卷十　舉人

府志評改添兆龍弟三字

胡兆鳳紹興府志卷三十三山陰縣志卷十　舉人

府志評改添兆龍弟三字

商和紹興府志卷三十三山陰縣志卷十　舉人

府志評改添周祚孫三字

胡宗發紹興府志卷三十三山陰縣志卷十　舉人

府志評改案胡公官河南光山知縣

乾隆三年戊午科紹興府志卷三十三舉人山陰縣志無已補入舊資料山陰之部

府志評改案是科有徐浩山陰人

乾隆十七年壬申科 紹興府志卷三十三舉人山陰縣志無已補入舊資料山陰之部

府志評改案是科有山陰人柴瀚順天中式官河南西華縣湖南桂東縣知縣又胡國林廣東中式雍正乙卯舉人宗發胞姪甲戌會試明通榜

人物志

鄉賢 紹興府志卷四十四 案此段評改本列四十四卷中今提置卷首

府志評改案此宜增南唐徐鉉徐鍇兄弟據陸游南唐書稱二徐山陰人父爲揚州司馬乃家廣陵今欽定徐鉉小傳從之其文可即據陸書二徐傳馬書徐鍇傳宋史徐鉉傳兼采南唐近事釣磯立談五國故事江南錄通鑑十國春秋諸書徐鉉傳中并當辨其泄後主悔殺潘佑李平之誣 愛伯識

又案唐之王叔文山陰人以韓愈順宗實錄極詆之舊新唐書通鑑遂皆沿其說目爲小人自來志乘皆諱而不收嘉慶初徐元梅山陰縣志始列之術藝亦非也叔文志與唐室所用八司馬皆一時人望宋儒范文正公巳有定論乾隆中修通鑑輯覽純皇帝御批特采之而諸儒如田氏雯王氏士禎馮氏景陳氏祖范全氏祖望皆力白其冤全氏王氏辨之尤至是

當采取史文及柳宗元禮部侍郎王公先太夫人墓志爲補立一傳而取御批范文正公語及全氏王氏語系於後

賀純 紹興府志卷四十四 山陰縣志卷十三 鄉賢

府志評改山陰人下添其先沛人慶普受后蒼禮世所謂慶氏學者也純以避安帝父清河王諱改爲賀氏一段　後徵拜議郎下添遷侍中三字

賀循 紹興府志卷四十四 山陰縣志卷十三 鄉賢

府志本傳其先慶普漢世傳禮世所謂慶氏學族高祖純博學有重名漢安帝時爲侍中避帝父清河王慶諱因改爲賀氏曾祖齊仕吳爲名將祖景滅賊校尉父邵中書令〔評改〕是段刪添吳中書令邵之子邵八字案其先慶普十四字及避安帝父諱改賀氏事當先見於前賀純傳此不過全襲晉書賀循傳文故并純及齊邵事復牽連書之其實志書非諸史鈔節本也 愛伯記　末注晉書作晉記誤案此事即出晉書賀循本傳蓋萬歷志刪去之今轉據嘉太志補入而不知本於晉書粗疏極矣

孔愉 紹興府志卷四十四 山陰縣志卷十三 鄉賢

府志本傳先世居梁國曾祖潛避地家焉祖竺吳豫章太守父恬湘東太守〔評改〕曾祖潛

避地下添會稽因三字　爲王導所銜下改轉護軍將軍加散騎常侍復徙領軍將軍加金紫光禄大夫領國子祭酒出爲鎮軍將軍　年七十五卒下添贈車騎將軍開府儀同三司十一字

孔坦紹興府志卷四十四　山陰縣志卷十三　鄉賢

府志本傳遷尚書郎下與王敦反之上有朝廷疑萬默將加大辟坦獨不署遂弃官歸四語〔評改〕朝廷疑下添典客令三字萬默下添偏助吴人四字　字君平下添愉之從子也五字

丁潭紹興府志卷四十四　山陰縣志卷十三　鄉賢

府志評改公彌梁州刺史下添潭舉孝廉除郎中七字　潭上書求行終喪下添詔使除服心喪三年八字

杜衍紹興府志卷四十五　山陰縣志卷十三　鄉賢

府志本傳乃以太子少師致仕下有衍爲宰相賈昌朝不喜議者謂故相一上章得請以三少致仕皆非故事蓋昌朝抑之也一段〔評改〕衍爲宰相賈昌朝下添所字　又皇祐元年特還太子太保案縣志作特遷太子太保〔評改〕進誤作還

姚勔紹興府志卷四十五　鄉賢山陰縣志卷十三

府志評改案續資治通鑑長編元祐二年七月丁巳通直郎姚勔落致仕爲宗正寺丞勔山陰人嘗爲龍游縣令母老思歸請侍養居二年遂致仕於是復起不知誰所薦十一月壬申太常博士孔平仲秘書監丞姚勔兩易其任

王佐紹興府志卷四十六　鄉賢山陰縣志卷十三

府志評改卒贈銀青光祿大夫下添諡文莊三字

陸游紹興府志卷四十六　鄉賢山陰縣志卷十三

府志評改山陰人下添佃之孫三字　晚年再出至見譏清議十九字删此節昔人辨之者已多宋史所載議論率蕪泛不足據節之可也

陳思道紹興府志卷四十七　鄉賢山陰縣志卷十四

府志傳首載洪武中禮部侍郎二十餘人其知名者有陳思道等數人〔評改〕此段删此是紹興府志非明史鈔節本也何故必用明史中語試問志乘中有此體耶可笑之甚　本傳思道山陰人字執中以進士授刑部主事〔評改〕字執中句當在山陰人三字上下改洪武十八年進士授刑部主事以字删

吳中 紹興府志卷四十七 山陰縣志卷十四 鄉賢

府志評改先是東川僰人僰當作僰

金濂 紹興府志卷四十七 山陰縣志卷十四 鄉賢

府志評改案金濂乃淮安山陽人明載明史此蓋因甘肅通志誤山陽爲山陰而誤亦不檢甚矣此志動引明史金濂姓名非甚僻何以忘之其亦失於眉睫耶

王鑑之 紹興府志卷四十七 山陰縣志卷十四 鄉賢

府志評改入爲大理丞進都御史終刑部尚書改入爲大理寺丞進左少卿江西荆王府有宫人私逃布按等官執留之疏劾王中冓事詔鑑之往鞫鑑之疏言荆王以用法嚴故宫人畏而逸當坐王以嚴刑罪而布按擅留宫人且誣王當論如律上是其言遷右僉都御史巡視偏頭關至則增要害撫軍士備禦有方虜不敢犯劾太監總兵羅玉等巧取軍士財物邊境肅然以右副都御史撫治勛陽力除貪酷害政之吏吏有畏罪者陰屬其所厚近臣疏言撫治之官本暫設請令鑑之還京勛陽士民詣還在京者聞之合疏列上鑑之政蹟言不可一日無此官孝宗詔從其請正德初爲刑部右侍郎時河南徽王世子與民爭莊田累奏不決詔鑑之往勘剖斷明允上下帖然三年二月擢刑部尚書案據皇明大政紀增補 又傳末注引萬

歷志張元忭云按武宗實錄謂鑑之厚於瑾故致仕歸猶得渥典又以其繼子一和犯罪爲鑑之病此皆不然若厚於瑾必不歸其子不肖雖堯舜不免又何病鑑之耶蓋秉筆者似有所忮要非公論云一段〔評改〕案王世貞史乘考誤云武宗實錄以副總裁專任者董文簡也董公最名忮毒於鄉里如王鑑之輩巧詆不遺餘力此張志所云秉筆者即指董文簡玘

張以宏　紹興府志卷四十八　山陰縣志卷十四　鄉賢

府志本傳字裕夫山陰人性寬簡凝厚成化中以進士起家拜吏科給事中凡所建白識大體出爲江西參議尋致政歸居鄉恂恂無賢愚皆謂長者子景琦孫元冲曾孫一坤四世相繼登進士景琦初官主事忤宦豎謫倅大名終桂林知府清約自甘饔飧每至不給元冲以給諫歷副都御史巡撫江西爲人簡厚有祖父風〔評改〕無賢愚皆謂長者句改無賢愚皆稱爲長者　案元冲字叔謙爲王文成弟子劉忠介蕺山集中有張浮峯先生墓志銘

胡文靜　紹興府志卷四十八　山陰縣志卷十四　鄉賢

府志評改案胡文靜當在董玘之下劉棟之上

祁司員　紹興府志卷四十八　山陰縣志卷十四　鄉賢

府志本傳字宗規山陰人父福以貢歷重慶教授持己教人皆有法司員登成化進士初令

唐山拜御史歷知徽池二郡〔下略〕案縣志附祁福傳〔評改〕以貢歷重慶教授改以歲貢官重慶教授拜御史改擢御史　末當注云孫清自有傳

何詔紹興府志卷四十八山陰縣志卷十四

府志評改案明世宗實錄何鼇傳稱鼇清正諒直有古大臣風蓋鼇長刑部當分宜父子竊政時於楊繼盛楊爵李默李天寵張經等之獄雖不能力爭亦未有迎合鍛鍊之事故楊忠愍自撰年譜中但歸咎於刑部侍郎張學益以其爲世蕃姻家而未嘗辠鼇也國朝紹興府志皆不爲鼇立傳固足見淸議之嚴然如萬歷志附之詔傳未爲不可故徐元梅山陰縣志從之

張景明紹興府志卷四十八山陰縣志卷十四　鄉賢

府志評改宏治中進士下改選爲興府左長史　揭諸宮門宮諜作官　以輔導功功改勞將大用之句之字衍　會病卒下添特詔二字　其子元藩元恕下添而右長史袁宗臯遂入閣時咸爲景明惜之十七字　當武宗駕留宣大改武宗幸宣大

劉棟紹興府志卷四十八山陰縣志卷十四　鄉賢

府志評改劉棟下改字元隆山陰人孝子謹之五世孫　選庶吉士下添授編修三字　嘉

靖時下改爲講官與修武宗實錄進左中允時議追崇興獻　又切責時宰下改廷杖六十下詔獄月餘復職大學士張孚敬棟鄉舉同年也雅相善以議禮驟秉用棟絕之孚敬恚遂出爲湖廣參政歷河南左右布政南太僕太常寺卿兵部侍郎爲嚴嵩所忌嗾言者攻之遂拂衣歸尋復起佐南京兵部前後凡六年終不遷再致仕去棟有淸節自河南入覲遺朝貴止靑布二端嘗攝南吏部主京察考功郎薛應旂佐之所斥皆權要親黨一時稱服其卒家無餘貲天啓初其從曾孫宗周爲請謚竟不報　慈銘案劉忠介公蕺山集中有先臣忠淸著節懇乞特勑議謚疏中所載頗詳可采補

周祚 紹興府志卷四十八 山陰縣志卷十四 鄉賢

府志評改正德辛巳成進士成字衍　末峻拒之下一段改遂中寒病痿告歸病愈不復出惟肆力於古所爲詩文沈鬱激奮讀者悲其志焉祚兄禎宏治壬戌進士官檢討礽正德戊辰進士官刑部郎中弟繹嘉靖壬午順天鄉試第一丙戌進士官至操江都御史四人皆同母又孿生郡中榜曰同胞四進士一乳雙奇英鄉里榮之 祚兄禎以下據凌迪知氏族博考補

朱公節 紹興府志卷四十八 山陰縣志卷十四 鄉賢

府志評改末應注曰子賡自有傳

祁清 紹興府志卷四十八 山陰縣志卷十四 鄉賢

府志評改山陰人下添司員之孫四字　末應注云曾孫彪佳見忠節傳

張天復 紹興府志卷四十八 山陰縣志卷十四 鄉賢

府志本傳調雲南副使佩臬司篆下有國公沐氏不法以祖制戒之二語俘苗長以數十計下有沐氏欲分其功使人賚白金餌之竟不許乘撫院新任囑令劾之遂被逮諸父老詣院辯其無他以故羅織事得解一段〔評改〕調雲南副使下改署按察使黔國公沐氏不法竟不許下改適撫按皆易人因搆天復請劾之遂罷歸未幾被逮赴雲南對簿父老詣院辯其寃事得解　又修山陰縣志下改數年子元忭授修撰

孫鑨 紹興府志卷四十九 山陰縣志卷十四 鄉賢

府志評改字文中下改陞長子也嘉靖三十五年進士　府志傳末有子如法官刑部主事以諫阻鄭貴妃進封貶潮陽典史久之移疾歸廷臣累薦悉報寢卒贈光祿少卿一段〔評改〕此段刪如法既別有傳在後此不應複述蓋修志者務鈔明史不知體裁之故

吳兌 紹興府志卷四十九 山陰縣志卷十四 鄉賢

府志本傳乃允兌去後數年卒下有孫孟明襲錦衣千戶一段案縣志無此段〔評改〕末孫孟明下

一段刪案孟明後自有傳此當刪去然孟明祗當附傳

朱賡 紹興府志卷四十九 山陰縣志卷十四 鄉賢

府志本傳父公節下有泰州知州四字〔評改〕父公節下添見前傳三字泰州知州四字刪

劉穀 紹興府志卷四十九 山陰縣志卷十四 鄉賢

府志本傳字健甫山陰人下有負才自喜多用古文辭年二十六始補諸生萬歷己丑會試第六人除刑曹典試東粵調兵部郎督學山左穀既淹古服奇負人文鑑雖權要不得以私干之所拔士多策大科一段 又陞廣西按察使右布政使下有居無何（縣志無此三字）會謁臺使者小失禮於穀輒怏怏曰（縣志作吒曰）數語 又前後在官率彊直自遂下有耻脅息於人不近名不矯節所至政績爛然居家敦朴望之者不識爲貴人性孝友仲兄蚤世事嫂及孤尤摯藏書頗富至末一段〔評改〕字健甫下添一字乾陽四字山陰人下改負才喜古文辭會試第六人下改除刑部主事典試廣東調兵部郎督學山東 陞廣西按察使右布政使下改會謁巡按小失禮於穀穀怏怏曰 臺使者皆當作巡按 末仲兄蚤世一段改事嫂甚敬撫其孤尤摯多藏書人有以古事質者輒曰此某集某卷無訛也與族弟宗周置義田葺家廟以利族人鄉黨稱之所著有寶綸堂遺稿八卷

何繼高紹興府志卷四十九山陰縣志卷十四鄉賢

府志評改字秦甯下添詔之孫三字

朱燮元紹興府志卷四十九山陰縣志卷十四鄉賢

府志評改慈銘案此傳當據劉蕺山集中少師恆岳朱公墓志及公曾孫世衛所輯朱少師事實參訂世衛有附辨明史數事尤詳覈當采　山陰人下添曾祖箎與兄篚同舉嘉靖五年事實作正德庚辰篚官副使箎官御史巡按湖廣燮元萬曆二十年進士除大理評事遷左寺正恤刑山西擢蘇州知府案此段縣志當次字燮和下楊明輝往撫下添時魏忠賢橫甚四方奏事纖悉歸功忠賢燮元疏獨不及忠賢怒遂停敘功賞三十字　果如所議下添五年四月一品三年考滿加少傅加太子太傅七年十月二十二字案此段縣志當次論桃江壩功上世廕錦衣指揮使下添八年五月四字　年七十三下添賜祭九壇遣中書舍人朱奉錚營葬事十五字　案全祖望鮚埼亭外編言沈侍郎延嘉集載朱公謚議曰襄毅倪職方無功集作忠定蓋沈所擬乃初謚而後改定之慈銘案張岱三不朽圖贊作忠定而朱公後人所刻督蜀疏草則仍稱襄毅事實則但云後遂有謚公襄毅及忠定者亦未明晰當再考　福王立於南京給事中李淸爲請謚不報魯王監國紹興贈謚襄毅改忠定子兆甯諸生襲錦衣指揮使先卒壽宜

諸生襲錦衣掌南鎮撫司僉書國變後有高節兆憲諸生襲錦衣指揮僉事

張汝霖 紹興府志卷四十九 山陰縣志卷十四 鄉賢

府志本傳元忭之子下有篤學嗜古初鄉薦爲李廷機所得士大著時名萬歷乙未進士〔評改〕案元忭在儒林傳當以汝霖附之而汝懋當削去以存清議 篤學嗜古下改初舉於鄉爲李廷機所得士遂著時名 陞兵部郎下改爲山東副典試以詿誤去 末弟汝懋一段删 案汝懋附魏閹入逆黨第四等依交結近侍律坐徒三年納贖爲民 汝懋附閹嘗劾御史房可壯游士任知府楊嘉祚遂俱令撫按提問以邵輔忠傳忠賢意懸京堂缺以餌之故汝懋應募其疏有一代之興等語又誣劾樊尚景而官仍止寺丞是眞文恭之不肖子所當亟削其名者也

王業浩 紹興府志卷四十九 山陰縣志卷十四 鄉賢

府志本傳字士完餘姚人〔評改〕餘姚人上添山陰籍三字下添尚書䇿之後 此據三垣筆記以王氏世次考之當爲玄孫之子 五字 加兵部侍郎下改世襲錦衣千戶再加尚書 又本傳卒賜祭葬上有時有知縣行取入都考選翰林之命行取者爭奔競給事中陳啓新論之帝怒命吏部上訪勝罪廷臣濫狥者業浩與姜逢元等六人閒往一段〔評改〕閒往上添俱字 案業浩雖不

入逆案然以三朝要典兩朝從信錄及李清三垣筆記吳應箕剝復錄文秉先撥志始諸書觀之則其附閹之迹實不可泯也業浩當天啓初賈繼春爭移宮時上疏請息玄黃之爭意在調停三案而其語多右繼春等時議謂其同黨遂落職歸四年十二月給事中陳熙昌疏薦業浩及許宏綱唐世濟呂純如曾道唯等十二人詔令次第推用五年四月又以給事中蘇兆先薦詔復原官十二月疏劾太僕少卿馬孟禎給事中方有度副使韓萬象三人皆東林爲閹黨所惡者詔俱削奪旋復劾曹於汴易應昌六年二月擢掌河南道御史時原議王心一心一忤璫故用業浩與盧承欽李燦然陳朝輔劉徽袁鯨及孫杰吳澧夫霍維華等謀推轂崔呈秀入閣遂令朝輔澧夫承欽疏攻馮銓去位又恐王紹徽長吏部不肯推呈秀於是徽鯨各疏糾紹徽復令龔萃肅疏請枚卜兼用外廷紹徽廉知之遂於辨疏中發其謀衆懼忠賢心變事遂已鯨抗疏自明業浩閉門不出呈秀疑其反覆也以他事斥爲民崇禎元年正月御史楊維垣謀護璫局上疏力詆鄒元標趙南星孫慎行熊廷弼爲黨而薦徐大化魏應嘉及業浩爲正人然則業浩之生平可知矣故文秉以爲逆案漏網當補入贊導從重議罪者也此志所謂上疏忤忠賢及獨持呈秀入相議皆不可信而其致削奪者其故甚明特參考羣書以存清議非敢疵黜鄉賢耳至業浩之起用於崇禎時自以先被璫斥逐之故

然逆璫中如徐大化曹欽程石三畏之凶狡無賴魏廣微馮銓之寵倖王紹徽喬應甲之很戾亦皆先被斥逐故三畏於崇禎初亦嘗起用而旋黜業浩獨得顯用以名終何其倖哉慈銘附記

吳孟明 紹興府志卷四十九 山陰縣志卷十四 鄉賢

府志評改字文徵山陰人下添兌之孫三字　末句年八十卒案此下當附子邦輔云云

潘同春 紹興府志卷四十九 山陰縣志卷十四 鄉賢

府志評改父課之勤下改而母惜之夜令早寢　府志本傳母寐乃起誦下有崇禎庚午舉於鄉屬主考黃道周所拔士丁丑出馬世奇門初守蒲州〔評改〕庚午舉於鄉下改爲黃道周所識拔士丁丑成進士出馬世奇門　民獲全活下改報最歸州人工部郎

朱光熙 紹興府志卷四十九 山陰縣志卷十四 鄉賢

府志本傳字澹明下有文公後裔四字〔評改〕此四字非體當刪

胡兆龍 紹興府志卷五十 山陰縣志卷十五 鄉賢

府志本傳署吏戶二部侍郎晉大宗伯〔評改〕晉大宗伯改加禮部尚書案縣志正作禮部尚書　案蔣良騏東華錄載順治十五年十二月以受督撫饋遺革學士胡兆龍尚書銜是兆龍特以

內院學士加禮尙銜非眞爲尙書也 末當注云子介祉字存仁官至湖北僉事著茨村詠史新樂府二卷皆述明季事行於世

吳執忠紹興府志卷五十山陰縣志卷十五 鄉賢

府志本傳字匪公山陰人下作少從父越州遊三韓〔評改〕山陰人上添漢軍正紅旗籍六字下改少從游遼東

陳可畏紹興府志卷五十山陰縣志卷十五 鄉賢

府志本傳獄訟繁與下作可畏涖郡曲爲撫循〔評改〕涖郡兩字删 壬辰進士下改爲廣信府推官 上親試臺垣句臺垣改科道

沈引範紹興府志卷五十山陰縣志卷十五作沈允范 鄉賢

府志本傳康熙丁未成進士上有祖綰見列傳父懋庸見義行傳母姜宗伯逢元女引範在襁褓中有異瑞祖父皆器之稍長輒究心經史以詩文雄於越當代名流樂與之交戶外屨常滿也又善音律一段〔評改〕母姜宗伯逢元女句宗伯二字删稍長下輒字衍 又善音律句當在以詩文雄於越句下

周文英紹興府志卷五十山陰縣志卷十五 鄉賢

府志評改開緒下改官江西分宜縣知縣　慈銘謹案先高祖妣爲分宜公之女予家舊藏有總戎公征閩時寶刀

姚啓聖 紹興府志卷五十 山陰縣志卷十五 鄉賢

府志傳末注載有袁枚撰傳見袁子才集不錄〔評改〕案袁傳所敍事多不覈實當取全謝山所撰姚公神道第二碑又案彭允升二林居文集中有與袁子才書辨姚傳中事其言施琅非由姚公保薦及澎湖之功當歸琅姚公但駐廈門調兵食亦非彭蓋先入李安溪等說耳 㤅伯記

吳興祚 紹興府志卷五十 山陰縣志卷十五 鄉賢

府志評改漢軍正紅旗人句刪下添字伯成執忠子六字　案秦松齡譔吳公行狀言以奏請設鑪鼓鑄一疏遽被劾降調至京召見命以副都統用噶爾丹叛命鎮大同右衞三十四年以都統希公所題草價不敷復降三級是歲隨駕北征三十五年奉命戍邊三十七年戊寅二月卒於潼城年六十七

何焻 紹興府志卷五十 山陰縣志卷十四 鄉賢

府志評改何焻下改字謙之湖南靖州籍山陰人明尙書詔之後高祖育仁見忠節傳祖鼎

以舉人官嘉興府知府父經文以諸生官貴州黎平府知府有政聲熠於雍正十三年　案經文字友三號無墨歷知貴州安順石阡黎平三府陳兆崙紫竹山房集中有何無墨先生墓碑其治叛苗事甚著開安順新路通滇南道功尤可紀兆崙別有安順新路紀一篇詳其事當據此兩文爲補立傳　悉伯記

王畿　紹興府志卷五十二理學　山陰縣志卷十四鄉賢

府志評改並不就下改廷對歸從守仁講學守仁征思田留畿德洪主書院守仁卒於南安畿斬縗往奔喪

張元忭　紹興府志卷五十二理學　山陰縣志卷十四鄉賢

府志評改字子藎山陰人下添父天復見鄉賢傳七字　府志本傳素羸弱上有元忭二字　又慷慨泣下下有父天復官雲南副使擊武定賊鳳繼祖有功已賊還襲武定官軍敗績巡撫呂光洵討滅之至隆慶初議者追理前失亡狀逮天復赴雲南對簿一段　又末段矩矱儼然下有無流入禪寂之弊子汝霖江西參議汝懋御史數語　〔評改〕元忭素羸弱句元忭二字刪　慷慨泣下下改天復官雲南副使歸議者追理武定失事狀　無流入禪寂之弊下添學者稱陽和先生七字　子汝霖下改亦見鄉賢傳　汝霖汝懋皆已見鄉賢傳

矣此亦不宜複見但元忭自當移入鄉賢傳而以汝霖附之

劉竟中　紹興府志卷五十三儒林　山陰縣志卷十四鄉賢

府志評改金陵改南京戊午至天下士十九字刪

葉茂蘭　紹興府志卷五十三儒林　山陰縣志卷十四鄉賢

府志評改字綠亭三字刪（字以表德凡亭軒齋圃等稱皆流俗所謂別號不應義法皆不得書）　與弟茂桂下改皆以諸生貢國學茂桂登鄉舉任登州推官　末句享字刪

何國輔　紹興府志卷五十三儒林　山陰縣志卷十四鄉賢

府志評改丁卯鄉試下改嘗預證人社　給諫改給事中姜埰下獄數語亦未可信

王朝爍　紹興府志卷五十三儒林　山陰縣志卷十四鄉賢

府志評改此安得謂之儒林通五經及綱目便足稱名儒耶　成鈞改國學　藩相改府長史

胡良臣　紹興府志卷五十三儒林　山陰縣志卷十四鄉賢

府志本傳通五經下有十七補諸生鄉薦列副榜二語〔評改〕薦列當作試中　講學及成均二詞刪

秦長春 紹興府志卷五十三儒林 山陰縣志卷十五鄉賢

府志本傳終於無濟下有一以自經死一以發背死長春下車濟之以寬民雖感激願輸而匱缺者無所措置長春乃履畝鑒別一段〔評改〕一以至發背死十字删 民雖感激句雖字衍

胡心尹 紹興府志卷五十三儒林 山陰縣志卷十五鄉賢

府志評改此安得謂之儒林

劉茂林 紹興府志卷五十三儒林 山陰縣志卷十五鄉賢

府志評改闡明絕學下改與妻父黄宗羲睢陽湯斌復興證人社

秦宗游 紹興府志卷五十三儒林 山陰縣志卷十五鄉賢

府志評改字逸少山陰人下改長春子從孫奇逢游令輝縣有惠政宗游八字删 府志本傳晉侍講卒下有宗游爲孝廉時閩浙總督李公之芳開閫三衢值耿逆鴟張延與之謀宗游洞灼時勢反覆敷陳策耿逆必敗一段〔評改〕晉侍講卒下改宗游未第時閩浙總督李之芳方討耿逆延與之謀宗游洞悉賊勢反覆敷陳策其必敗後皆如其言

向璿 紹興府志卷五十三儒林 山陰縣志卷十五鄉賢

府志評改前朝改明　哀毀逾禮下改聞王氏後人有闡良知之學者即糾同人爲輔仁會沈酣其說者六七年後得薛瑄高攀龍遺書　府志本傳眞意盎然下有又善啓發人亦未嘗强聒也授徒自給或終日不舉火而處之怡然人不覺其貧手不釋卷閒有所作有自得之趣晚歲涵養益深氣宇和平一段〔評改〕氣宇和平句删

朱育　紹興府志卷五十四文苑　山陰縣志卷十三鄉賢

府志評改案育字嗣卿見舊唐書經籍志

孔圭　紹興府志卷五十四文苑　山陰縣志卷十三（作孔珪）鄉賢

府志評改案當從南齊書作稚圭　案稚圭當在孔廣之下　案南史作孔圭去稚字者以避唐高宗嫌名

賀德仁　紹興府志卷五十四文苑　山陰縣志卷十三鄉賢

府志評改時比漢荀氏下改陳鄱陽王伯山爲會稽太守改所居甘滂里爲高陽里云此據舊唐書改正

陸軫　紹興府志卷五十四文苑　山陰縣志卷十三鄉賢

府志評改末後仕至下一段改吏部郎中知越州歸老稽山宋庠杜衍皆賦詩送之孫佃別

有傳

兪亨宗紹興府志卷五十四文苑 山陰縣志卷十三鄉賢

府志評改以文章爲事下改嘗爲詞科業三洪公讀之

陸淞紹興府志卷五十四文苑 山陰縣志卷十三鄉賢

府志本傳號雲溪下有左丞佃之孫〔評改〕佃之孫下改放翁從兄弟也嘗知辰州

韋珪　李一中紹興府志卷五十四文苑 山陰縣志卷十三鄉賢

府志與馬貫同附於岑安卿傳〔評改〕馬貫傳末詩聲尤著下改又山陰人韋珪字德珪早年以詩鳴其鄉有梅花百詠李一中字彥初好讀書

朱南雍紹興府志卷五十四文苑 山陰縣志卷十四鄉賢

府志評改朱南雍下添字子蕭號越峥六字

金蘭紹興府志卷五十四文苑 山陰縣志卷十四鄉賢

府志評改紬請謁下改改擢順天府丞致仕歸久之卒

祁豸佳紹興府志卷五十四文苑 山陰縣志卷十四鄉賢

府志評改案豸佳入文苑宜也熊佳爲給事中時風采甚著李瑤南疆繹史中有傳當改入

鄉賢

周懋穀（紹興府志卷五十四文苑 山陰縣志卷十四鄉賢）

府志評改字戩伯山陰人下添洪謨子三字

王自超（紹興府志卷五十四文苑 山陰縣志卷十四鄉賢）

府志本傳父亹字予安上有司空舜鼎孫五字〔評改〕司空二字删　案自超與槖皆巳汚僞職南都定讞入之從逆六等之末

李平（紹興府志卷五十四文苑 山陰縣志卷十四鄉賢）

府志評改案平爲明山東巡撫懋芳之孫但一無著述何以得列文苑

祁曜徵（紹興府志卷五十四文苑 山陰縣志卷十四鄉賢）

府志評改字既朗下改班孫子諸生著有臥士詩稿　慈銘謹案臥士先生一字赤田爲予五世祖妣之父宜附入奕喜先生傳

何嘉翊（紹興府志卷五十四文苑 山陰縣志卷十四鄉賢）

府志評改案何嘉翊與先殿纂公諱登瀛及商和劉正誼等二十人結詩巢相唱和乃康熙朔事此志先商盤王秉和等而後嘉翊先任應烈胡天游等而後劉正誼序次皆不合（李慈

銘附記

王元愷紹興府志卷五十四文苑　山陰縣志卷十四鄉賢

府志評改字舜舉山陰人下天字刪　困場屋幾四字刪　府志本傳得一言卽氷釋下有以教授糊口從游日衆二語〔評改〕得一言下改卽解教授邑中從游日衆　同庠下奪生字史論上奪有字　晚營壙植梅五字刪

劉正誼紹興府志卷五十四文苑　山陰縣志卷十四鄉賢

府志評改字戒謀山陰人下添諸生二字　多隱德下添與縣人李登瀛余懋杞章大來等二十一人重建楊維楨詩巢於湖桑埭日相唱和以詩授三子咸有家法著有宛委山人集四十八字此見陶元藻篁村集商盤越風小傳及先殿纂公天山詩集忝伯附記

祁彪佳紹興府志卷五十六忠節　山陰縣志卷十四鄉賢

府志評改慈銘謹案忠惠之父承㸁字爾光萬曆三十二年進士由部曹歷官江西右參政分守甯太道嘗以邊才薦於朝所至有惠政祀名宦者五著有牧津四十四卷喜聚書多至數十萬卷世所未見嘗手寫日錄八册藏書之富冠於東南此亦當別立一傳者明史於忠惠傳僅以祖父世淸白吏一語括之幷不著其名亦其疏處　字宏吉山陰人下改布政使

清之曾孫父承㸁由進士官江西參政有清節文學彪佳生而英特

鄭遵謙 紹興府志卷五十七忠節 山陰縣志卷十四鄉賢

府志評改此傳當悉據俞志及李瑤南疆繹史鄭遵謙傳補入

何育仁 紹興府志卷五十七忠節 山陰縣志卷十四鄉賢

府志評改字禾育山陰人下添尚書詔五世孫六字　末當云曾孫焆見鄉賢傳育仁弟宏仁自有傳

何宏仁 紹興府志卷五十七忠節 山陰縣志卷十四鄉賢

府志評改字仲淵山陰人下添育仁弟三字

徐恩 紹興府志卷六十義行 山陰縣志卷十四鄉賢

府志本傳末句邑大夫蕭鳴鳳傳其事 案縣志作鄉人副使蕭鳴鳳 〔評改〕改縣人副使蕭鳴鳳傳其事

張景華 紹興府志卷六十義行 山陰縣志卷十四鄉賢

府志本傳張景華售明經〔評改〕改張景華山陰人貢生

姜天樞 紹興府志卷六十義行 山陰縣志卷十四鄉賢

府志本傳字紫環下有餘姚人生而穎慧兩語〔評改〕餘姚人下添逢元子三字　其法自

天樞始改得報可　侍御改御史　爭館驛故下改誣劾之詔下之理値旱災恤獄閣臣同法司鞫訊事無一實　迨三十年改三十年　又本傳末封天樞如其官下有倪文正元璐厝淺土天樞素搆吉壤在聖義洞即捐以爲贈〔評改〕改倪元璐殉節後未得葬天樞有善地在聖義洞即舉以贈焉

周方蘇 紹興府志卷六十一義行 山陰縣志卷十四鄉賢

府志評改偶因事外出改偶以事他出　府志本傳汗徹於項及釋冠而髻脫下有遇兄弟產已鬻者贖之歸仍推所有以讓幷十七字〔評改〕汗徹於項及下奪歸字遇兄弟遇字衍族姪黄門改族子　又本傳方蘇獨掃室留之下有後黄門諸子語及輒垂涕兩語〔評改〕黄門改洪謨

胡明憲 紹興府志卷六十一義行 山陰縣志卷十五鄉賢

府志本傳年八十七而卒下作配李金吾雙泉女父羅不測〔評改〕改妻李氏父官錦衣羅不測

張陛 紹興府志卷六十一義行 山陰縣志卷十五鄉賢

府志本傳大將軍將發兵欲屠城下作陛於烈日之下跪求竟日願以身爲撫循而羣盜悉

平戊子母病告歸工詩古文有百名家行世康熙甲寅耿逆變隨征入閩署延平同知又署邵武府事以招撫許志遠陳龍等功加秩有差〔評改〕欲屠城下改陛於烈日下長跪竟日乞身往撫之得請而羣盜悉平戊子母病告歸康熙甲寅耿精忠叛隨征入閩署延平同知又署邵武府事以招撫許志遠陳龍等功增秩　陳請當事請誤作情　又本傳子錆以隨征敍功授知縣下有遺產悉授諸弟而父事力爲肩任又奉閩督姚啓聖委修三江閘西江塘尤稱勤愼輿論稱之〔評改〕末子錆下一段改亦以隨征功授知縣敍功加秩遺產悉授諸弟奉閩督姚啓聖委修三江閘西江塘皆有勞輿論稱之

吳乘權紹興府志卷六十一義行山陰縣志卷十五鄉賢

府志評改談鋒所直句刪　綱目九十二卷卽今所傳綱鑑易知錄郘蒙書耳其史記論文一書似較勝

余增遠紹興府志卷六十二隱逸山陰縣志卷十四鄉賢

府志評改案凡入隱逸者皆未仕而樂山林之人若余增遠之國亡棄官志節卓絕豈得以隱逸概之此亦未知史例故也

余增雍紹興府志卷六十二隱逸山陰縣志卷十四鄉賢

府志評改此當附增遠傳亦不得謂之隱逸也

陵墓志

明吏部尚書謚清簡孫鑨墓紹興府志卷七十三山陰縣志卷二十四

府志評改案清簡梅山之墓在本覺寺側其塋兆及石人石虎華表俱已立而以寺僧爭其地卒虛其穴故葬於鑄浦山

孫如法墓紹興府志卷七十三山陰縣志卷二十四

府志評改改明刑部主事贈光祿少卿孫如法墓

朱燮元墓紹興府志卷七十三山陰縣志卷二十四

府志評改改明少師川湖雲貴廣五省總督朱燮元墓

諸大綬墓紹興府志卷七十三山陰縣志卷二十四

府志評改改明吏部侍郎贈禮部尚書謚文懿諸大綬墓

祁彪佳墓紹興府志卷七十三山陰縣志卷二十四

府志評改改明蘇松巡撫謚忠惠祁彪佳墓

金石志

唐大理少卿康公夫人河間郡君許氏墓志紹興府志卷七十六 山陰縣志卷二十四

府志引嘉泰會稽志墓志爲王壽撰褚庭誨正書夫人蓋康斑之妻祖敬宗以天寶六載葬於蘭亭又前有唐康公夫人許氏墓志引復齋碑目唐王壽撰褚庭晦正書天寶五載五月二十五日立〔評改〕案此卽前一碑也六五字誤耳

唐董府君墓志紹興府志卷七十六 山陰縣志無已補入舊資料山陰之部

府志評改改魯郡祝志微撰

唐立王右軍祠堂碑無年月 山陰縣志無紹興府志卷七十六 已補入舊資料山陰之部

府志引諸道石刻錄唐王右軍祠堂碑從十一代孫師乾撰無書人名嘉泰會稽志云從十一代孫師乾撰正書幷額四字系地云范的書趙氏金石錄附唐末在府城蕺山戒珠寺〔評改〕寶刻類編亦云范的書

府志評改屬於山陰之部終

吾鄉李蒓客先生對於乾隆紹興府志及嘉慶山陰縣志皆加以評改而於康熙會稽縣志及道光會稽縣志稿則未著點墨且覈其評改中語於二書略不徵引知先生於會稽之部但互勘嘉泰萬歷二志而於康道二志尚未暇寓目也此卷編纂之法係剌取先生府志評改之屬於會稽之部者而成顧乃不能與山陰之部之評改符其體例蓋彼以縣志爲主體此以府志爲主體故也然是册既名之曰會稽之部則康道二志自亦不能恝寘必參證於三者之間而後始無欿然茲發其例於後〔一〕凡府志本文與康道二志同者則直錄其本文及評改〔二〕與康道二志並同其異者則詳引府志之本文而冠以府志本傳四字〔三〕與康道二志互有同異者則引其異而舍其同〔四〕在康熙朝前而未見康道二志與在康熙朝後而未見道志者則均於題下注明幷注以已補入舊資料會稽之部字〔五〕其人物之分門各有同異者亦於題下標明之

李蒓客先生乾隆紹興府志評改本屬於會稽之部

地理志康熙會稽縣志曰山川志

嫡耳潭府志卷六　川

案董永事見搜神記

選舉志

錢易府志卷三十一　進士

案錢易爲第二人見寶慶續志宋史及東都事略皆云中進士甲科

沈束府志卷三十一　進士

束誤東

羅萬化府志卷三十一　進士

案羅公歷官禮部尚書掌詹事府萬歷二十年十二月實授禮部尚書二十二年九月致仕

此志所注皆仍萬歷志其時羅公尚官侍郎耳　侍郎改尚書

徐大化府志卷三十一　進士

案徐以兵部尚書入閹黨逆案第三等充軍

董懋中府志卷三十一　進士

案懋中閹黨入逆案第五等照不謹例閒住

余煌府志卷三十一　進士

案余煌爲魯王兵部尚書

章正宸府志卷三十一　進士

案正宸爲魯王吏部侍郎

唐賡堯府志卷三十一　進士

山東提學下添按察副使四字

姚啓聖府志卷三十一　進士

案會稽之籍鑲紅旗漢軍者惟太子少保福建總督姚公啓聖字熙止更無第二人而姚公以康熙二年中漢軍榜舉人第一遂知廣東香山縣至總督尚書未嘗中進士國史名臣傳八旗通志及全祖望姚公神道碑袁枚姚公傳所載皆同卽此志選舉志舉人中及鄉賢傳亦載之此處之誤必由姚氏後人僞造妄報而秉筆者遂誤列入亦不檢甚矣

史積琦府志卷三十一　進士

當云庶吉士掌河南道御史

吳璜府志卷三十一進士康熙會稽縣志及道光會稽縣志並無已補入舊資料會稽之部

殉難下添贈道銜三字

陳大文府志卷三十一進士同上

布政使下添兩廣直隸兩江總督兵部尚書十二字

茹棻府志卷三十一進士同上

山西學政下添兵部尚書四字

姚杰府志卷三十一進士同上

會稽人下添知縣二字

王仲府志卷三十三舉人

案王仲字子駿順治十七年庚子以刑部員外郎爲山西副考官

姚啓聖府志卷三十三舉人康熙會稽縣志及道光會稽縣志稿並無已補入舊資料會稽之部

案姚公中漢軍榜第一非順天解元

朱世衍府志卷三十三舉人道光會稽縣志稿無已補入舊資料會稽之部

添燮元曾孫四字

商盤府志卷三十三　舉人　同上

添元柏子三字

姚述祖府志卷三十三　舉人　同上

添啓聖孫三字

乾隆十八年癸酉科府志卷三十三　舉人　同上

案是科有會稽人李敦和順天中式本姓茹

姚繼祖府志卷三十三　舉人　同上

添啓聖孫三字

李筠府志卷三十三　舉人　同上

案李公爲四川銅梁縣知縣

馬廷銈府志卷三十三　舉人　同上

案馬公爲陝西留壩廳同知

陳大文府志卷三十三　舉人　同上

河南下添杞縣二字

茹棻府志卷三十三 舉八 同上

添敦和子三字

人物志

韓邦問府志卷四十七 鄉賢

成化中登進士下爲廷評句改爲大理寺評事 久之以副都御史巡撫江西爲宏治十一年六月事 時中官駐饒燒供御磁器句改時中官駐饒州燒造供御磁器後以刑部尚書致仕句改後以新昌諸縣盜起爲給事中吳思忠所劾遂致仕以林俊代十七年四月復起巡撫河南時傳內旨河南取樂工邦問力請停止歷官南京刑部尚書復致仕按雷禮皇明大政紀載邦問於宏治中撫江西被劾致仕以林俊代之旋復起爲河南巡撫此失載故据補 卒於家句刪 邦問雅性坦直句雅字衍 其居雖逼居城市至卒謚莊僖改雖居城市出入甚稀士大夫有以國故民隱相請質者輒應答忘倦草廬疏食不求安飽年九十二案草廬等十二字據凌氏萬姓統譜增入卒謚莊僖

董豫府志卷四十八 鄉賢

此可與其弟復并爲一傳 府志本傳字德和下有其先宋修撰應中從龍游新昌徙家會

稽遂世爲會稽人父敬以五經課子豫與弟復成化乙未戊戌相繼登進士初授刑部主事一段〔評改〕其先宋修撰至遂世爲十九字刪初授刑部主事上添豫字　時少保張治年改時少保大學士張治年　是子他日不在吾姪玘之下時文簡巳及第爲翰林矣二句改是子他日不在吾猶子之下謂復子玘也時玘已及第爲翰林矣　末段府志本傳作其後果如豫言歷官福建僉事會稽董氏譜爲其手定云〔評改〕歷官福建僉事上添豫字會稽董氏譜爲其手定云句刪

董復 府志卷四十八　鄉賢

府志本傳董復字德初會稽人〔評改〕董字及會稽人三字刪　又末故其子玘能振其業特恩存問累封翰林院學士玘產於黟人謂治黟之德懋云〔評改〕改其子玘貴特恩存問玘產於黟人以爲治黟之報云

董玘 府志卷四十八　鄉賢

府志本傳生而穎異隨任雲南六歲時于黔國座間有題核桃畫龍畫松詩〔評改〕隨任雲南句改隨父復官雲南于黔國下奪公字　羣奉爲中峯先生改稱爲中峯先生　子思近附傳 康熙會稽縣志卷二十三董思近另有傳〔評改〕以父玘日講勤勞句改以父日講勞　適同邑沈束下獄

適字衍　力爲營解得下奪免後二字　楊愼贈詩删　又末子祖慶字久所萬里扶柩歸葬食餼當貢讓之老友人皆義之以子貴贈刑部員外孫懋史見列傳後懋策見儒林傳懋中癸丑進士歷官尚寶卿有直聲一段〔評改〕字久所三字删下改扶柩歸葬以諸生食餼當貢國學讓其友人皆義之祖慶子懋史自有傳懋策見儒林傳懋中癸丑進士歷官尚寶卿　案選舉志及懋史等傳皆言爲玘之曾孫　如此傳所敍則似爲元孫矣　案懋中附魏忠賢入逆案第五等照考察不謹例閒住文秉先撥志始載懋中劾語云察處借題辨復改升京堂明史范復粹傳崇禎元年復粹疏言袁崇煥功在全遼而尚寶卿董懋中詆爲逆黨所庇持論狂謬懋中遂落職

陶諧府志卷四十八　鄉賢

案大臨於明史可附傳於府志當立專傳以志與史有間也此志務鈔明史故遇史無傳者雖事蹟寥寥亦必一一分之若以董復董豫等例則大順亦當別傳也大臨傳當參取萬歷志爲之

陶懌府志卷四十八　鄉賢

案懌爲宏治三年進士諧爲宏治丙辰進士且諧爲懌之從子則懌傳自當在諧傳前道光會稽

縣志稿卷十七懌傳正在諧前字習之會稽人下添諧之叔父四字　不爲勢撓上然字衍　府志本傳戚里中有殺人者中字衍

陶承學 府志卷四十八　鄉賢

字泗橋改字子述　案泗橋萬歷野獲編作四橋乃別號非字也別號者流俗所尙槪不得入史傳惟儒林諸公或稱某某先生如考亭先生象山先生之類者則可　府志本傳江陵相奪情充大婚使道光會稽縣志稿卷十七本傳注引康熙府志此下多承學二字力爭之即致仕歸〔評改〕改神宗大昏時張居正方奪情在閣竟以吉服充册禮使承學力爭居正怒風御史劾之即致仕歸　贈太子少保下諡恭惠改天啓初補諡恭惠　末應注云子望齡奭齡見儒林傳

羅萬化 府志卷四十九　鄉賢

府志本傳典應天鄉試復分校禮闈當江陵柄國諸事苛細萬化意不然之而江陵欲締以私好峻拒如故尤七建三清殿潛請撰記〔評改〕典應天鄉試後改復分校會試張居正柄國欲締以私好峻拒之居正家人尤七權傾一時士大夫爭趨之嘗建三清殿　又及江陵卒改及居正卒　又無嫡立長疏凡數上會閣臣闕所推有萬化名或云中官不可以無賄〔評改〕無嫡立長下改疏數上會閣臣闕廷推及萬化或云中官不可以無賄　病隨累疏

乞歸句隨字衍

范可奇 府志卷四十九 鄉賢

府志本傳方視事卒於公座子紹裘通判紹序刑垣〔評改〕刑垣改刑科給事中

羅元賓 府志卷四十九 鄉賢 康熙會稽縣志無 道光會稽縣志稿在卷十八宦蹟

字尙之下改萬化之孫八歲侍親疾無倦容天啓壬戌成進士授太常博士時依附魏璫者諷元賓元賓笑却之崇禎初擢御史首疏請破從前門戶積習旋劾附閹大學士施鳳來張瑞圖二人遂罷歸又劾大學士李國橏曲庇張體乾田爾耕等國橏亦致仕去出按福建巨盜鍾斌勢甚熾督撫怯主撫元賓力主勦密檄鄭芝龍兄弟出平林邀之外洋斌赴海死永平寨黃峯險失事元賓星馳堵擊賊宵遁以所入鍰築頹牆儲器藥汀城遂堅所至絕逢迎簡供給薦舉皆公視河東鹺政以溢額二萬助軍需一時餓者賴以存活協理考選咨訪皆實尋爲操江御史時流寇紛擾元賓置兵采石以堵上游嚴賞罰肅文武禁民詞擒江盜疆隅稍安乃乞骸歸往來村落間見者不知爲貴人卒之日遠近皆悼惜之所著有天樂吟奏議諸稿　案明史閹黨傳大學士黃立極乞休去施鳳來爲首輔御史羅元賓復疏糾鳳來及張瑞圖二人俱告歸剩復錄載崇禎元年五月大學士李國橏馳驛歸里御史羅元賓糾

其曲庇張體乾田爾耕許顯純又糾其通內縱逆行私賣國也此兩事皆當補入

姚應嘉 府志卷四十九 鄉賢

字鏡初下添會稽人祖父希唐見孝行傳十一字

章國武 府志卷四十九 鄉賢 道光會稽縣志稿在卷十八宦蹟

案此傳皆出附會必不足信不特其事全無影響明當甲申以前武臣加都督者已尠加少保者直無一二國武何官而得加之且所指勤王者何時耶

徐準 府志卷五十 鄉賢 道光會稽縣志稿在卷十九一行

案溫睿臨南疆佚史全祖望鮚埼亭集外編朱大典傳皆言大典嘗殺招撫使蓋卽準也毛奇齡言準死於衢蓋不可信

姚啓聖 府志卷五十 鄉賢

案袁傳所敍事多不覈實當取全榭山所撰姚公神道第二碑又案彭允升二林居文集中有與袁子才書辨姚傳中事其言施琅非由姚公保薦及澎湖之功當歸琅姚公但駐廈門調兵食亦非彭蓋先入李安溪等說耳 愛伯記

王穀章 府志卷五十 鄉賢 道光會稽縣志稿在卷十八宦蹟

庚戌登進士登字衍下改授內閣中書歷遷戶部主事員外郎刑部郎中時湖北夏包子作亂伏誅上諭諸脅從從寬而按察多擬重辟進穀章悉改之又擬諸戍者其妻女入旗下湖廣猺蠻土司下改狀言近洞官山產臭泥可代煤請令羣蠻開採時部吏入蠻賄爲轉請甚力穀章取泥熟視之　故和土下改詭爲之耳白於尙書不許尙書歎其能秩滿出爲淮安知府或以兩淮多隱匿涸田入告上命吏部尙書熊賜履抵郡察之　冢宰是其言改尙書是其言　末添穀章旋致仕歸句以上補兄穀振至家法稱於越中云云一段

陶作楫府志卷五十　鄉賢　同上

竟得釋下改由國子監博士遷禮部主客司主事旋調儀制司

姚陶府志卷五十　鄉賢　同上

會稽人下添啓聖次子四字

梁國治府志卷五十　鄉賢

字階平會稽人下改文標子始以內閣中書值軍機

宦蹟府志卷五十一　康熙會稽縣志無　道光會稽縣志稿在卷十八

凡府縣志人物自宜以鄉賢傳括之分立儒林文苑忠義孝行等名目已爲多事吾郡萬曆

志又出宦蹟一門支離尤甚但彼志以有官位而無迹者列之此類雖名目不經猶爲有說此志則所載明以後人其事蹟往往反多於鄉賢此所區別實爲未聞愛伯附記

蔡國齡府志卷五十一宦蹟康熙會稽縣志在卷二十五義行

字長卿會稽人下悉孝公後裔句改宋孝子定之後

姚述祖府志卷五十一宦蹟

字思乘會稽人下添陶之子三字

理學府志卷五十二

慈銘謹案宋史始分理學儒林爲二此元人之陋也欽定明史已正之此志猶沿萬曆志之陋巳爲疏失至明史雖有儒林傳而王文成劉忠介黃忠端諸公仍列大傳以事蹟多者不得以一節概之猶班范不以董仲舒鄭康成入儒林歐宋不以韓退之柳子厚入文苑固史法如此予嘗論府縣志與國史異且與省志異凡鄉賢傳不當分立儒林文苑隱逸忠義孝行等名目以一郡一邑之中人物有限一一區分轉覺減色勢必濫雜充數分配不匀惟列女方技釋老三類則非鄉賢不得不別爲一門其他如孝行義行之無事實者當備舉其姓名而以一傳總括之其以儒學文藝名而無所表見者如有箸述則載之藝文志而如新唐

書例於書目下注其姓名字里附見其略無箸述者則亦別爲一傳類次之或附之他傳或
見於序論此亦古來史法也有志此事者當有取於予言

陶望齡 府志卷五十二　理學

府志本傳父承學南京禮部尚書望齡少有文名舉萬曆十七年會試第一殿試一甲第三
授編修歷官國子祭酒篤嗜王守仁說所宗者周汝登與弟奭齡皆以講學名卒謚文簡沈
一貫以妖書事傾尚書郭正域持之急〔評改〕父承學下南京禮部尚書句刪改見鄉賢傳
歷官國子祭酒下改望齡爲李廷機門生雅有淸望時朝局攻廷機者幷及望齡謂其師生
相引營入政府望齡遂力辭不出未幾卒望齡私淑王守仁篤信其說而所學頗近禪識者
以爲王學之絫然事母孝兄弟友愛甚至自守介然立朝風節尤峻沈一貫以妖書事傾侍
郎郭正域持之急　又末添人服其切直天啓初與其父承學同得補謚望齡謚文簡學者
稱石簣先生

陶奭齡 府志卷五十二　理學

府志本傳會稽人三字刪　授吳甯學博句學博改教諭　左轄陸問禮改左布政陸問禮
晉濟甯守改晉濟甯知州　講學陽明祠上添聚徒二字　石簣祠下奪名字　今是堂

集下添學者偁石梁先生七字

董懋策 府志卷五十三 儒林

字揆仲會稽人下改玘之曾孫康熙會稽縣志有得家學眞傳五字精易理館於蕺山之陽 成均大司成改國子監祭酒 府志本傳末大學中庸講意下有與徐渭合評李賀詩句〔評改〕合評李賀詩下藝林寶之四字删添行於世學者偁爲日鑄先生十一字

章頴 府志卷五十三 儒林

字南洲會稽人下改家貧攻苦肆力於經術 爲邑宰改官知縣

董用時 府志卷五十三 儒林

府志本傳倪元璐又誌其墓下子期生瑞生才而隱逸孫良櫝良樠皆進士〔評改〕此段删末當注云子期生自有傳

王紹美 府志卷五十三 儒林

如此人安得謂之儒林 不爲表暴句删

林稠 府志卷五十三 儒林

才識宏博句删 府志本傳受業於文正倪元璐之門〔評改〕文正二字删

陶履卓府志卷五十三　儒林

末河東當作柳宗元

馬權奇府志卷五十三　儒林

負奇氣下改受易於董懋策事母極孝

董期生府志卷五十三　儒林

所敍次皆顛倒不通　字伯生下改用時之子十九失父强學工文士林推重康熙癸酉舉於鄉官雷州推官遷山西汾州府同知擢江南淮安府知府期生居官有惠政而肆力古學自經史中所載星紀輿圖氏姓世系兵農沿革禮樂歷數鳥獸草木下及醫卜壬奇書畫琴弈靡不貫穿自諸生至仕宦　所著下改有易末義四書毛詩遵註錄書春秋經傳禮記箋註史傳聞錄漢魏晉唐宋文疏解昌谷詩正謬汲古綆等書及詠風軒詩文集三十卷此等蓋皆不足信　其在雷州有理雷條議南人月敎在淮安有治河議淮人爲建生祠後改戒山書院

唐允思府志卷五十三　儒林

父圭至允思八字删

金昌尹府志卷五十三　儒林　道光會稽縣志稿在卷十八宦蹟

乙酉下改順天舉人　切切於功利下改與大學士高陽李霞後司鐸開化海甯間改後爲開化海甯學官　子衿改諸生

馬駉府志卷五十三　儒林

萬公以敦彭公元瑋公字均衍

唐默府志卷五十四　文苑　康熙會稽縣志在卷二十四儒林

府志本傳陸農師列爲上客爲臨川法曹掾遊從甚久每愛其詩曰〔評改〕陸農師列爲上客句刪爲臨川法曹下改參軍陸佃嘗傳其詩曰

華鎮府志卷五十四　文苑　同上

府志本傳鎮好學博古工於詩文一時名人宗師多稱道之嘗爲會稽覽古詩凡百餘篇山川人物上自虞夏至於五季爰暨國朝苟可傳者皆序而詠歌之〔評改〕鎮好古博學鎮字刪名人宗師宗師二字刪至於五季下改及宋皆序而詠歌之　又靖康初爭金人尊號貽怒當塗及都城失守二聖北狩初平竟以憂憤而卒〔評改〕爭金人尊號下改忤當路及都城失守二帝北狩初平憂憤而卒

張文成府志卷五十四　文苑

博學好古下壬子二字刪　人物一志下改皆其草創而同學董欽德　和煦下若字刪

史汪𤞤 府志卷五十四　文苑

府志本傳字子儀號彭麓會稽人康熙癸巳鄉試掄元因寄籍徽州揭曉時主司苻洲汪公嫌公爲同鄉抑第七任臨海教諭〔評改〕號彭麓三字刪凡別號者不宜載　康熙癸巳下改舉於鄉官臨海教諭性孝友篤學力行與桐城方苞金壇王步青等游往復砥礪至老不倦有文集行世子積琦字德章有至性於人無忤　號潤齋三字刪　舉人下奪官字　慈銘謹案潤齋先生娶予五世祖橫川府君女生子上善乾隆戊申解元

章大來 府志卷五十四　文苑

歲貢生下添爲毛奇齡高第弟子奇齡所著四書賸言四書改錯等多載大來之說與郡人李登瀛余懋杞等結詩巢二十子文酒之會四十七字

章標 府志卷五十四　文苑

字原本會稽人下改幼不喜舉子業搜取古書讀之徹晝夜不倦父善畫標幼卽能之從父遊粵東贅於陳　標弗顧下改涕泣曰父柩不歸懷婚姻乎　栽蔬其中下改時復涕泗不能自已家有祖父已老母又病日以繪事易藥餌或勸之遊曰寗守貧以侍親養雖薄意快

也　生平篤慕下改倪瓚之爲人亦以是忤俗與人約必踐

商盤府志卷五十四　文苑

案盤爲周祚元孫本會稽人其祖父始居嵊　改字寶意明吏部尚書周祚之元孫祖洵美舉人官嘉興教諭父元柏舉人官諸城知縣盤年十九　而髫齡三字删　成均二字删乞外下改前所未有也當出知廣西新寧州上以其親老特改授鎮江府同知　又案蔣心餘本不知文故所敍多不合法王述菴春融堂集中有商君墓志較詳覈可據補

沈鍊府志卷五十五　忠節

府志本傳會俺荅犯京師致書乞貢多嫚語司業趙貞吉請勿許獨鍊是之吏部尚書夏邦謨曰若何官鍊曰錦衣衛經歷沈鍊也大臣不言故小吏言之節錄〔評改〕吏部尚書夏邦謨下奪叱字沈鍊也下添邦謨怒曰何小吏而言若是鍊曰十三字　又許論總督宣大常殺良民冒功鍊貽書誚讓後嵩黨楊順爲總督縱吏士遮殺避兵人鍊遺書責之路楷亦嵩黨也會蔚州妖人閻浩等爲官軍捕獲順與楷竄鍊名其中具獄上嵩父子大喜前總督倫適長兵部竟覆如其奏〔評改〕嵩父子大喜下改許論時長兵部　末添裏字叔成初下獄時摶土爲鼓祝曰鼓鳴吾寃當白因晨擊之一日忽鳴而嚴氏敗裏伏闕訟寃得雪官至姚安

府知府襄士鼓事據汪有典史外增

鄭遵謙府志卷五十七　忠節

此傳當悉據俞志及李瑤南疆逸史鄭遵謙補入

章欽臣府志卷五十七　忠節

改章憲字欽臣會稽人魯王監國從孫嘉績軍駐江上積官至都督同知領火攻營丙戌師潰被縛見總兵吳學禮不屈據全謝山金夫人廟碑及李瑤南疆佚史增補

陶士奇府志卷五十九　孝行

士奇下添西野公八世孫六字　末妻鄔氏守節下添五十年三字

吳孜府志卷六十　義行　康熙會稽縣志在卷二十四道光會稽縣志稿在卷十七儒林

王十朋改王龜齡

魏國選府志卷六十　義行

號萬至窶甚九字刪　如己出下改先是國選家甚貧出游京師所聘妻之父母欲毀盟女不肯奪志鬱鬱而卒國選誓不再娶及得官終身不近婦人遂以弟子爲嗣

史奕楠府志卷六十　義行

號新儒三字刪傳例無略字而言號者新儒二字亦不似字所謂不合義法不當書者也 崇禎癸未改崇禎末 陳子龍下改
高第弟子歲乙酉從史可法於揚州可法於奕楠從祖行也適四鎮搆爭且乏餉旦夕即有
變可法患之因令奕楠往說馬士英竟得所請而還可法喜曰此眞吾家千里駒也特疏薦
於朝奕楠見時事已不可爲又念母即辭歸途次嘉興而南京已不守矣魯王時科臣交薦
以兵部郎監軍用復不就及王師定浙東衢州知府雷某知奕楠名延爲上客

倪會鼎府志卷六十一義行 道光會稽縣志稿在卷十七儒林

此公豈可以義行概之 茹三樵竹香齋古文中亦有元功先生傳可參取 字子新下改
元璐之子幼侍父於京邸十四歲時嘗出游偶憩樹下中貴人數人見其髫而儒雅 時纔
十四齡耳句刪下改黃道周謫官道出越養痾於倪氏衣雲閣 患難間下改從受性命經
濟之學嘗慨然曰巨寇方縱橫 吾黨憂也下改元璐殉國難行旅斷絕鶉結奔喪 逐土
寇下改以麾卒扶柩歸里 秦檜之奸下而字衍 唐王立閩中改唐王立於閩 卒不拜
下改且上書於王謂今者僅以一成一旅之資申畫郊圻無食無兵揭竿斬木之衆率皆市
井白徒其視宋之祥興相去幾何存亡之幾 守越封耳下改書報聞而王命道周引兵趨
婺源 亦幸矣下改何敢復希榮位力辭之元璐之喪歸也家貧不能營葬世祖章皇帝賜

諡褒卹錫墓田以供蒸嘗 日侍晨夕日作而誤 按畝輸課下改分段鳩工復命子運建董其役 保障屹然下改迄今賴之道周之死於江寗也會鼎方以病寓徽慟哭持弟子服往爲含殮寄其櫬於僧寺 坑冶之屬下改悉敍其源流得失歷二十載至年八十而書成

陶峒 府志卷六十一 義行

侍御改御史

陶元憲 府志卷六十一 義行

末注改孫男思嵩撰墓志

陶祖齡 府志卷六十二 隱逸

恭惠改承學

余增雍 府志卷六十二 隱逸

此當附增遠傳亦不得謂之隱逸也

慧皎 府志卷六十九仙釋 康熙會稽縣志及道光會稽縣志稿並無已補入舊資料會稽之部

案鈔本高僧傳有自序後題云梁末承聖二年癸酉避侯景難至湓城甲戌歲二月捨化春秋五十有八葬於廬山禪閣寺墓龍光寺釋僧果記

智永（府志卷六十九仙釋）

案嘉泰志作兄子孝賓

道芬（府志卷六十九仙釋康熙會稽縣志及道光會稽縣志稿並無已補入舊資料會稽之部）

案此出名畫記所舉六人皆唐人

智果（府志卷六十九仙釋）

智果會稽人下改師智永居永興寺（案嘉泰志作永欣寺）工草書銘石甚爲瘦健煬帝甚善之嘗謂永師云

辨才（府志卷六十九仙釋）

改辨才俗姓袁氏梁司空昂之元孫（此十一字據嘉泰志增）智永弟子

道芬（卷六十九仙釋康熙會稽縣志及道光會稽縣志稿並無已補入舊資料會稽之部）

案張彥遠歷朝名畫記云僧道芬會稽人畫山水格高

陳閎（府志卷七十方技）

案太平御覽卷七百五十一工藝部引唐畫斷作宋宏嘉泰會稽志作陳閎其他文皆同惟閻立本御覽作閻令嘉泰志作國朝閻令公蓋御覽有脫字嘉泰志全本之唐畫斷也（新唐書藝

文志有朱景元唐畫斷三卷會昌時人與張懷瓘畫斷異在懷瓘之後今四庫著錄作唐朝名畫錄

孫位 府志卷七十 方技

無有敵者下添至後蜀孟昶時蜀人匡山處士十二字 其先至茲寺偶二十九字刪 案此出野人閒話太平廣記卷二百十四引之是蜀人所記故稱歐陽爲渤海及景煥其先亦專書畫云云與越無涉 對之下改翰林學士歐陽烱復作歌行一篇草書僧夢龜書之於壁 府志本傳末注引歌行〔評改〕或有下闕字爲異人二字間下爲生字地脈深深深深改沉沉

陵墓志 康熙會稽縣志在祠祀志卷中

禹穴 府志卷七十三 陵墓

末附楊愼丹鉛錄 康熙會稽縣志在卷十五夏禹陵條注略引其說 案升庵議論多杜撰不足據此條以爭禹穴在蜀爲其鄉里榮遂至武斷經文尤謬妄可笑不應採入 愛伯附記

宋贈少師謚文肅沈紳墓 府志卷七十三 陵墓 康熙會稽縣志卷十五作沈少卿墓

山陰杜孝廉春生云紳謚文肅雖見萬歷府縣志然志既不爲立傳核其官職僅爲少卿亦不應得謚越中沈氏皆祖文肅恐屬家譜傳聞之譌

明武英殿大學士贈太保謚文貞錢象坤墓 府志卷七十三陵墓康熙會稽縣志及道光會稽縣志稿並無已補入舊資料會稽之部

案文貞父墓在小隱山下文貞父名九疇諸生母傅氏墓前有碑刻文貞自檢討至少保封誥爲倪文貞余忠節姜尙書逢元三公所書

明南京吏部尙書贈太子少保謚恭惠陶承學墓府志卷七十三陵墓康熙會稽縣志卷十五作陶恭惠承學墓

禮部尙書誤作吏部尙書

明固原道贈太僕寺卿謚忠烈陸夢龍墓府志卷七十三陵墓康熙會稽縣志卷十五作陸忠烈夢龍墓

固原道上添陝西參政四字

明左都御史劉宗周墓府志卷七十三陵墓康熙會稽縣志卷十五作劉左都宗周墓

改明左都御史謚忠介劉宗周墓

九江僉事王思任墓府志卷七十三陵墓

改明禮部侍郎王思任墓

明諸生王毓蓍墓府志卷七十三陵墓康熙會稽縣志卷十五作王元趾毓蓍墓

改明正義先生王毓蓍墓

太子少傅東閣大學士謚文定梁國治墓府志卷七十三陵墓

卽南池其墓道在步頭

金石志

唐龍瑞宮記府志卷七十六康熙會稽縣志及道光會稽縣志稿並無已補入舊資料會稽之部

案杜氏越中金石志稱爲龍瑞宮界至記其文尚全

唐元儼律師戒壇碑 府志卷七十六 同上

儼誤作嚴

唐越州開元寺律和尚塔碑 府志卷七十六 同上

諱曇下奪一字

唐會稽山南鎮永興公祠堂碑 府志卷七十六 同上

改貞元元年寶刻類編作貞元九年四月試左衛兵曹參軍羊士諤撰試太子正字韓杍材書皆據寶刻叢編

唐復禹袞冕幷修廟記 府志卷七十六 同上

禹下奪廟字

唐禹穴碑 府志卷七十六 同上

案集古錄目載太和三年右補闕陸洿題名篆書在茅山自稱稾鹿臣

唐雲門寺畫華嚴經變相讚 府志卷七十六 同上

寶刻叢編引復齋碑録作馬鴻翥篡

康熙會稽縣志校誤補遺

卷首總論一頁後幅十四行　沅湘之壁　壁誤璧

又　府城圖　古小學誤京學

卷一第三頁後幅十二行　元改爲第二廂東北隅　北誤南

又　第四頁二行　里四　四誤門

卷二第一頁後幅九行　□制闕　□衍

又　第四頁五行　觀木　木誤水

又　又　後幅八行　古北義倉　北誤比

卷三第四頁十一行　地逈　逈誤迴

又　第六頁十三行　僧曰　僧誤儈

又　第八頁六行　田禾盡槁　槁誤稿

又　第九頁六行　夷吾　夷誤怡

卷四第四頁十行　仙客二句亦作劉長卿詩見三頁十四行

又　第五頁十一行　贔屓　屓誤員

卷四第七頁一行　在縣下有漏字嘉泰志作縣東二里康熙府志作府城南三里
卷五第五頁後幅八行　枕簟　簟誤簟
卷六第二頁十三行　梗栟　栟誤稱
卷八第一頁後幅五行　鴝鴿誤鴿鸜
又　第三頁後幅十一行　三十七年按浙江通志紹興府志山陰縣志均作三十年七字衍
卷九第八頁二行　裁布　裁誤裁
卷十第六頁十四行　巡攔　攔誤欄
卷十一第四頁後幅五行　一十二頃　一誤□
又　第五頁十三四行　八粒　孤貧均不用夾行寫
卷十二第一頁十一行　李俊之　俊誤浚
又　第六頁後幅十四行　晴未久　晴誤晴
卷十三第二頁四行　高世奎奎職官志及名宦傳均作魁
又　第三頁後幅十行　霍侯　霍誤孟
又　第四頁十三行　正德戊寅　寅誤辰

卷十三第四頁後幅十二行　斯舉　斯誤振
又　第五頁一行　丹臒　臒誤艧
又　第七頁七行　低微　微誤徵
卷十四第三頁後幅七行　棟橈　橈誤撓
又　又　後幅十三行　江浙行中書省　行下漏中字
又　第四頁四行　繰繰誤懆懆
又　又　七行　鎮廟上漏南字
又　又　後幅七行　令各行省　令誤今
又　第五頁十四行　金源王公爲守　源誤原　馬誤爲
又　第八頁後幅十二行　樵風涇　涇誤徑
又　第九頁後幅一行　人士　士誤土
又　第十一頁後幅一行　幸以桑梓　幸誤辛
卷十五第一頁後幅十行　紹定　紹誤治
又　又　又　十三行　詔下北平　詔誤語

卷十五第二頁七行　天順　天誤大
又　又　十四行　義士　士誤土
又　第三頁八行　啓詩二字顛倒
又　又　後幅三行　燕雲　燕誤無
又　又　又　恨悠悠　恨誤浪
又　又　後幅十三行　弔古　弔誤崇
又　第六頁七行　義塚應另行起
卷十六第三頁後幅十二行　唅呀　唅誤喊前校誤表誤作唅
又　第四頁後幅三行　南宋二字顛倒
又　第五頁十二行　賜今額　賜誤則
又　第五頁後幅十行　西印土人　土誤上
又　又　又　十一行　顯慶　慶誤聖
又　第六頁七行　證慈　證誤澄
又　又　十行　稺松　稺誤稺

卷十六第七頁八行　乾祐　祐誤道

又　又　後幅四行　其地　地誤他

又　又　又　十行　觀燬之觀字衍

又　第九頁十一行　二帝　帝誤年

又　又　後幅十三行　紹興衛一所十　十誤五

卷十七第二頁後幅五行　右營　右誤有

卷十八第一頁十三行　李左次下二十八年任　二字衍

又　又　又　永貞　貞誤泰

又　又　後幅三行　韓球　球誤俅

又　又　後幅十四行　泰定　泰誤大

卷十九第四頁後幅十三行　錢忠耿等六人均應單行寫

又　第五頁十二行　董國政等四人均應單行寫

卷二十第三頁後幅八行　有澹菴集　有誤育

又　第四頁後幅七行　忱之姪　忱誤沈

卷二十第五頁四行　癸酉　酉誤卯
又　第七頁後幅五行　錢應錫等四人均應單行寫
又　第八頁後幅六行　葉汝萿　葉誤蕖
又　第二十頁七行　滁和僉事　滁誤滌
卷廿一第五頁後幅二行　第一誤一第
卷廿二第三頁後幅七行　泰定中　泰誤太
又　第四頁後幅六行　胡直孺　孺誤儒
又　第六頁後幅七行　方干　干誤千　遊而悦之　遊誤避
卷廿三第一頁十四行　杜佑　佑誤祐
又　第三頁後幅十四行　鞫誤鞠
又　第四頁後幅十二行　孫橋云云應連接於前行之下
又　第五頁後幅十一行　春坊下落詹事二字
又　第七頁後幅六行　丁未　未誤末
又　第十五頁七行　魯元寵　寵誤龍

卷廿三第十五頁七行　字青海　青誤□

卷廿四第一頁九行　膺胄　膺誤應

又　又　後幅十行　兄木　木誤本

又　第二頁十三行　方山新論　山誤出

又　又　又　戊戌　戌誤申

又　第三頁十四行　甲辰　辰誤申

又　第四頁後幅六行　明儒道統錄　明下漏儒字

又　第六頁後幅十三行　廣蒐彙輯　輯上漏彙字

卷廿五第六頁後幅十三行　吳錫綬傳按　按此條漏略處頗多茲據乾隆紹興府志補入如下　吳錫綬字紫卿會稽人順治戊戌舉武進士爲羅定都司時平樂久爲賊據錫綬從撫蠻將軍傅宏烈集兵恢復五戰五捷直抵平樂賊吳世琮擁衆猝至決潯水以絕援師錫綬奮力鏖戰糧盡矢絕自刎以殉從死者數百贈昭武將軍大清一統志　李志錫綬初授右金吾亭恩廕子再補固原遷廣東都司援勦雷廉斬其巨逆雷郡多警遂授左營再遷羅定

卷廿五第七頁後幅十三行　疊桌　桌誤卓

又　第十頁後幅九行　陶澤　陶誤閤

又　第十一頁六行　受知交　受誤又

卷廿七第四頁後幅十二行　務面　務誤婺

又　第五頁九行　以死　以誤而

又　第六頁三行　年穉　穉誤稺

又　第九頁後幅十二行　老穉　穉誤稺

又　第十頁後幅六行　穉弱　穉誤稺

又　第十三頁八行　操勵　勵誤勒

又　又　後幅六行　天若　若誤苦

又　第十五頁後幅六行　汝舅　汝誤女

又　第十六頁六行　穉女　穉誤稺

又　又　後幅八行　穉子　穉誤稺

後敘第七行　逮十棋　逮誤隸　棋誤棋

道光會稽縣志稿刊誤補遺

卷一第一頁六行　越國之稱　稱誤種

卷六第二頁後幅八行　龜坼　坼誤圻

又　又　九行　稱忭　忭誤抃

又　第六頁後幅十一行　貞元　貞誤正

又　第七頁後幅十二行　丙申　丙誤內

又　第八頁一行　閉閘傭　傭誤慵

又　第八頁後幅九行　繼蕭侯　侯誤候

又　第十頁後幅四行　十六年　六誤七

又十七頁後幅一行起　前梅龍堰下註本此　前彭家堰下註本此　前皋埠堰下註本此　前曹娥壩下註本此　前瓜山堰下註本此　均應有括弧

卷八第二頁後幅五行及六行　木犀　犀誤稺

又　又　後幅八行　越絕下漏書字

又　第四頁六行　原蠶　蠶誤一

又　第三頁後幅十四行　啄木　啄誤啄

卷八第五頁後幅十四行　楝橈　橈誤撓

又　第六頁十三行　半炎方　半誤丰

又　又　十四行　繰繰朱絲張　繰繰誤懆懆

又　又　後幅二行　大統　大誤天

又　第八頁十二行　晴雲　晴誤睛

又　又　後幅二行　碑記　記誤設

又　又　後幅十二行　端末　末誤未

又　第九頁五行　亡錫　亡一作無

又　第十三頁後幅七行　廢址　址誤止

卷十四第十九頁十三行　簇簇　下簇字誤族

卷十五第一頁後幅二行　湍道鉦音　鉦誤征

又　又　六行　更名茅山　更誤夏

又　第四頁後幅十四行　許瓚　瓚誤瓉

又　第七頁後幅六行　胡直孺　孺誤儒

卷十五第十一頁七行　茹敦和墓一條應移在第五行
卷十六第五頁後幅九行　漉酒巾　漉誤灑
又　又　十行　烏何飛　烏誤鳥
又　第六頁十一行　輕簑　簑誤蓑
又　第十四頁後幅二行　越絕下漏書字
卷十七第一頁後幅十三行　其子僧子　僧誤會
又　第八頁二行　追復原職　原誤元
又　第十頁十二行　詔采耆舊　詔下漏采字
又　又　十三行　採以爲埽　埽誤掃
又　第十一頁九行　派舟夫　派誤泒
又　第十頁後幅三行　春坊下落詹事二字
又　第十一頁後幅十一行　授中都通判下漏駐正陽三字
又　第十三頁十三行　鳴柝　鳴誤嗚
又　第十四頁三行　減派　派誤泒

卷十七第十九頁後幅十行　派皇十七子　派誤泒

又　第二十頁十一行　膺胄　膺誤應

又　第二十二頁十一行　景旦　旦誤且

又　第二十二頁後幅一行　甲辰　辰誤申

又　第二十三頁後幅六行　明儒道統錄　明下漏儒字

又　第二十六頁三行　泗州　泗誤洒

又　第二十七頁後幅八行　陸曾煜　康熙志煜作暈

又　第二十八頁十行　張應鼇　康熙志及本卷劉宗周傳均作鰲

又　第三十九頁後幅五行　予蔭　予誤子

又　第四十四頁十一行　于穎　于誤於

又　第四十六頁後幅六行　落岱　岱誤岱

又　第四十七頁後幅十一行　集啄　啄誤啄

卷十八第二頁七行　刑鞫　鞫誤鞠

又　第十四頁後幅十行　汴人　汴誤忭

卷十八第十五頁八行　楊總統　楊誤揚

又　第十五頁十四行　茲迹　茲誤滋

又　第十六頁後幅十行　征闕白　征誤徵

又　第十九頁二行　史可法幕　幕誤慕

又　第二十五頁九行　杜佑　佑誤祐

又　第二十六頁九行　鞫繫囚　鞫誤鞠

又　第二十九頁一行　樂安誤安樂

又　第三十頁七行　百觚　觚誤瓢

又　又　八行　春秋下漏尤稱名家云五字

又　第三十二頁後幅六行　松陽　陽誤楊

又　第三十三頁四行　素知其清　清上漏其字

又　第三十九頁後幅一行　沭邑　沭誤沐

又　第四十八頁七行　穉桑　穉誤稺

卷十九第二頁十一行　廣蒐彙輯　漏彙字

卷十九第八頁後幅十三行　梁惠　梁誤粱
又　第十三頁後幅八行至十行吳拱宸傳已見卷十八孝行此應删
又　第十八頁後幅九行　鐫石　鐫誤鑴
又　第二十頁十四行　掃地　掃誤埽
卷二十三第四頁後幅二行　五百兩下漏囑弘覺禪師五字
又　又　後幅九行　下板康熙會稽志作下坂
又　又　後幅十行　法道之行　法誤寺
又　第十頁後幅九行　稺松　稺誤穉
又　第十頁後幅十一行　縣東七里　康熙志作縣東二十里
又　第十一頁十行　古雲門寺　雲誤南
又　第十二頁後幅九行　數子　子誤予
又　第十三頁三行及七行　稺松　稺誤穉　偃霜蓋　霜誤鶴
又　第十三頁後幅六行　夜生白　生誤□
又　又　後幅九行　憩眠　憩誤□

卷二十三第十三頁後幅九行　談能勝　勝誤□　倩取　倩誤□
又　又　山僧似大顛　大顛誤□□
又　第十四頁後幅三行　飛湧　湧誤踊
又　第十五頁五行　顯慶二年　顯慶誤聖顯
又　又　六行　五十四年　顯慶二年至永隆二年（卽開耀元年）僅二十五年此恐有誤但原文如此不便擅易附記於此待考
又　又　後幅一行　鐘響　響誤响
又　第十六頁十二行　稺子　稺誤穉
又　又　後幅七行　鳥鳴　鳴誤鳴
又　第十七頁後幅三行　八懺　八誤入
又　又　後幅四行　無類　類誤類
又　又　後幅八行　觀爨之觀字衍
又　第十九頁後幅六行　萬人革康熙志作萬人輩
又　第二十三頁後幅三行　石屏菴下　按康熙志石屏菴在縣東五里僧恆德重建

此空缺處應補入

卷二十三第二十四頁四行　龍池菴　池誤治

卷二十四第三頁十二行　士銓　士誤土

卷二十五第五頁後幅七行　狗頭下缺裙字

又　第十一頁四行　沅湘之壁　壁誤璧

又　第十二頁後幅八行　二十二年誤二十三年